中国人的性格

[美]明恩溥 著
陶林 韩利利 译

亲历中国

江苏凤凰文艺出版社

图书在版编目（CIP）数据

中国人的性格/（美）明恩溥著；陶林，韩利利译.
—南京：江苏凤凰文艺出版社，2018.1（2025.2 重印）
（"亲历中国"系列）
ISBN 978-7-5399-6863-6

Ⅰ.①中… Ⅱ.①明… ②陶… ③韩… Ⅲ.①中华民族—民族性—研究 Ⅳ.①C955.2

中国版本图书馆 CIP 数据核字（2013）第 291612 号

中国人的性格

（美）明恩溥 著
陶 林 韩利利 译

出 版 人	张在健
责 任 编 辑	郝 鹏 万馥蕾
出 版 发 行	江苏凤凰文艺出版社
	南京市中央路 165 号,邮编:210009
出版社网址	http://www.jswenyi.com
印 刷	苏州市越洋印刷有限公司
开 本	718 毫米×1000 毫米 1/16
印 张	16.5
字 数	220 千字
版 次	2018 年 1 月第 1 版
印 次	2025 年 2 月第 9 次印刷
标 准 书 号	ISBN 978-7-5399-6863-6
定 价	39.00 元

江苏凤凰文艺版图书凡印刷、装订错误，可向出版社调换，联系电话 025-83280257

目 录

译者序　一部影响深远的书 …………………………………… 001
原书序　我所见之中国人 ……………………………………… 001
第一章　"面子"问题 …………………………………………… 001
第二章　节俭问题 ………………………………………………… 004
第三章　勤劳刻苦 ………………………………………………… 011
第四章　讲究礼节 ………………………………………………… 017
第五章　疏于时间 ………………………………………………… 022
第六章　疏于精确 ………………………………………………… 028
第七章　误解的才能 ……………………………………………… 035
第八章　油滑的才能 ……………………………………………… 040
第九章　灵活的顽固 ……………………………………………… 047
第十章　理性混沌 ………………………………………………… 054
第十一章　神经麻木 ……………………………………………… 061
第十二章　鄙夷外人 ……………………………………………… 067
第十三章　公共匮乏 ……………………………………………… 075
第十四章　保守自大 ……………………………………………… 081
第十五章　疏于舒适与便捷 ……………………………………… 088

第十六章	生命力顽强	104
第十七章	忍耐有韧性	111
第十八章	知足常乐	120
第十九章	孝道当先	127
第二十章	仁义为纲	139
第二十一章	同情匮乏	145
第二十二章	社会飓风	162
第二十三章	负责与遵法	170
第二十四章	猜忌成风	182
第二十五章	诚信匮乏	201
第二十六章	宗教信仰	213
第二十七章	中国的现实与未来	230
译后记		242

译者序

一部影响深远的书

陶 林

一本书,通常由几百页纸和一些油墨构成,小小的一个册子,不声不响,不动声色。把这些书甩出去,它发出的力道不会超过自身的重量。书有什么用?尤其是对于民族、历史这些庞大的词汇和物象来说,一本小书,如同是湍流中的飞絮那样,似乎根本不值得一提。这种境遇,有类于历史中的个人,在浩浩荡荡的潮流面前,永远有无能为力之感。

然而,决定历史的终究是人。人的行为,永远是历史的主角。决定人们行为的,又是人们的头脑。人们头脑虽说瞬息万变,日有所思夜有所梦,上天入地无所不包无所不想,如同一个纷繁的小宇宙,但这个小宇宙向外输出的成果,其实也仅仅是其中碎裂出来的几个片段。我们把这些片段称为观念。

不错,观念左右着人,进而左右着历史和世界。我们所津津乐道的丰功伟绩、帝国与王朝、辉煌的文明与灿烂的文化,说到底,都是人的各种观念投影。一本小小的书里所蕴藏的观念,可以很复杂,也可以很简单。但无论是复杂,还是简单,它们都如猛兽一样,潜伏在书页当中,等待着天时、地利,等待着那些合适的人。书本中所提供的观念,威猛跃出,散发无尽的力量,让世界彻底变样。所以说,懂得敬畏书本,是一个民族文明的开始。

一百多年前,一位美国传教士明恩溥博士所著的《中国人的性格》,就是那种相当值得我们敬畏的书。从历史实际的意义来说,它通过对中国人的思考所形成的观念,曾深深地影响过中国的命运。有幸能在诸多前贤的基础上,重译这部鲜为人知却魅力无限的著作,与明恩溥博士隔着时空对话,令我获益匪浅。

恰如我们知晓的,明恩溥先生是一个美国人,是一位基督教公理会来华的传教士。这个身份在晚清时期,实在太普通不过了。清末,因为各种条约的签订,最高峰时大约有四五千人规模的西方传教者在华传教。

明恩溥1845年生于美国康涅狄格州的渥农小镇上。1872年,这位二十七岁的美国青年获得了纽约联合神学院的学位,随即携带着新婚妻子简·迪肯森小姐来华,来到了大清王朝统治下的积贫积弱的中国。起初在天津学习中文,1877年到了山东西北部的一个小乡村——庞庄进行赈灾传教。不想,这一待就是四十年之久。在此期间,他创办了几座小学、中学和医院。他还兼任一家老牌在华英文报纸——《字林西报》的通讯员和专栏作家,孜孜不倦地完成了若干著述的写作,诸如《中国文明》《中国乡村生活:社会学的研究》《中国在动乱中》《王者基督:中国研究大纲》《中国的进步》《今日的中国与美国》《汉语谚语俗语集》等。这些著作中,最富盛名、影响力最大的,当属这部《中国人的性格》。

从个人意义上来讲,明恩溥是一个太过于令人吃惊的人。这位牧师之子,刚刚从美国南北战争的战场上退役下来,就疯狂地要到内乱频仍的中国来传教。这与其说是信仰召唤,不如说更像是美国年轻人固有的冒险冲动使然。然而,他前后待在中国、待在中国最低层的乡村和城镇长达四十年——这个光阴要长过他待在美国的岁月。

毫无疑问,如此漫长的光阴沉淀之中,他作为中国人的资格,要大于美国人的资格。因此,他活着时,被称为"在美国的中国代言人"。各国总统和外交官争相阅读他的书籍,寻找有关中国事务的信息,把他的判断当成自己的判断。也因此，明恩溥不仅只是一位中国观察家和评论者，更是一个中国事务的参与者。

1901年，清政府签下了一笔赔款单——《辛丑条约》。四亿五千万两白银，作为对清政府的一种惩罚，当时的每个中国人人均一两。这种侮辱性的惩罚，本已贫穷不堪的中国人必须要认了，且必须要打落牙和血吞。这一国际赔款史上最大罚单，几乎一夜之间把贫穷的中国人打入了永世不得翻身的深渊。为此，西方主要国家的有识之士对之深怀忧虑。很多深谋远虑的人担心，以普法战争的直观经验担心，中国有朝一日繁荣富强了，会怀着深深的仇恨报复西方。子子孙孙仇恨无尽，这并不是东西方文明必须要面对的结果。

成船成船的白银，从本就负债累累的中国运出，赔付给各国，以弥补诸国在义和团运动中遭受的损失，同时也带给了中国人民无尽的屈辱与愤恨。

1906年，受下属的推荐，仔细阅读完了《中国人的性格》的美国总统西奥多·罗斯福——也就是人所皆知的老罗斯福，面对着成吨白银的赔款，心有所感，特意邀请明恩溥到白宫做客，倾听这位"中国代言人"的意见。

在《中国人的性格》一书中，老罗斯福总统读出了怜悯。这位非常容易被文学作品感染的总统，也是美国历史上少有的强势总统。他深受美国人崇敬，成功化解了国内的劳资危机，开凿了巴拿马运河，挑战了黑幕重重的金融体制，支持"扒粪者"揭露黑幕，调停了日俄战争，倡导环境保护，并获得了1906年度的诺贝尔奖和平奖。而明恩溥则在义和团运动中九死一生，侥幸逃脱。他曾经不断地给外界以警告，提请中国和世界都注意中国人的处境，避免这种悲剧的发生。然而，他一直被忽略了。

1906年初，老罗斯福亲笔写信给明恩溥这位最受美国人尊敬的中国问题专家，谈论《中国人的性格》一书，并发出了热情的邀请："我感到我读出的关于中国问题的真实信息，比任何书都多，这是我读过的有关中国问题最好的著作……我深深同情于中国人民的处境。"

1906年3月6日,明恩溥从中国乡村不远万里来到了美国白宫,会见自己的这位超级读者。那时,明恩溥已经60岁了。他须发皆白,因为在中国这片保守苦难的土地上待得太久而身形消瘦,眉宇间有一种美国人所难见到的饱经风霜的气质,同时又充满智慧与儒雅。他向后梳理着头发,胡须打理得井井有条,目光炯炯,神情坚定,气质高雅。

大权在握的罗斯福总统见多识广,与无数的国家元首、世界各界杰出人士会过面、打过交道。但一见明恩溥,他感受到一种前所未有的庄严,以至于他在日记里写道,这位从中国乡村来的神父让他联想起慈祥的父亲,不得不尊重与信任,从没有一个君王、皇帝会让他产生过这种感觉。

总统开门见山地询问明恩溥,他应该如何处置同中国人的关系。明恩溥说一切都在《中国人的性格》一书中写着,他说中国刚刚经历过内乱,中国人很苦,生活很艰难,一个良善的国家不应趁火打劫,而应充分巩固好和中国人民的友谊。罗斯福总统被他这个简单明了的原则给击中了,他从办公桌后面一跃而起,开始在办公室内徘徊。

罗斯福问,难不成扣除掉我们实际应该得到的赔偿之外,把多余的赔款全部退给清政府,一退了之?

明恩溥摇了摇头,他比任何中国人更了解他们头顶上那个所谓的朝廷与政府。在《中国人的性格》一书中,他详细地分析过中国的贵族、士人、官僚与差役们,他知道他们的见识,他们的眼量乃至他们的腐朽。这一笔收刮自民众的赔款,简简单单地退还到官僚们手中,无异于羊入狼口。

有关中国的发展,明恩溥在中国乡村生活时反反复复地思考过,他有着最坚定的要求、最大的信心和最周全的思考。这次上天给予他这个机会,虽年已六旬,他立刻被点燃了,以他固有的"灵活机动的演说",细致地描述了他的计划:尽管中国已经有了自己的工厂、铁路网、电报邮传网、金融,但中国人没有变,中国人的性格没有变。因此,得把有限的资金用在刀刃上,让中国民众受益,为中国建大学、建医院、建立医学院,建设公益事业,为中国学子赴美留学打开长期而稳固的非官方通道,给中国人学习文明的机会。明恩溥这个美国牧师之子,比当时任何号称爱中国的清朝贵族都要仔细。他说,这代表大多数在华传教士的意见。

老罗斯福总统的热情也被明恩溥点燃了,他一边兴奋地来回走着,一边不断地嘟哝着:"我完全同意你的建议,现在告诉我,你让我做什么?我就去做!"

明恩溥从容而周详地说了半个小时。这半个小时,奠定了美国对华关系的基本原则,其结果,至今还发挥着一定影响。

就在明恩溥的建议之下,美国政府开始退还一半的"庚子赔款",在当时折合一千一百万美元。这些钱被用于建立留美预备学堂,建立北京协和医学院和医院,用于资助那些有志于学习西方文化的青年学子赴美学习,等等。其中留美预备学堂就是至今赫赫有名的清华大学。几代的中国精英,很多都是从这所学校里走出去的……

这就是一本书的故事。一切,都从这本小小的书——《中国人的性格》开始……

原书序

我所见之中国人[1]

明恩溥

在法庭上,人们总是要求见证人所说的都是真话,没有半点含糊,只是真话。许多略知中国人的见证人,虽然能说出一些真实的东西,但他们当中,大概并没有多少人能如实地叙述,更不用说让他们讲出全面的真情。任何个人,无论他的知识面多宽,都不可能真正了解中国人的全部真实情况。因而,本书必须面对来自三种不同观点的异议。

首先,或许有人会说,要把所知道的有关中国人的特性如实地转述给他人,那只是白费力气。乔治·温格罗夫·库克先生,是1857至1858年期间伦敦《泰晤士报》的一位专门采访中国的记者;他像所有到中国去的作家一样,有机会目睹各种环境下的中国人,并可以借助于那些很具资历的人物的看法去了解中国人。然而,库克先生在他所出版的书信集的前言中却承认他对中国人特性的描述是失败的,并为此表示歉意。他说:"在这些书信里,有关中国人特性的作品,我写得并不够精彩,这是很大的疏忽。这本是一个最具诱惑力且最能施展才华的题目:机智的假定,深刻的概括,自信的断言,都可以在其中得到展示。那些吹毛求疵的批评家们肯定会由于我没有从这种机会中有所收获而鄙

---

[1] 译者注:此文为原书的原序,题目为译者所加。

视我。事实上,关于中国这个古老民族,我曾写过中国人不少优秀的品质,但不幸的是,在我把眼前的那些具体的人物置于笔下时,他们曾有过的粗俗的言行却与我的初衷相违背。为了追求真实,我连续烧掉了好几封长信。此外,我还经常就这些事,与最著名的汉学家坦诚地进行交流。结果发现,他们与我一样,都认为要形成有关中国人特性的整体概念是不可能的。当然,这些困难只有那些真正了解中国人的汉学家们才会遇到。一位足够精明的作家,可以在完全撇开主题的情况下,轻易地做出两个客观真实、冠冕堂皇但相互对立的分析。有朝一日,我们或许可以获取某些必要知识,能够全面准确地分析和评价'中国佬'的特性中明显的自相矛盾。目前,我至少必须排除严格的界定,用中国人所具有的特殊品性去描述'中国佬'。"①

在过去的三十年中,中国人已经使自己成为国际事务中的一个重要角色。他们被看作是压服不了的、神秘的民族。的确,除了在中国,任何其他国家的人都不可能真正了解中国人。在很多人的印象中,中国人似乎是一个根本无法理解的矛盾体。但是,既然我们已经与中国打了几百年的交道,那么,我们就没有理由不对中国大地上的人民以及其他复杂的现象作同等看待。

"其次,对本书更为严重的反对意见是笔者并不完全具备写此书的资格。一个在中国生活了二十二年的人,并不能完全保证他有能力写出有关中国人特性的书,正如一个在银矿里埋头苦干了二十二年的人,并不足以证明他有资格撰写出有关冶金学或复本位制的论文。中国是一个巨大的整体;一个还未考察过它的一半以上省份且只是在其中两个省居住过的人,当然没有资格对这整个国家做出概括。本书的这些文章最初只是为上海的《北华捷报》(《字林西报》)所准备的,并没有考

---

① 原注:"中国佬"Chinamen 这个含有贬义的词,似乎已经深深地根植于英国人的语言之中。而"中国人"Chinese,这一恰当的单词却被排除在外。这是一桩令人吃惊甚至遗憾的事。在中国的外国期刊中,是否有一家不用"中国佬"这个词称呼中国人,在这个帝国中是否还有一位作家坚持不用这个词,我们就不得而知。

虑更广泛的传播。然而，其中的一些论题不仅在中国，而且在英国、美国和加拿大都引起了极大的兴趣，笔者这才应读者的要求将文章汇编成册。"①

还有一些人提出了第三种反对意见，即本书所阐发的某些看法，特别是涉及中国人道德特征的观点，对中国人产生了误解和不公正，可能误导人们的看法。

然而，大家必须要记住，印象随笔并不可能像统计数字那样丝毫不差。它们更像是照片的底片，它冲出的照片，没有哪两张是完全相同的。但每一张底片，都真实地再现其他底片所没有表现出的某些方面。拍照用的胶片不同，镜头不同，显影剂又不同，其结果，当然也就各有差异。

许多久居中国的人，对这个国家的了解要比笔者多得多。然而，他们所表达的观点，与笔者是完全一致的。在另外一些人看来，在某些部位润色一下、加一些亮丽的色彩，会给这幅过于单调的画面增添真实性。这些人的看法，同样值得尊重。正是考虑到这些十分正确的意见，笔者对原文做了全面的修订。由于出版的时间十分仓促，原来所讨论的中国人特性的文字有三分之一被删减了。当然，最重要的部分仍然保留，并新增写了"知足常乐"一章。

中国人具备并且表现出来的一切美好德操，我们理所当然要由衷地大加赞美。同时，我们又不能陷于某种先定的思维束缚，过于抬高他们实际上所不具有的道德品行——这种行为的危害性，并不亚于那种不分青红皂白的指责。这使我们联想起了小说家萨克雷。曾经有人询问他，在他的小说作品中，怎么会有好人总是笨蛋，坏人却是机智过人。对此，这位伟大的讽刺作家回答说，他是无心的，并没有做出深入的思考。有一幅表现橡树姿态的木刻画，要求观察者从橡树的轮廓中分辨出拿破仑来。他正抱着臂，低下头，站在圣赫勒拿岛。起先，长时间地

---

① 原注：《中国人的性格》一书于1890年在上海出版；这个版本在中国和东方广泛流传。

盯着画面看，往往一无所获。如此这般，欣赏者未免要指责作者牵强附会。可是，一旦经由他人稍稍指点，看画者在看画时就不可避免地能看到拿破仑的样子。同样的道理，在中国，许多事起初常常会看到，但却并没有被深深地注意到，而一旦被指出来引起注意，就会令人难以忘却。

正如限制性的从句不能取代概括性的主句，本书中的文章，并不是立意于对整个中华帝国的概括，也不是诸多外国人所见所闻的大杂烩。这点，必须提请读者们注意。这些文章，仅仅是一位观察者本人对自己的印象所作的描述，只是许多"中国人性格"中的一部分。它们并不构成一幅中国民众的肖像图，而更像是观察者根据自己的所见所闻，用炭笔对中国民众的某些特性所作的简略素描。它们仅仅只能组成一条光线，而无数条这样的光线交织在一些，才能形成一道白光光柱。它们也可能被视作归纳研究，这里所涉及的诸多细节不仅仅是笔者的体验，也是其他各种人在许多场合下的亲历。只不过，在这里，它们得到汇集。正是为了做到这一点，围绕着各个主题，我列举了大量的具体事例。

密迪乐先生是众多研究中国及中国人的作家中最富哲理性的一位。他曾经表达过这样一种观点：一个人对外国民族的性格有了许多正确的看法，并希望把这种看法传达给他人时，其最佳方式莫过于把所有相关的笔记都交给他细读。在这些笔记中，要详尽记录着大量引人注目的事件，特别是那些对外国人来说非同寻常的事件，并附有该国人士对该事件的说明。

通过大量的此类事件，才能推出一个一般性结论。推出的结论可以遭到质疑或者完全被否定，但所列举的那些个别事例，只要是真实的，就不能仅仅由于某种原因而被丢在一边。未来任何有关中国人性格的理论，最终都必须仰仗这些事例做出分析。

将中国人与盎格鲁—撒克逊人进行比较，是十分困难的。试图从事这一研究的人，最能强烈地感受到这一点。显然，许多被视为属于中国人"性格"的东西，实际上只是东方人的特性。通过阅读本书，你将会看到这一点。至于到底准确与否,每位读者都可以根据自己的切身经验加以判断。

据说,在与中国人打交道的现如今,有三条途径可以去了解他们的社会生活:研究他们的小说,研究他们的民谣和研读他们的戏剧。这些研究途径无疑有其自身价值,但似乎还会有第四条途径。这一途径比前三者加起来还有价值,但是这一途径并不能向所有研究中国和中国人的作家开放。那就是研究那些居住在自己家乡的中国人,深入其家庭生活中去。正如身在农村比在城市里更能明白一个区域的地形风貌,在农村里,也更易掌握一种人的特性。一个外国人在中国的城市里住上十年,他所能获取的有关中国人家庭生活的知识,或许并不如他在中国农村住上十二个月所获得的知识多。

除了研究中国人的家庭,我们还必须把村庄看作是构成中国社会生活的基本单元。因此,本书的这些文章,正是以中国农村为立足点而写成的。写这些文章的目的,并不是为了表达一个基督教传教士的观点,它们是一个没有任何主观偏见的观察者对自己所见所闻的如实报告。正是由于这个缘故,本书没有太多涉及所谓用基督教改善中国人性格的问题,也不贸然做出中国人需要基督教的假定。但是,假如他们的性格中的确表现出了诸多严重的缺陷,那么,在此基础上,这些缺陷如何去纠正,才是一个很值得研究的问题。

人们所谈论的"中国问题",如今已远不是一个国家的问题,而是国际性的问题。完全有理由相信,在二十世纪,这一问题将是更为紧迫的问题。中国人是人类中相当大的一个组成部分。如何去改善他们,都将是每一个希望人类美好的人不能不感兴趣的一个专题。如果我们坚信自己的这些结论是正确的话,那么,即使以往它们都被忽略,这些结论依然将会得到一系列论据的支持;如果这些结论错了,无论获得怎样支持,都不攻自破。

多年以前,额尔金勋爵士与上海的商界有过一次问答。时至今日,他的话依然是非常正确的和中允的。他说:"当那些阻止人们自由进入这个国家的障碍被搬开时,西方基督教文明将发现自己所面对的不是一片荒漠,而是一个古老的文明。它在许多方面都表现出巨大的衰退与残缺,但在另一些方面,又不能不令我们抱以同情和尊敬。"

本书作者明恩溥

第一章 "面子"问题

第一眼看去,用全人类都有的身体部位"脸面",来概括中国人的性格,可能让人觉得十分荒谬。但是在中国,他们所讲的"面子",可不仅仅指的是脑袋上朝前面的那一部分。它是一个具有特定的、多种复杂含义的名词,其内涵之丰富,比我们目前所能描述的或者所能理解的还要多。

为了大致理解"面子"的意思,哪怕是作一个不全面的理解,我们也必须指出这样一个事实,中国人是一个普遍具有演戏本事的民族。戏剧几乎可以说是中国唯一通行全国的娱乐活动。中国人热衷于看戏剧演出,犹如英国人爱好体育、西班牙人爱好斗牛。只要略略辨析,任何一个中国人都会有模有样地扮演起某出戏中的某个角色。他会摆出各种戏剧化的姿势,诸如鞠躬行礼、下跪叩拜、伏地不起、以头抢地。

对于一个西方人来说,这些姿态如果说看起来不是荒唐可笑的话,至少也是纯粹多余的。而中国人是用戏剧化的方式进行日常思维。当一个人要为自己辩解时,他面对两三个人的讲话,就好像是面对着千万个人。他大声地说道:"我可是当着你们的面说的,你,还有你,你们都在场。"如果他的麻烦去尽、心满意足,他会说自己是体面地"下了台";如果没有摆平,心情糟糕,他会说自己没有脸面"下不了台"。显然,所有这些状态,如果弄清楚了,你就会发现与实际毫不相干。关键不在于事实究竟如何,而完全是个形式的问题。只要把一切看作一场戏,在适当的时候,以适当的方式,说了一句漂亮话,这场戏就会赢得喝彩。我们并非要偷偷进入每一个幕后查看真相,因为那将会糟蹋世界上的所有好戏。

在中国一切复杂的生活关系中,完全依据戏剧化的样式做出行动,那就会有"面子"。如果明知对方在表演,不理会他们,小看他们,阻挠对方的展示,他们就会很"丢面子"。一旦正确理解了"面子"一词中所包含的意思,人们就会发现,"面子"这个词本身正是打开中国人性格密码箱的钥匙。

应该一提的是,中国人如何做到给足对方"面子",其技巧和造诣远远超过了西方人的理解力。与中国人相处,西方人经常是忘记了其中戏剧的因素,而径直进入与之无关的事实领域。在西方人看来,中国人的"面子"就像是南太平洋诸岛的图腾禁忌,是一种潜在的、不可否认的力量。只是"面子"问题更加令人捉摸不透,不可简化为具体的规则,并且只是按照大家一致的感受而废止或变更。在这一点上,中国人与西方人必须承认彼此存在着巨大差异,因为他们绝不可能用同样的眼光看待同样的事情。

中国人的面孔

在调解各个村庄之间常见的那些纷争之时,"和事佬们"必须认真斟酌、推敲各方面的"面子"的平衡,这就像过去欧洲政治家考虑权力平衡一样。这样做的目的不在于贯彻客观公正的原则,而是按照适当的比例,对所有有关人等的"面子"进行分配。绝对的客观公正,对一个东方人来说,即使他们能从道理上认同这点,但实际操作起来还是认为不可能实现。同样,即使在法律的诉讼裁决中,按比例分配"面子"的事也常有发生。这使得相当大比例的法律裁决,在所谓各打五十大板的平衡中不了了之。

送人一份丰厚的礼物,算是"给面子"。但是,如果礼物纯粹是个人所送,受礼人千万不能照单全收,统统拒绝自然是很少见或者根本不可能的。一些渴望保住"面子"的事例,很能说明问题。犯了错误被揭发出来是"大失面子"的事情,所以,无论你掌握多么确凿的证据,也要为对方保住"面子",委婉加以处置。一个网球不见了,被一位苦力拣了去,即使明证当前,他也会不客气地断然予以否认,然后,走到丢失球的地方,宣称找到了球(而球其实是从他的长袖里掉出来的),并且还说:"这是你'丢'的球!"一位侍女把客人的小刀藏在她主人的房里,后来,她又在台布下把刀子找了出来,并且还煞有介事地宣称是她找到的。如是这般,他们的"面子"就被保住了。

一位仆人不小心丢失了主人的一件东西,他知道必须赔偿,或者被扣掉相当数目的工钱。于是,他会向主人提出辞职,并且傲气凌人地说:"用来赔偿那只银匙子的钱,我就不要了。"这样,他占得了上风,自己的"面子"便得以保全了。一个人放了一笔债,他知道他已不可能收回了,于是他便找到欠债人,当众发狠,威胁对方,以表明他知道该怎么对付对方。虽然,他最终还是没有收回债款,但他保住了"面子",并以此来保证将来不会有人再赖他的账了。一位仆人疏忽大意,或拒绝做某些分内之事,在他得知主人打算解雇他之前,他会故意再度犯错,并自己提出辞呈,以保住他的"面子"。

就算是死,也要保住"面子",这对我们来说,似乎并没有任何吸引力。但我们听说这样一件事情,一位中国的地方官,在犯罪被朝廷斩首之前,可以享有一种特殊的恩惠,就是准许穿戴官袍用刑。其目的,也就是为了保住他的那个"面子"!

第二章 节俭问题

"节俭"这个词表示持家的原则,特别是指保持家庭的收支平衡。按照我们的理解,"节俭"这一词,至少包括三个不同方面的含义:一是节制花销,二是制止浪费,三是尽可能用少花钱多办事的方式调节收支平衡。无论这三个方面的哪一方面,中国人都算得上是杰出的节俭高手。

很多到过中国旅行的人,最初的印象之一,是当地民众的饮食相当简单。如此之多的人口,几乎全依赖于品种很少的食物,如稻米、各种豆子、谷物、蔬菜和鱼。以上诸种,再加上一点其他的食物,就是这亿万人主要的食品。只有在逢年过节,或者遇到特别的事情,才能增加一点点肉。

如今在西方各国,政府正在想方设法为生活非常贫困的人提供廉价且富有营养的食品,那么,有人一定也很想知道这样一个不争的事实,那就是,在中国最平常的年份里,每个成年人每天花不到两美分,就完全能够得到足够量的生活食品。在灾荒的年份里,成千上万的人更是靠每天不到半美分的生活费来维持生命。这意味着中国人做菜做饭的水平是很高的。虽然在外国人看来,中国人的食物很少且不精,有些还淡而无味,甚至倒胃口。但又必须承认,中国人在做饭菜方面是超一流的烹饪大师。

在美食方面,温格罗夫·库克认为,中国人应该列于法国人之下,但在英国人(也许还包括美国人)之上。中国人的烹调水准是否应该排在哪一个国家之下，我们不敢说得像库克先生那样确定，但他们的水准一定在某些国家之上，这显然是无可置疑的。在以前的一些小文章里，我已经说过，即使以一个生理学家的眼光来看，中国人对主要食材的选择也算得上是很高明的。中国人的食物原料简单，烹饪出来的菜肴却是花样繁多，其烹饪技术完美，这点，即使是对中国烹饪技术一无所知的人也会有所耳闻。

一直以来，还有一件事情没引起我们注意却很有意思，它很容易被你去证实：中国人在做饭菜时很少浪费，所有的食材都尽可能做到物尽其用。在寻常的中国人家，每顿饭后的剩余饭菜非常少，食物的价值很少被浪费。即使有剩下的，都留待下次再用。想要佐证这一事实，只需看一看中国人养的狗和猫的身体状况。这些家养动物，靠着人们的剩菜剩饭艰难地"活命"，总是挣扎在"死亡线"上。

在新兴的列强之国中，人们习惯于铺张浪费已是众所周知的事实。我们毫不怀疑，诸如美国这样生活优裕的国家，每天所浪费的食物，有可能足够亚洲六千万人过上相对宽松一点的生活。我们确实期待着能看到这些剩余的食物使更多的人胖一些，正如许多中国人"酒足饭饱"之后仍把剩余的饭菜整理出来让仆人和孩子享用。甚至在喝完茶后，他们把杯中的剩茶也要倒回茶壶，以备下次热过后再喝！

还有一个无论在何时何处都会引起我们关注的事实是，中国人对食材并不挑剔，而且并不像西方人那样过分地讲究。天地万物什么东西都迟早能成为他们罗网中的"鱼"，不能入口的东西寥寥无几。在中国的北方地区，人们普遍驱使马、牛、骡子和驴子干活。在很大一片地区，还使用骆驼。但我们下面所列举的事实，抖落出来会让我们一些读者看来，中国人显然是太过于节俭了：通常，所有的这些牲口只要一死，无论它们是老死、病死，还是意外之死，都会被很快地吃掉。在中国人看来，只要牲口死了，就得把它吃掉，此举乃是天经地义，并不会引起非议。若是这些牲畜偶尔死于像胸膜炎、肺炎一类恶性的传染病，大家也依然是这样做。自然，在他们看来，这类病畜肉并不如自然死亡的牲畜的肉，因此其出售的价格也较便宜。可最终，这些肉还都被卖光了，也都被人吃尽了。人们也都明白，这类病畜肉进入人的体内可能会对身体产生不好影响，但还是乐意少花钱冒险去吃这种肉。无非是贪图便宜罢了。

另一个与做饭有关的事例，也很能证明中国人的勤俭节约，这就是，他们在烹饪时充分考虑到高效利用柴火。在中国，燃料是非常缺乏且非常宝贵的，一般而言，燃料有树叶和庄稼的根茎。这种燃料的燃烧速度飞快，一把火就烧没了。为了让食物能熟得快，所有的锅底要做得尽可能薄，使用起来更要特别小心。在此，顺便说一下收集这些燃料的过程，这可以从另一个侧面表现出中国人的节俭已经到达了极点。在中国的每个小孩，即使他无力干其他的重活，但至少还能去拾柴火。到了秋冬时节，漫山遍野是拾柴火的大军，蔚为壮观。只见他们手持竹耙扫荡田野，连一根干草也不会留下。孩子们都被派到树林里去，把枝头尚未凋零的秋叶打落下来，仿佛收成熟的栗子一样。至于田野中的稻草，甚至秋风还没有将它们吹起，就早已被那些勤劳的人们"抓捕"起来了。

所有的中国家庭主妇们都擅长于最大限度地使用手中的布料。她们的衣服并不像西方国家同龄女性所穿的那样，在装饰和款式上过于浪费，而是尽可能地省时、省工和省料。在外国人看来是一片小得不能再小的布料，在中国妇女手里同样能派上用场。利用起来虽然说不上美观，但真的是实用。这是议会中所有"家政研究"的女作家们做梦也想不到的。在一处不能用的布料，在另一处肯定能用上。即使是那些零碎的布头，还可以用来纳成鞋底。一个伦敦和纽约的慈善家，会把自己不再穿的衣服送人。他内心真切地希望接受者不要因为靠救济过活而感到耻辱，否则，他们只会受到伤害。但是，不管是谁把同样的物品送给中国人，我们都可以充分相信，尽管他们服饰的布料和穿着风格与我们根本不同，这些衣服还是会得到充分的利用，一点儿也不会被浪费，甚至能与其他布料巧妙地配合在一起。

中国人经常会给朋友送一些题词的条幅。题完词的纸被简单地缝在一块绢帛上。用线缝而不用糨糊粘贴，为的是让受赠者好另有用场。如果他愿意的话，可以很方便地更换绢帛上的字。这样一来，他就会拥有一块可长期使用的绢帛！

中国人的节俭也表现在小商贩的买卖中。再小的细节，都会引起他们的注意。比如说，一个杂货铺的商人能准确地报出各种火柴盒中火柴的根数。他也精确地知道每盒火柴能赚到多少利润。

中国人的旧账簿用完后，每一张纸都能派上用场，或者是糊窗子，或者用来糊灯笼。

中国人的节俭甚至达到了这种地步，就连确实必要的食品也尽量节俭。他们会为了省钱而忍饥挨饿，而且认为这是理所当然。B. 亨利博士①在他的《十字架和龙》一书中记录下了一个很好的例子：三个轿夫抬着他走了五个小时、二十三英里的路送他到目的地。然后，轿夫们又回广州，去吃别人施舍的免费的早餐。在吃早餐之前，他们走了四十六英里的路，其中一半还是担着轿子负重而行的，只是为了节省五美分！

还有另一个例子。两个轿夫抬着轿子走了三十五英里路，然后撑着船回去。自早上六点钟起，他们什么东西也没吃过，却舍不得花上三美分买两大碗米饭吃。后来，那只船搁浅了，直到次日下午两点才到达广州。而这些人已经是二十七小时粒米未进了，还抬着一个人走了三十五英里的路。这时，他们竟然还提出抬着亨利博士前去广州，继续走十五英里，还要带上他的行李！

对西方人来说，中国人如此节俭的活法，确实很难令他们赞同。这些做法完全是出于纯朴的天性，但是我们不能完全表示赞赏。在这个国家的大部分地区，一年的好几个月里，特别是北方地区（说起来很怪），男孩和女孩就像是穿着"伊甸园的服饰"，完全光着身子到处乱跑。或许，在他们看来，这样不穿衣服让孩子们更舒服一些，但其实，目的还

---

① 译者注：本雅明·亨利(1850—1901)，一位美国传教士，1873 年来中国传教。

是为了节省衣服。中国人所使用的独轮车,有相当一部分推动起来,都会发出咯吱咯吱的声音。而只要加上几滴油,车子的响声就会消失殆尽。这种响声从来不会停止,因为对那些"浑浑噩噩"的人来说,咯吱咯吱的响声要比几滴油更便宜。

如果是一位日本侨民在租屋子,他会在合同里特别要求每天必须得有几加仑的热水,以方便他按照老习惯洗澡。中国人也有澡堂,但绝大多数人根本就没去洗过。甚至,很多人连见都没见过。一位外国妇人看见一位中国母亲用扫帚拍去她孩子身上的灰尘,就好奇地问她:"你每天都给你的孩子洗澡吗?""天天洗澡?"这位中国母亲不甚愉快地回答道,"打他生下来,就还没洗过澡。"肥皂的零售商们喜欢把"像泥土一样便宜"的字样贴在橱窗上,即使如此,也不会引起一般中国人的兴趣。

中国人一定把外国人都看作是"浪费肥皂的人",这正如意大利人对英国人的评价一样。在中国,人们洗衣服时所用的肥皂,当然是少得不能再少了。他们所洗过的衣服,与我们所说的清洁标准相比,显然还有一定距离。我们不能把他们这么做的原因完全归于节俭。因为许多中国人与我们一样,尽管生活条件非常简陋,依然喜爱干净,其中有些人虽身处贫寒,但还整洁得值得我们去效仿。

正是由于节俭的本性,在中国,要买任何现成的工具一般是不可能的。你可买到一些部分的"半成品",然后自己动手加工组装。一般而言,自己动手总比买加工现成的便宜,正因为所有的人都是这么想的,结果完全的成品当然也就不出售了。

我们曾经谈论过许多中国人在物质上节俭的方式,比方说,在普通人家的房子里,两个房间的隔墙上会开一个洞。在洞中摆上一盏几乎不用花钱的小油灯,用以驱散两个房间的黑暗。最具有典型性的节俭典范,可以在中国的诸如纺织、制陶、冶炼、工艺制作一类的小作坊里看到。在我们看来,这类作坊与其说表现出高明的手艺,不如说是表现中国人在节俭方面的某些才能。

就这些工作而言，中国人原本可以设计出更好的工艺方式，但是我们却看到他们没有人去改善一丁点。我们可以提供更好的方法，但却提供不了任何一种如中国人这般用料少、成效高的办法。他们似乎能够胜任任何一种工作，他们的产品，无论简单或是复杂，大多数都有这样的性质。比如，他们的炼铁炉就建在一个小院子里，总共就是那么一点点大，像是建一个大炉灶，一个小时就能用砖砌好，却能长期地用下去，很好使，成本几乎为零。

在中国，即使在完成重大事务工作时，也会以节俭优先。表现中国人节俭的最好、最典型的事例，莫过于对大量贡粮进京的管理。这个过程井井有条，也可以说是完全缺乏管理。在中国，每年有大量的贡粮被运到北京，这些贡品从南方运抵天津，再从天津起运至通州。堆积如山的稻谷要卸货、称量和运输，需要各种器械。然而，让西方国家的那些"谷物交易商们"注定大吃一惊的是，在这里，完成这些工作，只是靠一大帮的苦力，一些计量谷物的斗和数量不定的苇席，仅此而已。席子铺在地上，然后倒出谷物，称量，装袋，运走，最后收起席子。那壮观的谷物交易所，最终所剩下的仅仅只是光秃秃的泥岸！

码头上背货的苦力

在美洲的烟草种植园里，最大的一项开支就是建一个又长又精致的棚子，用来晾烟叶。而在中国农村，种植烟草的人这桩花费根本不贵。晾烟叶的棚子是用茅草搭盖的，用过后，这些茅草与其他草一样，又是很好的燃料。烟叶被摘下时，粗硬的叶柄依然留着，再用草绳扎住叶柄，这样烟叶都连在草绳上，然后在夜里再把它们挂起来，就像衣服晾晒在绳子上一样。这样做，简直太容易而有效不过了！

每一个在中国居住过的人都能够通过细心观察,再补充一些有关中国社会生活的事例。但是,或许没有比以下这个故事更为典型的事例了:这个故事是说一位中国老妇人,人们见她步履蹒跚地挪着步子,呈痛苦万分状,上前一打听才知道,她是去亲戚家,为的是死的时候能离祖坟更近些,这样一来,就能节省一点抬棺材的费用了!

第三章 勤劳刻苦

"勤劳"指的是努力不懈、勤勉地去做任何工作——即对事务坚持不变的关注。在当今的世界上,勤劳是最值得高度赞美的美德之一,是永远受到尊敬的美德。

一般来说,一个民族的勤劳,大致可以由三个方面来衡量:长度、广度和强度;换句话说,它可以分解为两个表示规模,一个表示力度的词。所谓长度,是指保持勤劳的时间范畴;所谓广度,是指真正可以算作勤劳者的数量;所谓强度,是指"投身于勤奋"和"专心致志"的精力。这三个因素综合作用,才会有所成就。

通常看来,偶尔到中国游玩的旅行者与长期定居此处的侨民,两者获得的印象是不尽相同的,但是他们都确实相信中国人勤奋。初到中国的人,他们对中国人的第一印象是,这个民族的人正认真履行着约翰·卫斯理的格言:"全力以赴,始终如一。"在中国,懒汉是非常难得一见的,似乎每个人都在忙什么。中国社会自然也会有不少富人,尽管他们在全部人口中所占的比例非常低,他们也可以不用干事而过着富裕的生活。然而,他们的生活并不像外国人在表面上所看到的那样。中国的有钱人仍然像他在白手起家时那样,专注于他的事业,他们工作起来很努力,不会有丝毫的懈怠。

中国人把自己分为:士、农、工、商。让我们分别看一看不同的阶层所体现的勤劳美德。

西方人很难认同像中国那样的教育模式。这种体制的整体的弊端是非常明显的，但仍有一点却总是引起人们的注意，那就是在这种学习体制中能很好地锻炼"只为勤奋、不求回报"的精神。对于那些有钱人购买学位和官衔，这种后门永远敞开。这点，似乎会挫伤一些读书人的热情。但买卖官职的不公正行为并不影响大局。每一个省份都在抱怨，从最低级别的考场，到最高级别的考场，每一个职位上的合格考生远远多于空缺的职位。所有各级的考场都是人满为患，经常是一万多人竞考一个职位。

只要我们去估算一下中国的读书人，为了能进入这样的考场而花费的心血，就会鲜明地感受到他们的勤奋。《三字经》中所提及的传统读书人勤奋的典型，或者如借着萤火虫的微光读书，把书本绑在耕牛角上一边犁田一边温习，时至今日依然被中国各地成千上万的读书人所效仿。在很多情况下，不少人能获得诸如"秀才"这样的初步学衔就开始放弃走读书这条路了。但是中国人根本不把此类人当作"士"。而把这一荣耀的称呼留给那些在充满荆棘的狭窄小路上不断奋斗直至学业有成的人。除了在中国，我们又能在世界其他什么地方看到祖孙三代为了做官参加同样的科举考试竞争，或者经过漫长的不屈不挠的努力，直到八十岁时终于获得盼望已久的荣誉？

1889年春，北京的《邸报》上刊登了一些资料，其中有关于各省科考中老年考生的事。福建巡抚的报告中说，福州秋季乡试的考场，有九位考生超过八十岁，有两位考生超过了九十岁。他们都通过了规定的考试，他们提交的文章结构严谨，书法有力、准确。他还说，这些老年考生中秀才时已年过六十，此后已参加了三次乡试，如果这第四次再不通过，当被授予一个名誉学衔。河南巡抚也报告说，有十三位超过八十岁的考生，一位超过九十岁的考生。他们全部"经历为期九日之科考，其文笔精练，行文甚佳，并无垂暮之气也"。这个报告已经很惊人，但更令人吃惊的是安徽省，那里有三十五位考生超过八十高龄，十九位考生超过九十岁！除了中国，还有哪一个国家能见到这样的奇观呢？

如果说，中国的读书人始终勤奋不止，那么，农民的勤奋则丝毫不亚于他们。中国农民的劳作如一位庄园大管家所操的心那样,没完没了。在北方各省里,除了冬至前后有一小段的空闲时间之外,一年到头,农民们根本没有闲的时候,总有大量的活要干。无疑,其他各国的农民也多少都是忙碌的,但是,中国农民的勤劳是其他民族所难以比拟的。

乡间的农民

农民阶级是这样,那些长期过着非常贫困的日子、在无尽的折磨中度过一生的劳工同样也是如此。一个农民要细心照料他的每一棵白菜,小心地清除掉叶子上各种害虫。同样,一名劳工也同样要照料好他的工作,这样才能填饱他自己的肚子,也填饱他一家人的肚子。那些偶尔经由乡间行走的人,往往过了半夜就要起身赶路,他们说这是一种风俗。无论你何时走在乡间的路上,都可看见手拿粪耙、肩背背篓的农民矮小的身影,在弯腰拾粪——当没有其他的活计可干的时候,这是一桩不变的、永远做不完的事。

人们还经常为了养家糊口,寻找两份不同的工作以互相衔接。这种情景在中国也是比比皆是。天津的船夫在河水封冻没事干时,就拉冰橇,搞搬运,赚点小钱。这种冰橇可以提供价格极低的运输。同样,某些地区的大多数农民会充分利用农闲时间编制帽子,编织穗带,如今这种帽子已经作为大宗出口产品外销。中国妇女总是不停歇地手纳鞋底,即使是在村口闲聊时,她们也不会停下手中的活计;除此之外,她们还在纺棉线,用以纺成纱织成布。总之,她们从来不会闲着无事。

上面所提及的那两个阶层的勤勉,在商人及其雇员身上也得以充分体现。即使是在西方,身为商店职员的生活也不是清闲的。但相比较起来,中国店员要更加忙碌,他们的工作永远没个头。他们几乎没有任何节假日，活计很是繁重，只是在相对不忙时才可稍停片刻。

中国的店铺总是开市很早，打烊很晚。那种记账制度采用传统的复式簿记法，非常复杂，使得账房先生为了获得收支和平衡的账目，常常要忙到深夜。实在无事可做，店员们就坐下来，挑拣收进来的铜钱，寻找那些能卖出大价钱的上古时代的铜板。

令人吃惊的是，在中国，劳动强度最大的阶层，乃是最让人羡慕、每一个有志的中国人都梦寐以求的官僚阶层。中国的各层各级官员，都需要亲自埋头于各种公务，且都必须对每桩事理论上和实践上的成败负责到底。而此类公务数量之巨、事务之繁杂，同样令人吃惊。如今，正为每天八小时工作制而斗争的我们的工会组织，看到下面的这张日程安排，会作何感想呢？

这份日程表摘自北京外国使馆的一位翻译对中国一位政治要员的采访报告："我曾经询问过一位中国内阁大臣，每天究竟有多少的要务需要处理，因为他一直抱怨日常事务太过于繁忙，使他过于疲惫和劳累。他说，他每天凌晨两点钟从家里出门，因为三点至六点他要在宫中值班。作为军机大臣，六点至九点他要在朝中内阁议事。他是兵部大臣，九点至十一点要在兵部办公。他又是刑部的要员，每天十一点至下午两点要在刑部办公室。他还是总理衙门的资深大臣之一，每天下午两点至五六点要在总理衙门办公。这些还只是他每天的例行公务。除此之外，他在工作的空隙，还要参加其他一些特别或者临时的会议，他得见缝插针地为这些临时事务和其他的部门工作。因此，他很少在傍晚七八点钟之前到家。"

据说，在与这位外国翻译官做了此次访谈的六个月之后，那位官员就因劳累过度而感到心力交瘁，不久就去世了。我听到这个消息后并不感到奇怪，在中国，那些仍能为政府效劳的官员身上，发生此类的事件并非不可能。显然，若他们能坚持下去，自然对政府而言是很有益的事情。

前文中我们已经说过，所谓勤劳的外延是指勤劳者的人数以及勤劳所持续的时间长度。正如我们所看到的那样，中国人的勤劳在这两个方面是很突出的。中国人的一日，开始于天色未明之时，甚至常常是后半夜时分。正当欧洲各国的宫廷还沉睡在睡梦之神墨菲斯的怀抱里，中国的皇帝已经开始准备一天的早朝。这对西方人来说，简直是不可思议，而对中国人来说则是世界上最自然不过的事情。

　　天子的一言一行不同程度地被各地臣民效仿，风靡一时，举国上下，皆是如此。广州的铜匠、福州的锡匠、宁波的木雕匠、上海的磨坊伙计，以及北方各省的纺织匠和筛面公都是睡得晚、起得早。天亮之前很久，旅行者就会在集市上遇到卖菜的村民，他们早已从数里路以外的家里赶来，伫立在黑暗之中等待着天亮。天一亮，他们就可以出售自己的蔬菜了！

　　西方人吃早饭的时候，中国人的早市早已经结束。在某个夏季清晨的五点半过后，如果沿着上海的主要街道走走，就更能充分感受到东西方两种生活方式的强烈反差了。那些在黄浦江边的高楼洋房里办公、做生意的慵懒欧洲人，此刻还毫无动静，而亚洲人却挤满了街道，并且这种状况已经持续很久了。再过上几小时之后，当西方人开始挤上

外国明信片上的上海风貌

人行道，轻松自在地与中国人擦肩而过去上班时，当地人已经干完了他们半天的活计。

约翰·戴维斯爵士关于中国人"热爱劳动"的评价是完全正确的。他认为，中国人永远愉快地进行着自己的劳动，这标志着中国政府在使人民满足于自己的现状方面是相当成功的。这种热爱劳动的素质，是中国人最显著的性格之一，但要正确地理解它，则需要得到长期的思索和细致的推敲。

接下来，关于中国人勤劳的内涵，值得再说上几句。中国人是典型的亚洲人。他们的工作模式也是典型的亚细亚式的。试图以我们的模式对这个生机勃勃的民族进行改造，那将只是一种徒劳。盎格鲁-撒克逊人用不着《圣经》的指点，便能知道竭尽全力做好自己应当做的事非常重要。但是尽管有悠久的宗教和哲学交替影响，中国人却很难改变他们固有的步伐。他们受益于几千年以来所积累的经验，就像是荷马史诗里的诸神一样，他们从来都是不慌不忙。

人们不禁想到，有朝一日，当白种人与黄种人之间不可避免地展开一场空前激烈的竞争，哪一方将会败下阵来？

勤劳的双手可以致富，这正是所罗门王所叙之经济格言。假如这一格言是完全正确的，那么，中国人理所应当能够成为地球上最兴旺的民族。毫无疑问，如果他们能有一种全面的美德，用以克服品德素质发展不平衡的问题，比如他们缺乏诸多如信仰之类"恒久美德"的基本素养，那么，这个民族的兴旺，更是毫无疑问指日可待的了。无论如何，当中国人的道德意识中求真和诚信这样的品质重新恢复其应有的地位时，那么中国人将会（在不久的将来）获得因他们的无与伦比的勤劳所带来的圆满的回报。

第四章 讲究礼节

值得注意的是，中国人乃至所有东方人的礼节有两个角度与我们大为不同——其一是赞赏，另一是批评。我们总喜欢提醒自己，盎格鲁-撒克逊人有许多优秀的品德，而其中最主要的是坚忍不拔，温文尔雅则并不重要。因此，当我们到了东方之后，会发现广阔的亚洲大陆上的居民在处理纠纷、调节人际关系方面，具有比我们灵活得多的技巧。我们内心不由得充满艳羡。这是疏于实干者对于能说会道者的一种羡慕。即使是对中国人最为挑剔的批评家，也不得不承认，中国人已经把彼此间的礼节提升到一个完美的境地中。这一境地，是西方人所未知的。且只要亲身体验，必然出乎西方人的意料，并几乎是他们无可想象的。

我们知悉，中国的典籍上记载有礼仪准则三百条，行为准则更是多达三千条。一个民族背负着如此繁多的礼节还想生存下去，这似乎是不可想象的。但是，我们很快就发现，中国人已经成功地把恪守礼节熔铸成一种与生俱来的内在本能，而非外在的需要，就像他们的教育一样。这个民族的先贤们为人们的日常生活交往制定出繁文缛节，而在西方国家，这一切只使用在宫廷和外交往来的过程中。

当然，并不是说，中国人的日常生活完全是被这些繁文缛节所束缚。我们是说，这些规矩就像节日的盛装，到了特定的时候就会被穿戴起来。而中国人全凭一种准确的本能，去辨认什么时候是需要这样做的恰当时机。在这样的情况下，如果说一个中国人不知道如何才能举止得体，那么，他就会像西方一个受过教育的人偶尔忘了九九得几那样，令人感到荒唐可笑。

西方人之所以对中国人的礼节不是很欣赏，是因为我们心中怀有一种理念："礼貌是某种善意的方式，表达出真诚的意愿。"在西方文明中，这一定义的基础是把理论上的"个人的幸福"看作是"全体人的幸福"，然而在中国，礼节的意义则是完全与之相反。礼节就像某种技艺的表演一样，这些专业的表演是全部生活技艺的一个重要部分。对人表示礼节可以不完全是整个内心或者头脑的需要，而只是整个复杂生活整体中几个组成部分的需要。

有关礼节用语的制定和使用，目的只在于维护目前既有的社会尊卑关系。这在西方人看来，即便不令人发疯，也会令他们头昏脑涨。可是，在中国人看来，这些用语的使用使得人们的社会等级有了明确的高下之分，而尊卑之分对于保障社会秩序是至关重要的，而且也是调解人际关系的润滑剂。

有前因就有后果，有后果也有前因，前因和后果共存于同一场合，那么该前的就得前，该后的就得后，各得其所，万事畅通。就像互相在博弈，下一盘棋，先走的一方必须说："鄙人的王翼兵先向前走两格。"随后，对手则会说："鄙人的王翼兵也走两格。"接下来，对手事先告知说："鄙人王的马要吃阁下王翼的卒，请赶快把阁下的象向王位动三格"。① 如此你来我往，直到整盘棋下完。这就是在下棋，一局棋的输赢，与这些客套的形容词毫无关系。但是，正如下棋人不能事先设想好下一步的出棋，若稀里糊涂地下棋会使自己显得荒唐可笑一样，中国人对于对手的每一步棋若不能给予有理有节的回应，也会成为人们的笑柄。因为对中国人来说，客套即是下棋，说不出这些客套的形容词就等于是无知。

与此同时，中国人讲究礼貌的严格程度是有城乡差别的。在中心

---

① 译者注：这里作者是拿通行西方的国际象棋举例的。

城市里，中国人的礼仪是最严格、最正统的。与这些中心城市的距离，会影响到人们恪守礼节的程度。如果是一个庄稼人，虽然他知道必须有礼貌，但这并不意味着他必须知道像城里人那样的礼貌有哪些具体要求。

不过，我们必须要承认，有极少数的中国人是不怎么懂在恰当的场合遵守礼节的。即使如此，他们也要比最有教养的外国人强得多。与他们相比，外国人就像是一个尚未离开襁褓的婴儿。一般说来，除非这个外国人曾有过长期的生活经验，又比较小心自己有所失礼而被误认为没有教养，否则，他就不可能有中国人那样的中规中矩。很显然，西方人并不懂那么多的"规矩"，连中国礼节最浅显的门道也难以摸清，即使学会了那些漂亮的礼貌用语，行为也会表现得那样迟钝与不自然。这点，他们自己也承认不讳。也正因为外国人在仿效中国人的最起码的礼节方面表现出明显的无能和自愧不如，所以中国的士人们总是带着一种毫不掩饰的（并自然而然的）轻蔑目光看待这些"夷蛮之人"。

礼节，就像是一个气垫子。其实，它的里面可能什么东西都没有，却能够很好地起到缓冲颠簸的作用。与此同时，我还得公正地补充一句，中国人对外国人所表示的礼节（完全如同与自己的同胞相处时所表示的那样），更多的是为了急欲显示自己深谙待人接物之道，而不是考虑到客人本身是否感到舒服。你本不想生火烧水沏茶，他却偏偏执意如此；结果四处弥散的烟火，熏得你泪流满面。你喝下的那杯茶就好像是一杯苦药，但是，主人仍然相信自己的这些做法至少表明了他善于待客，倘若客人自己不甚乐意，那完全是客人自己的事。

与之相似的，倘若你在乡下租了一间较差的房子过宿，房子的主人

作揖的官员

会觉得他理所当然地要为你把房间打扫一下，并（象征性地）布置一下。这一举止会一直持续到你已经来到了房间，他对你制止打扫的要求置之不理，飞扬的灰尘弄得你睁不开眼。你恳求他别做了，但他仍然继续做。或许，这就是《礼记》上所教诲的"屋必扫"吧。主人就应该为客人打扫房间，不管客人是否乐意。

宴请时也会有同样的礼节，这将是令你从未见识过的恐怖（一种过分热情好客的恐怖）礼节。在请客吃饭时，热情的主人特意为你的盘子里盛上一大堆他以为你喜欢吃，或者他认为好吃的东西。即使事实上你根本一点不喜欢吃，或者毫无食欲。倘若，你真的一点也不想吃，主人则会说，那就是你的不是了。主人认定他自己遵守了东道主之礼，也没有人会指责他失礼。如果外国人不懂得这种游戏规则，那完全是自己的事，与主人没有任何干系。

正是遵循这一原则，一位中国新娘照例前去拜会一位外国夫人时，她特意背朝夫人，向着完全相反的方向行了个礼，结果弄得女主人感到惊讶和气恼。事后经过询问才知道，新娘朝北行礼，是因为那是皇帝所在的方向，所以她必须朝北叩拜，而不用在意女主人正坐在房子的南边。既然这位外国夫人自己不清楚应当坐在屋子的什么方位时，那么这位新娘也就不必在意女主人坐在哪儿，会怎么想；至少，她表明自己是知道应当朝什么方向磕头的！

中国人的礼节常常表现在送礼这件事上。正如前文所述，送礼是给受礼人"面子"。送礼都有一套固定的程序，所送的礼物有某种固定的老式样。一位常与中国人交往的外国人总会收到一些外用红纸包得整整齐齐、内装油腻糕点的礼品盒。这些点心他根本不会吃。但是，即使受礼者反复表示不能接受，甚至被逼得走投无路也表示不愿意接受，送礼人还是不会把礼品拿回去。他最后只得把这些东西全部转送给其他中国人。

中国人的礼节是绝不允许人们对礼物"讲究不尽"。送礼的人经常会被问到这些礼物花了多少钱。客人到别人家做客，在与男女主人告别时常说这一句公式般的话："给你们添了不少麻烦,又让你们破费了!"

一位外国人曾应邀参加一次中国婚礼。婚宴上陈列出各式各样的糕点。婚宴进行到高潮时,端上一盘子糕点,仅有两三块,热气腾腾而受到夸耀(也许大家都喜欢热的)。由于那位外国人是贵客,所以这个糕点盘子最先端给了他,而他却婉言谢绝了。不知是由于什么原因,这件事给正在进行的婚宴投下了一片阴影。那盘子糕点后来没传给其他人,而被撤了下去。

原来,按照本地的习俗,每位参加婚礼的客人都要送上一份礼钱帮衬主人家。按惯例,当客人还在席上时就开始直接收钱。但在中国人看来,向客人收礼钱是不礼貌的,于是,就以向客人送热糕点为托辞。每个在场的中国人都知道送这盘热糕点的用意,唯独这位外国人蒙在鼓里,他的拒绝使得其他人不便在当时拿出自己的红包。后来,这位外国人又应邀参加这一家举行的另一次婚宴,这次,这个老外饶有趣味地听到婚礼司仪比西方人还直截了当地对来宾们宣布:"这是放礼钱的地方,请大家把红包放这儿来吧!"显然,是吸取了上次的教训。

我们完全可以把中国人礼节中令人厌烦的繁文缛节置之不理,因为那些礼节的核心无非各种规矩。但是,我们依然要在社会交往方面向中国人学习许多东西。保持我们的诚实,抛弃我们的鲁莽,这是完全可能做到的。如果西方人坚定的独立自主精神,加入一定量的东方人的儒雅,那一切自然将再好不过。

然而,许多西方人似乎永远不会用这样的观点看待事物。笔者的一位熟人在巴黎住了许多年,以至于不知不觉地接受了那个都市里的举止习惯。当他后来回伦敦居住的时候,他依然按照老习惯向见到的每一位朋友脱帽鞠躬。有一次,他向一位朋友脱帽鞠躬时,这位朋友极度无情地嘲笑他说:"看清楚了,老朋友,这里可不是你们法国猴子耍把戏的地方!"谁若能够集东西方之精华于一体,谁能够安然地走在狭窄的、荆棘丛生的中庸之道上,他就将是幸福的。

第五章　疏于时间

当今全世界的发达国家都流行一句格言："时间就是金钱。"现代社会生活的日趋复杂，一个商务工作者能在特定的商务时间里应付好各种事务，这在上一个世纪①需要花费许多的时间。蒸汽机和电力已经完成了一场革命，盎格鲁-撒克逊人基于其自身的素质为这场革命做了预先的准备。虽然我们的祖先也曾经碌碌无为，只知道吃喝和打斗，但无论如何，我们毕竟还是能看到，我们民族是具有冲劲的民族，这种冲劲驱使每个人无休止地去做一桩又一桩事情。

中国人的问候语与盎格鲁-撒克逊人的问候语之间存在着一种很有意思的鲜明差异。中国人遇到他的同仁时说："吃饭了没有？"盎格鲁-撒克逊人则在这种情况下问："你做的好吗？"②我们看来，做事，是一个人的正常行为，正如中国人看待吃饭问题一样。由此可见，对我们而言，感觉到时间就是金钱，一秒钟也不可放过，这已成为我们的第二天性；而中国人，像大多数的东方人一样，则显得悠然自在。

中国人的一天仅有十二个时辰，一个时辰与下一个时辰之间并没有明确的分界线，只是象征性地把一天分为十二个部分。他们所说的"午时"是指上午十一点到下午一点之间这整个时间段里任何一个钟点。我们曾经听到一位中国人在问："现在是什么时候？月亮几时上中

---

① 译者注：本文写于十九世纪，故这里是指十八世纪。
② 译者注：这是英语经典的问候"how do you do！"

天?"如果用更为精确的语言来表达,他应当进一步问:"现在是半夜几时几刻?"

日常生活中的时间用语,几乎都带有类似的不确定性。中国人所说的"日出"和"日落"可能是最精确的时间概念了,尽管他们置身于很大经纬度的跨度中,但"半夜",正如"中午"一样,并没有具体的时间所指。夜里的时辰通常用"更"来划分,同样模糊不清。只有最后一更除外,它通常与天慢慢放亮联系在一起,才较为精确。即便是在城市里,"更"所指的时间段也或多或少有些不确定。

对于我们所称之为可随身携带的计时器的钟表,绝大多数人一无所知。有些人确实有表,但在他们之中,即使有人每隔几年将表擦洗一下,以保证它们的正常运转,也几乎没有人会用表来安排自己的活动。普通的人,则完全是根据太阳的高度来推测时间的,把太阳高度说成是"一竿""两竿"或"几竿"高。如果遇到阴天,就通过猫眼睛瞳孔的放大和缩小来获知大致的时间。对于日常生活,这样的时间概念已经是够准确的了。

中国人对时间的利用,与他们对时间不精确测算有很大的关联。根据西尼·史密斯①的划分,世上的人分为两类:大洪水前的人和大洪水后的人。大洪水之后的人发现,一个人的寿命已经无法达到几百岁那么长,更不可能长达近千岁。所以,他们就得学会抓紧时间,以适应他们所处的环境。与之相反,大洪水前的人则没有意识到长寿的玛士撒拉②时代已经一去不复返了,他们的生活一如既往,仍然在依照家族的陈规按部就班地安排。

中国人应该可以算成是"大洪水之前的人"。一个出色的中国说书人,比如被茶馆老板雇来吸引和留住顾客的那些说书人,会使人想起英国诗人丁尼生③某部"滔滔不绝"的诗篇。茶客们可以来了又走,但他却

---

① 译者注:西尼·史密斯(1771—1845),英国牧师。
② 译者注:玛士撒拉,《圣经》中的长寿者,享年969岁。
③ 译者注:丁尼生(1809—1892),英国桂冠诗人。

是"没完没了"不停地说。演戏也是一样，有时，一场戏要连续演上好几天。虽然与泰国的戏相比，中国的戏剧还不能算太长——我们看过泰国戏的人说，有的戏接连演了两个月之久。中国人的戏剧表演，极其智慧和高超，且风趣有味，但这些戏剧也有一个致命的弱点——他们总要向观众说一大堆啰里啰嗦的开场白。这段话如此之冗长，以至于外国观众还没看戏，就已经后悔到场了。

最为可怕的是出席中国人的酒宴，筵席上的菜肴之多令人难以置信，而其持续的时间之长几乎是没完没了。尽管中国人自己乐此不疲，直到散席时还意犹未尽，但所有经历过这种场面的外国人都会感到恐怖和绝望。中国人有句最让人回味无穷的格言，这就是"世上没有不散的筵席"。但是，落入圈套、出席这种酒宴的"夷蛮之人"①却感到，这一句原本可以为他们带来一线希望的格言，在这种场合总是迟迟才得以兑现。

晚清科举贡院外景

中国人自打呱呱坠地之始，就完全习惯于依照大洪水前的成规不紧不慢地做每一件事情。上学的时候，他总是一天到晚待在学堂里读书，从日出到日落，只有吃饭的时候才稍稍停歇一下。除此之外，无论是学生还是先生，都不知道世界上还有其他的读书方式。科举考试要持续几天几夜，整个过程的每一关都不是好过的。尽管大多数考生在这种荒谬绝顶的考试中体验到了诸多的不便，但是，他们当中任何一个人都不会怀疑，这种考试对于检验人的知识和才能是有着一种天然的缺陷。

---

① 译者注：这里作者指外国客人。

这种教育所造就的精神成果，会使人联想到其形成的过程。中国人的语言基本上是属于大洪水之前的，要掌握这种语言，需要玛士撒拉那样漫长的一生的时间。这就好比是与古罗马人一样，古代中国人意识到，如果强迫自己全身心投入学习自己的语言，他们就将永远不会说出或者写出其他有价值的东西！毫无疑问，中国人的历史是属于大洪水之前的。它可以追溯到混沌初开的时代，尔后，则是一条混浊、舒缓、漫长的历史长河。在它的两岸，既有既往时代的高大乔木，也有无数枯朽的树木、枯枝和枯草。只有一个时间观念相对淡薄的民族，没有人会去编写或阅读这样的历史；除了中国人的记性之外，没有人会有这么大的"肚量"能装下它们。

中国人对时间的疏忽，还表现在他们勤劳的力度上。正如我们在前文说过的，在勤勉的强度上，中国人完全不像盎格鲁-撒克逊人劳动时所表现的那样。

有幸在中国搞过建筑的，并与中国的包工头和工匠们合作建房子的那些外国人，有多少人希望再度和他们合作盖房呢？那些中国人来得迟，走得早，他们常常停下手中的事情，喝起茶来。他们用一个小布袋从很远的石灰坑里一袋一袋地运几夸脱①的灰浆；如果改用独轮车来推的话，工作效率能够提高三倍。可是谁也不愿意这样干。只要是碰上一点的小雨，整个工程都要停下来。这样，花费的时间不少，进度却很慢。因此，雇主往往很难看出这些人每天到底干了多少活。我们听说过，有一个外国人嫌他雇佣的木匠们钉板条的速度太缓慢，于是自己动手干了起来，结果在木匠们吃饭的工夫，他一个人完成了四个木匠半天的活计。

对中国的工匠们来说，就连修理他们自己的工具，也是桩很花时间、劳精费神的事情。如果工具是外国人的，那就另当别论了。这些工具会莫名其妙地就坏了，但是每一个人都不承认曾经动过。"事不关

---

① 译者注：夸脱，英美液量单位。

己、高高挂起。"这是一句很适合于他们所有人的口头禅。在墙上插一些木条，用绳子捆绑一下，就算支起了脚手架。整个施工期间，每天都有可能发生危险，以前所积累的有关安全施工的经验全被置之不理。沙子、石灰和当地的泥土原本以为都可以用，结果没有一样是合格材料。外国人是如此的孤立无援，就像《格列佛游记》[①]中格列佛在小人国遭遇的一样，他被无数的细绳拉倒在地，这些线结合在一起，千头万绪，多得令他疲于应付。

我们会一直记住一位广东的包工头，他对施工的承诺像他的钱一样统统消失在鸦片烟中。因为他是个鸦片鬼。最后，雇主们忍无可忍，便把这位包工头犯下的实在过分的错误摆到了他的面前。"已经告诉过你玻璃的尺寸，你也量过三个窗子好几遍。可是你，每一个窗户统统都搞错了，都不能用。你做的门一扇也关不拢，门上一点胶也没用过。地板太短了，数量也不够，还都是节疤孔，而且没有彻底铺好。"听着雇主这一番严词指责，这位脾气温和的广东人似乎有些忧伤，然后便以一种文雅的抗议语调说道："不要这样说！不要这样说！君子怎么能这样说话呢！"

对中国人来说，盎格鲁-撒克逊人的急急躁躁不仅是不可理解的，而且完全是没理由的。很显然，中国人不高兴我们的性格中缺乏耐心的品性，正如我们也不喜欢他们缺乏契约精神一样。

但是无论如何，要让一个中国人学会重视迅速和敏捷的重要性，那依然是很困难的。我们曾听说过，一个装满外国邮件的大包在相距十二英里的两个城市之间被耽搁了好几天，只是因为邮差的那匹驴子病了，需要休息！中国邮递系统的管理也极为混乱，只是停留在应该怎样与能够怎样模仿的阶段。

然而，最令外国人讨厌的是，还有中国人在登门访问过程中对浪费时间的满不在乎。在西方国家，这类似的访问是有特定的时间限度的，

[①] 译者注：《格列佛游记》，英国作家斯威夫特讽刺游记体小说经典。

他们一般不会超过时间的。但在中国,却没有这样的时间限度。只要主人不提出让客人留下来过宿,这位客人就会滔滔不绝地说下去。即使主人精疲力尽了,客人也还是要说下去。中国人在访问外国人时,根本不可能意识到时间的宝贵。他们会和你一连坐上好几个小时,谈了不少话,不知在说些什么,或者无话可说,也不提出告辞。

一位杰出的牧师曾说过这样的箴言:"想见我的人就是我想见的人。"假如这位牧师在中国待过,无论时间有多长,他一定会对他的箴言进行改正。在接待过几次中国人的来访后,他肯定会效仿另一位繁忙的牧师,在他的书房醒目地挂上一条《圣经》中的格言:"神保佑你离开!"如果对一位正说到兴头上的中国人明确表示自己很忙,那常常会给他当头一棒。他会长时间地一言不发,默默地忍受着,其时间之长足以消磨掉十个欧洲人的耐心。终于他开口说话了,便把谚语所言之精髓表现得淋漓尽致:"上山打虎易,求人开口难!"

如果所有外国人都像已故的麦肯锡医生那样,感觉会好很多。他发觉他的中国朋友不断前来做客,并且"只来不走",浪费时间,影响到他的工作。于是,他习惯性地对他们说:"请坐,像在自己家一样;我还有急事,敬请原谅。"外国人能够像一位天真的中国学生说得直截了当、简明扼要,那感觉就更好了。那位中国学生刚学会一些英文短语,就想在老师身上尝试一下,结果,说得老师晕头转向。他是在下课时,大声说道:"开门!出去!"

第六章 疏于精确

外国人初到中国,对中国人的第一眼印象就是千人一面。他们的面孔似乎都是同一个模子做出来的,所有人身上总是穿着蓝布衣服,每一双眼里的"焦点"都好似一成不变,好像发直了一样。两个拖着辫子的中国人,就像是同一个豆荚中的两粒豆仁,一模一样。但是,无论别人怎么看待中国人,只要略加体验,即使是一个最不善于观察的旅行者,也会发现,所谓中国人是千人一面的说法是不能成立的。任意两个地区,无论多么靠近,口音上都存在着有趣的、莫名其妙的差异。而且地区间隔越远,差异就越大,日积月累,以至于形成不同的"方言"。

常常会有人郑重地提醒我们,中国人的语言写起来都一样,说起来却大不相同。我们常常被告知,中国各地的风俗习惯也有同样的差异,用中国人的一句俗话来讲,那就是"十里不同俗"。诸如此类的例子,比比皆是。最普遍的是,计量标准上的不一致。而在西方国家,统一、恒定的度量衡是保证生活舒适的一个重要前提。

那些无处不在的双重标准,对西方人来说,常常是令人苦恼不已的,而对中国人,却能从中获得乐趣。两种货币单位、两种重量单位、两种度量单位,这些对他们来说似乎很自然、很平常,不值得去抱怨什么。向一位卖猪肉水饺的人询问每天做多少这样的水饺,他回答说,大概"一百斤面粉"。至于这么多面粉能做成多少水饺,这个问题只能留待询问者自己去猜想。

同样,有人向一位农民打听他的一头牛有多重,他给出的重量似乎太轻了，与实值相差太大。最后，他解释说，这个数不包括骨头！一位仆人被问及身高是多少，如果他给出的数与他的实际身高相差得太离奇，经过查问，他会承认他给的数没有把肩膀以上的部位算在内！原来，他曾当过兵，在部队里人的锁骨的高度比较重要，因为他要担运物资。既然一个中国士兵的脑袋没有任何实际用途，所以他说自己的身高时一直就没有把头部算在内，这次他也疏忽了。与这种算法相反，一位乡下人硬说他的家"离城九十里"，但经过盘问，他才承认消减一点。他承认那是往返的路程，实际距离只有单程"四十五里"！

清朝新军的军官与士兵

在中国，有关计量最不一致的突出事例，就是计量铜钱——这个国家唯一的货币的办法。这个国家所有地方都采用十进制，这的确也是最简易的计量方式。但是，在中国没有人敢打包票说"一贯钱"理所当然就是一百个铜钱，除非他亲自数好串好。走遍了十八个省份的绝大多数地区，我们就会发现一贯钱的铜钱数目各不相同，而且无法解释。按道理，"一贯"就是"一百个"铜钱，但事实上从一百个至九十九个、九十八个、九十六个、八十三个（如山西太原），直到直隶省东部的三十三个，各种数目都有，或许有些地方可能更低。

白银交易中的称重情况也是这样，甚至更为严重。除非是巧合，任意两个地区的"两"都不一样，甚至同一地区的不同区域也各不相同。这种情况把外国人搞得稀里糊涂，除了那些与白银有关的商人，其他人都会遭受一定的损失，特别是会给那些诚信守实的人带来无尽的烦恼。这种货币混乱的现象是显而易见的，其得以长期存在的动机也是显而易见的。但我们眼下关心的只是这一现象存在的事实。

所有各种度量标准都有同样的混乱。一个地方的"斗"不同于其他任何地方的"斗"。在征粮中总是采用这种混乱的"斗",如果在那些不像中国人那样会忍气吞声的民族,就很容易引发政治动乱。至今为止,"一品脱就是一品脱,一磅就是一磅,全世界都一样。"这句话在中国却是不适用的,一"斗"不是一"斗",一磅也不是一磅。每一种随意所造成的混乱,在中国居然还有道理可言。而且,这种武断的标准随处还加以应用(例如在盐业专卖中),比如把十二两叫一斤。买家付的是十六两一斤的钱,得到的却只有十二两。但这样的交易居然是公开进行的,同行的商人也都这样做。据说,这不算做事欺诈,人们知道了这一点,只不过是盐业买卖中的"陋规"而已。

在土地面积的丈量方面,也普遍存在类似的不确定性。有些地方,一"亩"土地只相当于另一个地方的半亩,如果有人碰巧住在边界线上,那么他们就不得不准备两套丈量土地的工具,以分别应对不同的田亩制度。

想要知道一斤粮食或者一斤棉花的价格,仅凭现有的报告(正像到中国的旅行者经常做的那样)是非常不可靠的,还必须首先弄清楚这里的"斤"是指哪一种斤。同样的情况,也出现在每亩的粮食产量计算上,不能仅凭现有的统计数字,还必须弄清楚这里的"亩"是哪一种亩。在计量的距离测算方面,也普遍存在着类似的问题,每位到中国的旅行者都可以证明这一点。在中国大地旅行时,如果路程是以"里"计量,那么就有必要弄清楚这个"里"是指"大里"还是"小里"!

我们并不否认这样计量路程有某种根据,但我们要指出的是这种计量既不精确也不统一。据我们所知,人们普遍感觉到,一走下宽阔的官道,"里"就变得更"长"了。如果在官道上每天能走一百二十里路,那么在乡村的小道上,满打满算也只能是每天走一百里,若到了山区,就只能是每天走八十里了。

此外,测算路程的长短往往不是根据实际的绝对距离,甚至不以中国人意识中距离长短为基础,而是根据行走的难易程度。如此一说,若是说到山顶有"九十里",实际的里数还不到一半。但中国人还咬定不放松，理由是要走完这段路程，困难程度相当于在平地上走"九十里"。还有一件与测算直线距离有关的颇为奇特的事实，即从A到B的距离不一定等于从B到A！在中国，欧氏几何所设定的"等量之间彼此相等"基本原则已不起作用了。这个定理要想实现，则需要插入一个否定词加以修改。我们可以举一个例子加以说明：在中国最重要的一条官道，有一段路根据里程碑所示从北到南长一百八十三里，而从南到北却是一百九十里。这也真是太奇怪了，无论你来回走几趟，也无论多么仔细地看里程碑，事实就是这样。

　　与此类现象异曲同工的是，"整体等于部分相加之和"这一公理在中国也不能成立。在河道航行尤其如此。经过询问，你得知前方的某一地点有"四十里"，然后，通过更细致的分析，你才知道这个"四十里"原来是两个"十八里"相加得来的。你还会被这种振振有词的说法弄得哑口无言："四个九相加是四十，不对吗？"根据这种说法，"三个十八相加"就是"六十"。我们还曾听说过这样一件事，一个信使在规定的时间内没有跑完规定的路程，他为自己辩解说，这个"六十里"是"大里"。由于他的申辩理由很充分，地方官员便下令重新测量这段路程，结果发现实际上是"八十三里"，从那以后，那个新里程就被沿用了下来。

　　分布在一座城市周围的几个乡村，离城里从一里到六里各不相等，但每个村子都可以叫"三里屯"。人们经常还可以看到这种情形，一段据估算只有一里的路程，如果道路两边都盖满了房子，就会被说成是五里长。而且每个村民都会信誓旦旦向我们保证，这条街确实是那么长。

　　在这些情况下，当每个人都可以根据各自的需要制定度量标准时，你也大可不必为此大惊小怪。造秤的人徘徊于街上，根据每个雇主的要求，在秤杆上镶上小点点(这些点点被称为"星")。每个买卖人至少备有两杆秤，一杆是用于买东西，另一杆是用于卖东西。一个现成的秤是没有人愿意要的，除非它是一杆旧秤，因为所有的刻度都可以改变，秤的标准只能根据每个买卖人的需要而定。

　　计算人的年龄大小也是如此，其中特别能反映出中国人的民族特性。得知一个人确切的年龄并不难,可中国人却普遍凭着一个人出生年的动物属相,来轻易地推测出这个人的年龄。说一位老人已经有"七八十岁"了,其实你确切地知道,他是去年才满七十岁。事实上,在中国,一个人刚过七十岁,也就是"八十"的人了。如果想得出准确年岁,就必须减去这个"常数"。

即使一位中国人想说出他的准确年龄,他所给出的也只是下一个春节后的年龄。以"十"为单位计算岁数的习惯根深蒂固,这使得他们年龄总是含混不清。一些人是"一二十岁"、"没几十岁",或许"好几十岁",在中国,严格准确地说出年龄是非常罕见的事。这种模糊,甚至还延伸至"好几百"、"好几千"和"好几万"。这样的表述中,"数以万计"是中国人计数方面的极限。对于比这些笼统说法更加准确的计数法,中国人并不怎么感兴趣。

笔者的一位朋友告诉笔者,有两个人花了"两百贯钱"看一场戏,过一会又改口说道:"是一百七十三贯,不过,这与二百贯也差不离,不是吗?"

一位绅士及其夫人在中国生活了好几年后要回国。他们的中国朋友送来两幅卷轴,是要分别转赠给他们夫妇俩各自的老母亲——父亲都已去世,他们夫妇俩各自的老母亲恰好同岁。两个条幅上的题字分别是"福如东海"和"寿比南山",每个条幅旁边还有一行写着祝福的小字。其中一个条幅上的小字恭贺受赠者"享福七十载",而另一个条幅则赞美夫人享有"六十华诞"。夫妇俩在对这两幅卷轴大加赞赏之余,其中一位小心翼翼询问,为什么明明知道两位母亲是同岁,却还要说一个是七十,另一个只有六十呢?对方给予一个典型的回答:如果每幅卷轴上都写"七十岁",那会显得题写者太没有想象力了!

在我们要求精准的地方,中国人根深蒂固地讲究社会连带关系。这是一个致命的干扰。一位希望获得法律咨询的人告诉笔者,他"住在某一个村子里",但从他的口述中可以明显得知,他的住所是在城郊。经过一番追根查问,他承认他如今不是住在那个村里;而经过进一步的调查才发现,他的家族十九代之前就已搬出该村了。我就问他:"你难道不认为你自己现在是城市居民吗?"他坦然地回答道:"没有,我们现在的确住在城里,但我的老家是在那个村子里!"

另外有一个人曾经要求笔者去看看他村里的一座古庙,他骄傲地指给我看,说:"那座庙是我建的!"对于他语气中那个"我"进一步调查,我才发现,那座庙建于明朝的某个时期,至今已有三百多年的历史。

学习中文的学生,最初遇到的一个障碍是如何找一个满意的词语表示自己的身份,以区别于他人。中国人的整个思维,建立在我们不习惯的某种假设之上,他们完全不能理解西方人为什么会有把一切都弄得准确无误的癖好,甚至认为是病态的。一个中国人并不确切地知道他的村子里有多少人,而且他也确实不想知道。人类的任何一员都有弄清楚这一数字的意愿,但对他来说,则始终不能明白那些想知道这个数字的人到底为了什么。他们只有"几百家""好几百家"或者"没多少人家",而没有准确的数字,过去没有,将来也不可能有。

中国人疏于精确,不仅表现在对数字的运用上,同样也反映在文字书写,甚至表现在他们的印刷上。在中国的廉价出版物中,想要弄到一本没有大量错别字的书并非易事。有的时候,那些错别字频繁出现,严重地干扰了读者对意思的理解。如此看来,之所以出现错别字,显然不是为了图省事,而是由于人们在日常生活中不重视精确性。在一般的书信往来中,这种含糊其辞的做派更加突出了。文字的书写不准确,大量的是表现在常用字中,有些字经常用同音字代替,出现这种错误,或者是由于教育的缺乏,但同样也因为马马虎虎的态度。

疏于精确这种态度,在书信的称呼上更是表现得一清二楚。中国人家信的称呼一般是用醒目的字体写的,"父亲大人启"、"慈母大人启"、"叔祖大人启"、"贤弟大人启",等等,却一般不写出"大人"的姓名。

中国人是非常讲究实际的民族,但正如我们所看到的那样,他们对自己的名字却满不在乎,这令人非常惊讶。像这样的民族实在是独一无二的,我们常常发现,他们的名字一会儿写成这样,一会儿又写成那样,我们看到名字,但并不知是谁,还要询问一下,这种情况经常可以见到。但,最使人感到困惑的是,同一人常常有好几个不同的名字,他的原名,他的"字""号",说来奇怪,甚至还有科举考试注册时专用的学名。正因为如此,外国人往往会把一个中国人误认为其他的两个或三个人。他们村子的名字更不确定,有时会有两三个全然不同的名字,并且这些名字也都同样"正确"。如果一个名字是另一个名字的误用,他们可以互相交替使用,在官样公文上用正确的名字,在平时交谈中可用另一个名字。更有甚者,也可以把那个误用的名字当作形容词,与原名一起共同构成一个复合地名。

中国人很不幸地缺乏类似于研习化学分子式那样,需要绝对精确意识的教育。中国的第一代化学家也许会因为把"几十个格令"的什么东西与有"好几十个格令"的另一种东西混合在一起,其结果会少了许多数字,造成预想不到的严重后果。中国人完全有能力像其他民族一样,学会对一切事物都把握得非常精确——甚至更加精确。因为他们天生就有无限的耐心——但我们不得不说,就现在的社会状况而言,他们目前还不重视精确的素养,他们还不知道精确是什么。

如果这一判断是成立的,那么就可以有两条推论:其一,我们在查考中国历史档案记录时,必须考虑到中国人疏于精确这一特性。如果我们轻易采用中国人所提供的数字和数量,则肯定会使我们自己受骗,因为他们从来就想不到精确。其二,对于中国人所提供的,冠以"人口调查"以抬高其权威性的各种结果,必须持有保留态度。整体并不大于部分之和,可中国人的统计数字却与之相反。我们在审查中国人的一份"统计数字"后,就非常有可能说:"这是案子的最后一个谜!"这句话,是一位聪明的苏格兰人在美利坚合众国最高法院说的,他坚信"美国的法律有高贵的不确定性"。

第七章 误解的才能

　　一个外国人学了不少汉语并足以表达自己的思想时，他首先发现的是中国人在某些方面有着非同寻常的天赋。这位外国人会倍感惊讶和痛苦的是，你所说的汉语，别人听不懂。于是，他就回头更加勤奋重新学习。几年之后，他终于可以自信地与公众或者任何一个人交谈各种复杂问题了。但是，如果与他交谈的是一个完全陌生的人，尤其是与一个从未见过外国人的人，那么，他就会像最初说汉语时那样依然感到惊讶和痛苦。对方显然是什么都听不懂，而且他显然也是不想去听懂。他很明显就没在意你在说些什么，也不试图理清跟你谈话的思路，而只会打断你的话说："你说的，我们听不懂。"

　　他面带着一种具有优越感的微笑，就像看着一个聋哑人费尽努力想开口说话一样，好像是在说："你说的话谁能听懂呢？你天生就没有一个能讲中国话的舌头，这是你的不幸，却不是你的过错。可是，你应当承认你无能为力。别用这种事情来为难我们了，因为你所说的，我们听不懂啊。"在这种情况下，很有可能你无法始终保持一种平静态度，很自然地，你要冲着你的对手发怒发火，说："这一刻，我所说的话，你应该懂了吧？""不，"他回答说，"我没听懂你所说的！"

　　中国人的误解才能还能达到这样一种地步，即便他们听清楚你所说的每一个语词，但由于没有注意到某些细节，还是不能弄懂你所表达的意思，至少说没有全部地搞懂。比如，"一个远东的外国人"这个短语，需要放在大量表达"在这种条件下""条件是""根据这种条件"之类的一堆短语之后。的确，中国人事实上并不用这类短语，也觉得没什么机会用这些短语，这与一个外国人大相径庭。同样情况也存在于时态的使用上，中国人也不用时态，不关注时态，而外国人就一定要注意时态。

在中国，在与人交往所要注意的问题中，最需要防止发生的问题是，不要在钱上造成误会。当外国人要为所购买的商品付钱时（在中国人看来，这是外国人的主要作用），将来完成时态就像"军需用品"。"你在干完活之后，你就将会得到钱。"但是，汉语中没有将来完成时态，也没有说有任何描述某事在什么时候发生的时态。中国人只是简单地表达："干活，挣钱。"在他的心目中，后句是主要的，并且是不受"时间关系"的限制。

因此，当一个中国人给外国人干活时，希望马上能拿到工钱，这样才能有饭"吃"，似乎如果不是偶尔遇到这个工作，他就会连一点吃的都没有。我们必须反复告诫大家的是，在中国做生意，特别要避免在金钱上造成误会。谁收的钱，什么时候该收，收多少，收的是银锭还是铜钱，若是银锭，其成色如何，重量多少，若是铜钱，"一贯"有多少个——诸如此类的细节，在一般情况下，是不可能说得太周详的。若是与营造商、经销商和船主签订一个合同，对方该做哪些事，要履行哪些条款，预先就必须做大量精准的说明。否则，就会一团糟。

"害己又累人"，这种事情在中国是太常见了，并不会引发当事人多大的注意。一位船夫或车夫受雇于外国人，本该按照雇主的要求干活，但他却时常突然拒绝履行合约。在这种场合里，中国的车夫固执得就像一匹骡子。那匹骡子躺在泥泞之中，随心所欲地洗泥土澡，车夫用鞭子抽打着骡子，直至精疲力尽，仍无济于事。而骡子却视鞭子抽打如苍蝇挠痒痒。看到这一情景，不禁使我们想起德·昆西[①]对中国人的评论。他讽刺中国人"像骡子一样固执"。他的说法，显然有些过了头，其

---

① 译注：德·昆西(1785—1859)，英国著名随笔散文作家，代表作有《一个鸦片吸食者的自白》等。

实,中国人并不像骡子那样固执,因为骡子不会改变它的脾气,而任性的车夫则不然。受雇的车夫虽然在半路上不听从他的雇主,甚至对于雇主明确警告要扣掉他的全部"酒钱"也不予理睬,但过了半天时间到达终点时,他却对自己在半路上的所作所为予以辩解,并且赔不是。旅行者与他的车夫、船夫立下一个字据,通常是明智之举,这样就不会因可能的误会而带来麻烦。

"有言在先、事后不悔。"这是中国人的一句至理名言。然而有些时候,在人们绞尽脑汁,即使费尽心思达成了协议,也还是会有出现误会的时候。在中国的外国人碰到这种情况时,无论你如何小心翼翼对待各种协议,都会发现钱是引起你烦恼的重要原因,可能超过任何其他问题。至于对方是受过教育的学者,还是一字不识的苦力,这几乎没有多大差别,所有中国人天生地拥有在误解中占得便宜的天赋。他们善于发现这些误解,并立即加以利用。他们就像元月的北风能够发现门上的一道缝,也像河水能够发现船上的一个窟窿那样,迅速且不费劲。①

某方面,盎格鲁-撒克逊民族为了适应需要也独立地发展出这一中国人的天赋。这正如古波斯人大多具有擅拉长弓和讲真话两种重要的技能一样,盎格鲁-撒克逊人具有对敌人和对朋友都同样诚实可信、做事公正的天性。对此,中国人不久就注意到了这一点。对中国人来说,这些品质似乎就像提图斯时的罗马人②发现犹太人曾有过的某种独特的习惯。罗马人发现,犹太人在采取军事行动时,无论形势多么紧迫,每隔六天都必定要暂停一次做礼拜,罗马人利用了犹太人的这一习惯击败了他们,中国人同样也会善于利用盎格鲁-撒克逊人的那种天性。

1860年之前,外国人与中国人进行了一个世纪的外交。这一过程中,充分表现了中国人易于误解的习惯。在接下的年头里,这种习惯并没有消失。但无论情况怎样,当时的外国人总是遵守诺言的,这在中国

---

① 以上说法只是作者的一家之言,不代表中国人。
② 译注:提图斯,公元39—81年,罗马帝国皇帝,曾率军镇压犹太人的起义。

人心中深深扎根,尽管也有少数的例外。他们同样非常相信外国人办事公正(尽管也有某些个人和国家可以给出恰恰相反的例子)。但是,正是基于这个固定的看法,中国人有能力对付即使是最顽固的外国人,"你明明是这样说的","不,我不是这样说的","但我认为你是这样说的,我们都是这样去理解你的意思的,请原谅我们的愚蠢,不过你还是得付钱,是你自己说过要给的"。这就是中国人与外国人千百次争论的实质,而最终百分之九十七的结果是外国人付了钱,中国人心里很清楚,外国人为了表现自己的诚实和公正是会给钱的。在以下的三个事例中可以看到,中国人如何利用其他手段达到目的,而且是三次中有两次会获得成功。

有过丰富经历的读者会发现日常生活中有大量各种误解的例子,足以组成一个军团。你吩咐一个苦力清除掉院子里的杂草,而把开始抽芽的草皮留着,从而使你能够看到渴望已久的一片珍贵的草地。可是,这只漫不经心的野牛却拿着锄头,把所有的绿草都铲除了,使之成了荒地,还说这样才干净。他没有"理解"你的意思。你支使厨子到很远的那个唯一的菜市场去买一条鲤鱼和一只鸡。他回来了,却没买鱼回来,手里提着三只大鹅,他认为你就是这么吩咐的。他不"理解"你的意思。你派送信人在收发室下班前把一包重要的信件送到法国领事馆。他回来说,法国领事馆不收这份信件,原来他把信件送到了比利时领事馆。这时,收发室下班的时间也到了,误了信件。他不"理解"你的意思。

笔者的一位朋友的亲身经历,可以作很好的说明,可怜的外国人是多么容易产生误解,多么容易被人误解。这位朋友去拜访一家中国的银行,银行的老板与他关系良好。当说到最近银行附近发生的一场灾难性的

穿中装的外国传教士

大火时,这位外国人为大火没有蔓延到银行而向这位银行家表示庆贺。对此,这位银行家立刻觉得尴尬,并生气地说:"这是什么话?这么说不合适吧!"

过了很久,这个外国人才发现,他之所以冒犯了朋友,在于他的话里包含这样的暗示:大火如果再近一点,就可能把他的银行烧了,那才是最不幸的。因此,尽管是表示庆贺,包含这样的暗示,也属不吉利的。一位刚到京城不久的外国人看到一支骆驼队,其中有只小骆驼,就对那位长年受雇于外国人的车夫说:"你回家的时候,告诉我的孩子,让他出来看看这只小骆驼。他从来没看过骆驼,这一定会令他非常高兴。"车夫没有立即回答,像是在掂量着最终审判,经过了深思熟虑,车夫很贴心地说:"就算你要买下那只骆驼,可也不能这么抬举它——那样它很快会死掉!"

有一次,笔者曾参加过一个有中国人参加的礼拜,牧师正在布道,讲的是有关先知以利撒治愈乃曼①的故事。牧师描绘了当时的情景,亚兰大将军来到以利撒门前,其随从人员争相叫门。为了尽可能说得形象生动,布道者如演戏般,模仿亚兰的仆人喊道:"门卫,开门,亚兰大将军来了!"令牧师大为吃惊的是,一位坐在后排的人此刻突然不见了,好似被枪给打倒了一样。事后才搞清楚,这人完全是误解的受害者。他是教堂的门卫,由于没有注意到前面所讲的故事,当突然听到有人叫他开门,就迅速地冲了出去,让乃曼进来。

还有个例子是另外一些听众给某省的牧师留下的深刻的印象。这位传教士为了让他的听众有深刻的印象,就用幻灯机放大显示一只普通的寄生虫。这只虫子显现在屏幕上,其庞大的身躯完全就像是一条埃及的鳄鱼。这时,人们听见一位观众以一种敬畏的口气,小声地道出了他的一个新发现:"看啊,外国的虱子真大!"

---

① 译者注:乃曼,《圣经·旧约·列王纪》里的人物,跟从先知以利撒的圣者,原为亚兰王麾下的将军,患了麻风病,求诊于以利撒。以利撒让其在约旦河水中沐浴七日才得以痊愈。

第八章 油滑的才能

我们盎格鲁-撒克逊人最引以自豪的思维习惯是喜欢直来直去，心里怎么想，嘴上就怎么说。当然，出于社交礼节和外交的需要，我们在一定场合下并不能完全按照这一习惯行事。然而，尽管要在不同场合修正自己的表达，直来直去的天性实质上仍支配着我们。然而，经过与亚洲各民族不太长的接触之后，我们发现，他们的天性与我们的根本不一致——事实上，这两者是分别处于相反的两极。

在这里，我们并不看重所有的亚洲各国语言中都包含着非常繁复的敬语的累赘。在这一方面，某些国家的语言明显要比中文更加复杂麻烦。我们也并不在意强调各种委婉的说法，不善于使用别的称呼，不知道一些本可以简单表达出来却不能简单地说出来的话。比如，中文中关于一个人的死亡会有很多种说法，却没有一种说法会直接提及这个不恭而残忍的"死"字。不论死者是一个皇帝还是一个底层的劳工，都必须使用各种委婉的说法，只不过在这两种不同的境况下要使用不同的字眼。在这里，我们所关注的并非是那些稳定性的语言，除非就其通用的说法来看。当每个人都乐意使用那些具有"匹克威克[①]含义"的词汇，当每个人都能理解他人这样表达出的含义，这个问题结果也就不再是一个可靠性的问题，而成了一个方法问题。

[①] 译注：匹克威克，英国作家狄更斯小说《匹克威克外传》中的主人翁，他好讲多重意义的词汇。

跟中国人交往没那么容易，一个外国人就能得出这样的结论，仅仅听一个中国人所说的话，是无法理解他的真实意图的。情况的确是这样，即使这个外国人精通中文口语——他或许能听得懂每一句话，甚至还能写下他所听到的那句话中每一个汉字。即便如此，他依然有可能无法准确地掌握说话者的所思所想。究其原因，这当然是因为说话者没有充分表达出他的所思所想。但是，他终究还是说出了一些或多或少与之相关的东西。他希望这些东西能够让人理解，或者是大致地理解其意。

对于任何一个想和中国人友好相处的人来说，除了熟练掌握中文之外，掌握一种强大的推理能力也非常重要。可是，无论他具有多么强的推理能力，在很多情况下，他还是会不知所云，因为他的推理能力还不足以应付实际的需要。

为了说明这个在中国人生活中随处可见的情况，请允许我暂举我的仆人中经常出现的事件为例子。对于我来说，这些仆人是我接触得最多的中国人，其重要意义或许并非那么低。一天早晨，家里的"书童"像平常一样面无表情地出现在你眼前，说他的一位"姨娘"生病了，他不得不请几天假去探望她。在这里，你并不能凭借这样的请求就断定他没有什么姨娘，或者那位姨娘并没有得什么病，他也并没有打算去看她的念头。而应该心平气和地想到，这位书童其实是与厨师产生了一些冲突，只不过后者势力很大，暗中在不择手段排挤他。书童对之也心有所感，为了躲避自己对头的打压，便找了托词辞职离开。

一个人帮了你一个忙，你又不能马上付钱给他，他就会彬彬有礼却十分坚决地谢绝你该付给他的钱，他会说，为了这么一点小事就收取任何酬劳，这是有违"纲常"的，你这是小瞧了他，你如果执意让他收下，就是驳了他的"面子"。这番说辞是什么意思呢？他其实是对你的回赠抱有厚望，可惜，你的出手太小气，令他大失所望，就像奥利弗·退斯特那样，他"想要得更多"。当然，也可能完全是另外一个意思，这或许是暗示你，现在或者将来的某个时候，你有能力给予他更有利可图的东西，如果现在收下了，以后就不方便再开口了。因此，他更愿意让你欠着他的情，直到他提出更大的要求来。

既然中国人在谈及自身利益时都是如此地谨慎，那么出于怕得罪人的普遍心理，在可能带来麻烦的情况下，他们在谈论别人利益时就会更加小心。中国人虽然喜欢聚在一起闲谈各种各样的事情，但是他们都能够凭借直觉判断出来，在这种场合，什么样的事情不能随便乱说，尤其是当事情涉及到很多外国人的时候，他们会对他们偶然获知的事情守口如瓶。有过很多的例子，在我们周围的那些人会不动声色地给我们若干的"指点"。在得到了指点之后，我们对待他人的行为就会发生显著的变化。不过，除非中国人能够清楚怎样做才对他们有利、怎样做才会不冒太大的风险，否则，他们会继续保持沉默寡言的本能。我们中国朋友一直会保持着他们深不可测的沉默。

最为有趣的是中国人下决心把不好的消息传给他人时的举止，他们认为最好的方式就是给出一个暗示。即使是这样一种情况下，有时事情已不是什么秘密了，甚至可以公开直截了当地说了，但传消息的人还是完全有可能采取一种拐弯抹角、不着边际的方式说一件不能说、万万不该说的事。他会心神不安地看看四周有没有人偷听，然后压低声音，神秘地窃窃耳语，含糊地暗示那个他没有点明的人。他伸出三个手指头，作为手势，不明不白地暗示那个人就是他家的老三。他先含含糊糊地说了一番，暗示事态的严重性，可正当说到关键之处的时候，他突然停住，不进一步说出导致事情发生的原因，然后意味深长地点了点头，就像是在说："现在，你明白了，不是吗？"

在这个全过程中，可怜且不开窍的外国人除了不明白还是不明白，他只知道没有什么值得去弄明白的。如果发生这样的事情，是不会令人感到奇怪的：你的这位通信人（似乎这么称呼并不恰当）说到这种程度，如果你还是一无所知，他把你扔到半道上，会明确告诉你，总有一天你会发觉他是对的！

中国人与其他民族都有一个共同的特性，这就是都希望尽可能长时间地隐瞒坏消息,并以一种间接的方式表达出来。但是,中国人所要求的"好方式"是某种程度过高的欺骗,这无疑会让我们惊讶并感到毫无必要。我们曾听说,有一位慈祥的老奶奶意外地遇到两位朋友在窃窃私语。这两位朋友是特地赶来向老奶奶报告她那在外的孙子不幸去世的消息,当时他们正在小声地商量应当怎么转告。可是,当遇到老奶奶后,他们却只是反复说明他们正在闲聊。尽管后来不到半个小时,消息就已经传开了。

我们还听说,一位离家数月的儿子在回家的路上,他的朋友劝他快快回家,不要在戏院逗留,他便从这个劝告中得出正确的推断,他的母亲去世了!事实果真是如此。有一次,我们受托将一个中国人的一封家书转交给离家很远的人。信的内容是:当他出门在外之时,他的妻子不幸突然去世。左邻右舍见他家没人看管,就拿走了他家的每一样东西,而这些东西本该留给他这个孤独一身的人的。然而,这封信的信封上却用大字写着不太符合实情的话:"平安家信!"

中国人善绕弯子,还时常表现在该用数字的地方偏偏不用数字。这样一来,一部分为五卷的书,每一卷不是用数字分别标上第几卷,而是标以"仁""义""礼""智""信"为名。因为这是"五德"所固定确立的顺序。四十多卷本的《康熙字典》,各册往往不是像我们所期望的那样用数字来区分,而是分别用"十二支"来编排。在科举考场上,每个学生的隔间是分别按照《千字文》中没有重复的字目次序进行标识的。

这方面的另一个事例,就是家里人和外人对已婚妇女拐弯抹角的称呼。这种妇女实际上是没有名字的,而仅用丈夫的姓和娘家的姓合成的两字姓氏来称呼。平时,她也许会被叫作"某某

传统打扮的端庄女子

他娘"。比如,一位你熟悉的中国人对你说,"小二黑他妈"病了,也许你从来没听说过她家有一个"小二黑",但他认为你肯定知道。但是,如果没孩子,那问题就更复杂了。也许,这位妇女被称为"小二黑他婶",或者其他拐来拐去的称呼。已婚多年的妇女很自然地称自己的丈夫是"外头的",意思为丈夫是忙家务事之外的事。结婚不久还没孩子的年轻媳妇在说到自己丈夫时常常由于没有合适的词就不知说什么为好了。有时候,她会称她的丈夫为"先生"。有一次,这样的妇女被逼得没办法,干脆用丈夫干活的地方来称呼他——"油坊里的那位是这么说的!"

一位著名的中国将军在赶往战场的途中,经过一片沼泽地时,向那里的青蛙深深地鞠躬。他希望他的士兵们明白,这些小动物的勇敢是值得赞美的。普通的西方人当然知道,这位将军对其部下的要求,就像是他们得有"强大的推断力"。对于一个生活在中国的外国人来说,他需要比他更强大的推断力。

中国春节的来临,是一年一度偿清债务的时候。一位熟人前来见笔者,他做着某种手势,似乎包含着什么深奥的意思。他用手指指了指天,又指了指地,然后指了指对方,最后指了指自己,一句话也没说。最终,我们惭愧地说自己并不明白是什么意思。结果还是没法获得他的原谅,他以为通过自己的手势,能够很容易地让我们知晓,他希望借些钱用用,而且希望我们保密,只有"天知""地知""你知""我知"!"吃(贪吃)、喝(酗酒)、嫖、赌"指的是四种最常见的恶习,现在又加上抽鸦片。有时,人们张开五指,说,"他五毒俱全",就是指某人沾染了这五种不良的恶习。

中国人的油滑还表现在,由于他们的礼仪规定过于复杂,可以采取一种在我们看来非常隐晦的方法去给予别人侮辱。比如,折叠信纸的某种方式就可以表现出一种故意的蔑视。在写到某个人名字时,故意不把他的名字摆在其他字之上的单独一行,就是对他的一种侮辱,其严重程度要超过英语中不用大写字母拼写一个人的名字首字母。在社交场合，不说一句话，哪怕是一句不中听的话，都可以算是一种淡淡的、伪装的侮辱，就像是迎来送往过程中不知道接客待客的程序一样。规矩如此之多，众多礼节中缺乏任何一个简单的动作，都可能或多或少地在表示一种隐含的侮辱。这些，中国人当然一看就能明白，而可怜且无知的外国人却因此无数次地成为牺牲品，还以为是受到了至高的特殊礼遇！

中国人因生气而互相辱骂时，充分运用各自的文学才华，很得体地使用一种精致的暗讽表示一种恶毒的意思，其暗讽水平之高，使人不能当场听出其中的真正含意，需要仔细琢磨，就像一粒糖衣里所包裹的难吃的药丸，需要慢慢才能吃出里面的味道。比如，"tung—hsi"这个词语，字面上的意思是"东西"，指的是东西两个方向，但它也代表一样物品，而称某人是"一个东西"，就是骂人，"不是东西"，也是骂人。同样，即使拐弯抹角地说某人不是"南北"，意思就是他是"东西"，也就是骂他是"一个东西"！

每个人都会大为吃惊的是，即使是最没知识的中国人也会随机应变地凭空虚构各种似乎合理的借口。除了外国人之外，没有人会认真对待这种借口，除非是为了保住自己的"面子"。其实，过于想把问题弄清楚的外国人，根本没有人去追究他们，谁也不会把这些借口当真，或者说大家其实都明白，这不过是人家为了保住"面子"而采取的一些恰当的策略而已。一个具有过多批评精神的外国人，常期待自己有着非同寻常的求真能力，无论天上、水中还是地下，对真理的持久追求已经成为固定的习惯。而即使是最无知的中国人，在陷入困境时，也会有信心构筑一道牢不可破的防线以保证他不丢脸。他可以躲进他的无知当中，以保证他可以逃脱。他"不知道"，他"不明白"，这两句话，就像是上帝的宽恕一样，掩盖了各种各样的罪恶。

从每日发行的北京《邸报》上，很容易为我们的话题找到一些好例证。在中国，没有什么地方像《邸报》那样，能清楚地反映中国政府的真实情况，尽管也有欠缺。然而，在报上，古语所谓的"指鹿为马"也已经变得更加高级，运用也更加广泛。这是一面棱镜，这个半透明的棱镜可以让人们更清楚地看到中国政府的真实本质，其效用超过了其他窗口的综合。

中国人在谈到任何一件事情之时，都似乎喜欢绕圈子，而不愿谈及真正的理由。如果中国人真的是不愿意讲出事情的缘由，那么只能靠猜测去知晓他所说的意思。如果这个说法是一个具有普遍意义的真理，那么，最好的事例可以从中国官场的生活中去找。在中国的官场，拘泥于形式和矫揉造作已发展到极点。中国的"官方报纸"的"头条新闻"，整版都登载着一些渴望退出官位的年老官员遭受各种痛苦的情况，他们大声诉苦，希望"皇帝陛下"能够恩准他们告老还乡，这里头究竟有哪些个含意呢？如果他的迫切请求被拒绝，并被要求立即回到他的岗位上去时，这又意味着什么？那些像煞有介事的冗长奏折作为事实材料被披露出来，其真正的含意是什么？当一位被指控为有罪的高官被确定为无罪，就像每份奏折所宣称的，只是犯了一些还够不上惩罚的小过失时，这就意味着，起诉的人没有足够的影响力，或者是被指控的官员是否的确做过那种事？谁能说得清呢？

我们坚定地相信，通过细读北京《邸报》并同时研读过报上每份文献的人，都能比较正确地领悟其中真正的含意，并由此获得关于这个国家的知识，超过阅读有关这个国家的所有的著作。但是，迄今为止，所有外来的夷蛮人还得主要依靠各种暗示来理解中国。如果打交道的对方是一个中国人，我们还得千方百计竭尽所能地弄清他话中的意思。即使如此，我们还会漏掉他很多话。对此，便是我们倍感担忧的原因所在。

第九章　灵活的顽固

我们关于中国人的最初知识是来自我们的仆人。尽管他们浑然不觉,他们是我们了解中国人性格的第一任老师。我们对他们也总是不满意,然而,他们给我们上的课却令我们难以忘怀。随着我们与中国人的接触日益广泛与深入,我们发现,尽管仆人们是中国人中很小的一部分,但我们与仆人圈子相处不知不觉中逐渐形成的判断结论,明显地得到更加广泛的确证。因为从某种意义上说,每个中国人都是整个民族的一个缩影。本章用这个看似自相矛盾的标题来表述我们所探讨的中国人的性格,虽然不能令人满意,但这个题目看起来却是最为合适,只要略加描述,就会很容易使人明白。

一个居住在中国的外国家庭可能会雇佣很多用人。在所雇的仆人中,没有第二个人能够像厨师那样完全左右着全家的安宁。女主人雇佣一个新厨子时会对他说,事情应当怎么做、不应当怎么做时,这位新厨子就像是服从的化身。对这家人家里已有的规矩,他都真诚地表示赞同,其诚恳即使还没有赢得信任,也能给人以好感。女主人特意举例告诫他说,前任厨师有一个不能容忍的习惯,面包坯还没有完全发好,就放进烤箱。就因为女主人感到需要坚持诸如此类的细节问题,还有其他很多事都不能与女主人所想的一致,于是两人吵翻。

对于这一点,候选的厨师的反应令人愉快,他表示,他或许有这样或者那样的什么缺点,但这些缺点中不可能有固执。女主人还告诉他,在厨房里,狗、二流子和抽烟都是不能容忍的。他回答说,他讨厌狗,也不抽烟,是一个外地人,城里只有几个朋友,都不是二流子。在提了这么多要求之后,他开始履行职责。

但没过上几天,就发现这个厨师在烤面包方面是前任厨师的"亲兄弟",也是把没发好的面包坯放进烤箱。而且还有数不清的人在厨房里进进出出,许多人还带着狗。厨房里永远弥漫着一种沉重的香烟味,如同永久不变的宝物。厨师自己坦然承认,面包做得不是最好,但肯定不是由于揉得不够。在揉面方面,他是很讲究的。在厨房里看到的那些陌生人是他的"哥们儿",但他们都不曾养过狗,而且他们现在肯定都走了,不再来了——尽管第二天,这些人又在厨房出现了。没有一个仆人会抽烟,烟味肯定是隔壁传过来的,那一家的仆人都是烟鬼。这个厨师是个通情达理的人,但是,既然这里没有什么需要改变,他也就不知道如何去改变。

同样一个情况,还发生在一个苦力的身上。他被派去割草,给他一把雪亮、锋利的外国镰刀,他满脸微笑地接过镰刀表示欣赏。但后来到了干活的那天,他用的却是一把中国镰刀,由大约四英寸的旧铁片加上一个短柄做成的。他似乎在说:"还是旧的更好用一些。"你给洗衣工一台外国的洗衣机,洗起衣服来既节省时间,又省肥皂,省力气,最为主要的是洗得还特别干净,还给他加上一台他专享的甩干机,使用起来既不费力又不损坏衣服的纤维。但是到最后,洗衣机和甩干机都被丢在一边,成了"有用的废品",洗衣工仍然像往常一样搓洗和绞拧衣服,衣物都弄出破洞来,弄成了碎片。要想去改变这种情况,就只得以不间断的告诫为代价。

正在休息的苦力

一个园丁被派去用手头的砖坯修理一下破损的围墙。可是，他认为在墙头上插上一尺深的树枝会更好一些，并且他就这样做了。如果你问他这样做的原因，他会说出这样做的优越性。雇佣一个邮差把一包重要的邮件送到很远的地方去，光在路上就要走好几天的时间。头天傍晚，把邮包交给他，本来，次日一大清早就可以出发。可是第二天下午，还看到他在附近的胡同里晃悠。派人把他叫了回来，问他是怎么回事。他告诉我们说，他不得不休息一天，以清洗他的袜子！你按天雇佣的一个车夫也是这样的。告诉他走某条路，照理其他人也会这么走，他也答应了。然而，他却带你走另一条完全不同的路，因为他曾听一个陌生的过路人说，那条路不好走。厨师、苦力、园丁、车夫——他们全都不相信我们的判断，而只相信他们自己。

在一处外国人开的诊所和医院里，都经常可以看到这类现象，以佐证我的这个话题。医生仔细地给病人做了检查，开了药。为了避免出错，病人拿到药后，医生反复叮嘱什么时间吃药、吃多少，千万别搞错。病人生怕忘了这些详细的规定，来回一两次，反复加以确认。可是一到家，他就一口把两天的药都吃了下去，因为他认为，疗效的好坏肯定与药量的多少成正比。医生反复告诫患者不要动外敷的药膏，可这些告诫一点都不管用，还是不能阻止他随时揭掉膏药。因为病人不希望变成一只"乌龟"，让一层硬壳长在皮肤上。

这个现象不会让人感到舒服，但根据观察，这一现象却是被证明充分存在的：在一个诊所里，主治医生具有非常丰富的临床经验，也拥有各种医学头衔，且经验非常丰富，而助手却是一字不识，也不知药的名称和病的症状。但对于一般病人来说，一个无知的助手的看法（并当然地）似乎与主治医生的看法同样重要。甚至看门人或苦力的一句话也足以使病人完全不顾医生的嘱咐，而去采纳某种肯定是愚蠢的、且完全可能致命的做法。

至此，我们所谈到的中国人灵活的顽固的例子，都是与外国人有关的。因为这些事能够最快引起我们的注意，并影响到我们的最实际的利益。但是，我们越是深入到反映中国人真实气质的人际关系中，就越会看到"口是心非"的状况到处都是一样的，并非一个特例。中国的仆人对待中国的主人，与对待外国的雇主是一样的，谦虚、顺从，但他们没有意识到仆人是不能自行其是的，同样，他们的主人也并没有意识到要求仆人唯命是从。一个外国雇主要求雇员切实地按照吩咐去做，如果仆人不这样做，雇主就会对他们渐渐地产生敌意。

笔者的一位朋友有一大帮仆人，就属于这个数目庞大的仆从阶级，他们将极端忠诚与极端的固执融为一体，这使他们成为既难得又讨厌的人物。我的这位朋友每每谈起这些怪"家伙"，就表现出这类仆人的主人所常有的两难：他经常处于举棋不定的状态，不知该辞退那些自以为是的仆人，还是给他们加薪！中国的雇主完全清楚，他的指令会被撂在一边，但他事先会有所准备，就像预留一笔钱以防备坏账，或者像在机械设计中所说的，留些空隙以减少摩擦。

这种无视命令的现状，也不同程度体现在中国的各级官员中直至最高层。导致违反上级命令的动机会有许多种，比如个人的惰性和为了朋友情面，最重要的动机还是金钱的魔力。有一位地方官，由于其居住地的水质过硬，有咸味，就命令他的仆人用水车到几里以外的河里去运水。仆人并不是照章办理，而只是到附近有甜水的村子去取水。他知道水应该是甜的，所取来的水与官员要求的一样多，而且又少走了三分之二的路程，让各方皆大欢喜。即使这位官员确切知道他的仆人没有依照他的命令去做，那么只要有好水喝，他也许就不会过问这件事了。

在中国，"不论黑猫白猫，能抓到老鼠就是好猫"，成功就是一切，一事成功，事事成功。中国人天生怕得罪人，生怕出乱子，不愿惹祸上身。因此，出现了违反命令的不端行为，就算有五百个人知道实情，也不会有人去报告。典型的例子，有一个中国仆人，主人要求他把蓄水池里的水用容器装起来，以备后用。结果却发现，他把水统统倒进了井里。就这样，他表面上一副顺从的样子，而实际上却是完全相反。雷尼①博士说到一件事：厦门的一位官员把一份皇上的公文分成两部分，把后半部分放到前面，前后倒置，为的就是让别人难以读懂。在与外国人打交道的事务中，这种花招是很常见的，中国的官员们很少愿意让外国人称心如意。

典型的传统县衙审问犯人场景

我们经常可以看到，即使在执法过程中也有违法行为，而与司法仲裁的规范相冲突。一个地方官判处一名罪犯戴两个月的沉重木枷，只有到了晚上才能卸下来。但是，只要在"最关键的地方"打点上几个小钱，使些银子，那么命令也就可以大打折扣，改头换面执行了。那位犯人只需在地方官进出衙门时戴上木枷，装装样子，而在其余的时间内，犯人尽可以把可恶的重负丢在一边。这位地方官是否从不怀疑贿赂会战胜他的判决？他会不会偷偷从后门走进去，当场抓住违背命令的证据？但他没有这样做。这个地方官自己也是中国人，他知道，判决书一下达，它就不被当作一回事了。考虑到这一点，他在量刑时就已经把服刑期延长一倍。

这只是各部门官员之间错综复杂关系的一个实例。外国人长期不间断的观察也证实了这一点。上一级官员命令下一级官员，应当去核实某一步骤的执行情况。下级毕恭毕敬地报告说，这件事已经做了，事实上，这期间根本什么都没做。在许多情况下，事情就到此结束了。但是，如果某一个部门不断施加压力，而且命令非常急迫，下一级就会把这种压力转嫁给更下一级的官员，并把上一级的指责也转嫁到他们头

---

① 译注：雷尼，是当时英国驻华的使馆医生。

上，直到这种压力的"风头"消失殆尽。然后，一切又照常如初。这就是所谓的"改革图新"。这种"改革图新"在很大程度上类似于禁止销售鸦片和种植罂粟，忽冷忽热，其结果也是众所周知的。

毫无疑问，肯定会有人认为中国人是最"固执"的民族。对于这些人来说，我们用"灵活"这个形容词去描述中国人"顽固"的特性，似乎显得异常的不恰当。尽管如此，我们必须重申这样一个观点，中国人远非是一个最固执的民族。他们远不如盎格鲁-撒克逊人来得固执。我们说他们"顽固"，这是因为在他们像骡子一样的"顽固"中，也含有一种服从的特质，而这往往是盎格鲁-撒克逊人所缺乏的。

有一个说明中国人这种"灵活"天赋的最好例子是，中国人能够不失风度地接受他人的指责。在盎格鲁-撒克逊人中，这是一门被遗忘的艺术，甚至可以说，这种艺术连见也没见过。但是，中国人却能够耐心地、专心地、诚心地听你指出他的缺点，并乐于接受，还说："是我错，是我错。"也许，他会因为你善待他这样一个微不足道的小人物而感谢你，并保证，他会将你所指出的缺点立刻彻底地改正，并永不再犯。你也很清楚，这些信誓旦旦的承诺不过是"镜中之花、水中之月"。但是，就算他们的天性是不着边际的，这些话还是很中听的，也有可能使事情就此结束。而且，你如果对此加以注意，就会发现，他们希望得到的也就是这样子。

有人把中国人比作竹子，很少有比这个更为精确的比拟了。竹子很高雅，用途很广泛。它很柔韧，中间是空的。东风吹来，它朝西弯，西风吹来，它朝东弯。没风的时候，它一点也不弯，挺直躯干。竹子的幼苗是一种草本植物。然而，草容易打结，而幼竹尽管柔顺，但很难打结。

世界上没有什么比人的头发更柔软的东西了，它可以被拉得很长很长，但是，拉力一旦没了，它就立刻缩回去。凭借自身的重量，头发可以倒向任何的方向。许多人脑袋的头发长成怎么样，就是怎么样，一般是不能改变它的方向。俗话说，有一种头发是"牛舔过的"，也就是说，由于一绺翘着不易梳理的头发，而其他头发，不管有多少，都必须顺着这一方向梳理。如果把我们居住的星球看成是一个头,各个民族看作是头发,那么,中国人就是一绺"被牛舔过的头发"。它可以被梳理,可以被修剪,也可以被剃去,但是重新长出来的头发,一定依然与以前一样,其生长的方向也是难以改变的。

第九章 灵活的顽固

第十章　理性混沌

我们把"理性混沌"说成是中国人的一种性格加以讨论,可我们并不希望让人们产生这样的理解,即只有中国人才有这种情况,或者说,所有中国人都是这样。作为整个民族来说,他们完全有能力自立于世界民族之林,他们的智力当然并不低下,而且没有任何衰退的迹象。与此同时,我们又必须意识到,在中国,教育并不普及,那些没有受过完整教育或根本就没受过教育的人,他们在运用中国语言时,造成了思绪含混,有可能犯了律师所说的"事前从犯"的罪行。它导致了典型的理性混沌,可能会使那些教育程度不高的人犯下罪行。

正如今天不少人已经知道的那样,汉语的名词是没有词形变化的,它们既完全没有"数",也完全没有"格"。汉语的形容词没有比较级。汉语的动词也不受任何"语态""语气""时态""单复数"和"人称"的限制。在名词、形容词和动词之间没有明显的区别,因为任何一个汉字只要能用的,都可以通用为每一种词类(或者说是非词类),也不会有什么问题。我们并不是抱怨,说中国语言不能用来交流人的思想,也不是要说中国语言很难或不能把人类的各种思想都表达清楚(尽管有时候的确如此),而只是认为,有这样一种结构的语言,正像夏天的酷热自然要引起人昏昏欲睡一样,容易招致"智力含混"。

与一个没受过教育的中国人交谈,最常见的一个感受就是,要弄清楚他所说的是什么意思,那是很困难的。有时,他的话好像全都是谓语,这些谓语以一种复杂方式组合在一起,莫名其妙,不着边际。说话人卡在那里,省却主语并没有多大的关系。他是清楚自己在说什么,但决不会想到,听众根本无法根据直觉去理解他所说的这一大堆内容。主语,这个传达信息的主要部分,究竟是什么。显然,他们已经被培养成很有经验的专业猜测家,多数中国人讲的话,自己能补上所缺少的主语或谓语,就能领悟其核心的意思了。常常还会出现这样的情况,往往整句话中最重要的词丢失了,也找不到任何能引申出这个词的头绪。

在日常的对话中,常常发生这样的情况,说话人的方式,说话人的声调,以及谈话的环境都发生改变了。话题的主语悄悄发生改变时,说话人往往没有在态度、音调以及相关的细节上予以暗示,因此,你会突然发现,他已经不是像刚才那样在说他自己,而是在说道光年间他的祖父。他怎么会说到那里,又怎么再说回来,往往是一个难解的谜,但我们每天都可以看到这种技艺的表演。对中国人来说这没有任何可以诧异的:没有预先的提示,而突然莫名其妙地从一个主题、一个人、一个世纪跳到另一个主题、另一个人、另一个世纪,是再平常不过的事了,就像一个人在看窗上的小虫,与此同时,还不断转移视线,能够看到同一视线上远处山冈上的牛群一样。

汉语动词没有时态,也没有说明时间,地点变化的标记,这些都是事实,并无助于把一个人的理性梳理得清晰,他们的思绪经常处于含混状态。在这种情况下,可怜的外国人若能有兴趣并希望能追得上一连串稍纵即逝的想法,最好的方法就是开始提出一系列问答式的询问,就像一位边远地区的猎人用斧子在无路的森林中砍出"记号"来。"你现在说的这个人是谁?"这个问题搞清楚后,还可以接着问,"你说的这是什么地方?""什么时候?""这个人做的是什么?""他们为什么要这样?""后来又发生了什么事情呢?"每问一个问题,你的中国朋友都会带着一种困惑,或许是一种恳求的眼神望着你,似乎在怀疑你的五官感觉是不是分崩离析了。但是,沿着这样的线索坚持不断地追问下去,就会找到那个引导人们从无望迷宫里走出的阿里阿德涅线团。①

对一个没有接受过教育的中国人来说,任何一个想法都会令他惊讶,因为他对任何一个想法都肯定没有心理准备。他之所以搞不懂,因为他也从不想着去搞懂。他需要花上一定的时间来启动一下思维能力,因为他还完全处于惯常的状态中。中国人的头脑就像一门旧滑膛炮,炮身已锈迹斑斑,架在一个不堪重负的腐朽炮架上。在瞄准一个目标之前,需要先调整方向好半天,而最后肯定还是打不响。因此,当你向一个人问一个简单问题,比如:"你多大年纪了?"他会十分茫然地盯着问话人,并反问道:"您是在问我吗?"你回答:"是的,是问你。"这时,他振作起精神,又问:"是问我多大岁数吗?""是,是问多大岁数。"他再一次调整他的注意点,问道:"是问我多大岁数了吗?""是的。"你说道,"是问你多大岁数了。""五十八岁了啊。"他回答说,这回,他的脑袋才运转正常,炮口对准了目标。

一个老妇人的侧面像

理性混沌的一个突出事例是,中国人习惯于用事实本身来解释事实的原因。你问一位中国厨师:"你们做馒头时为什么不在里面放些盐?"得到的解释是,"我们就是都不在馒头里放盐。""你们城里有这么多、这么好的冰,为什么不在冬天储存一些起来呢?""是的,我们这个城市不在冬天储存冰块。"一位拉丁诗人说过:"能够知道万事之因的人是快乐的。"但如果他生活在中国,他就会把他的格言修改为:"试图找到万事缘由的人是自寻烦恼。"

---

① 译者注:这是希腊神话的一个典故,雅典王子特修斯自愿进入克里特迷宫杀死半人半牛的怪物。克里特公主阿里阿德涅爱上了这个勇士,送给他一个线团,嘱咐他进入迷宫后放出线团,以便退出去。

理性混沌的另一个标志就是，一个普通人无法将别人的一个想法原原本本地转告给另一个人。要A把某事转告于B，再原原本本转告于C，这在中国是最愚蠢的做法。要么因为由于有关的人不了解该事的重要性，而根本就没有把该信息传下去。要么是信息传到C时已是面目全非，C完全不知所云了。要想让这样一台复杂机器中的三个齿轮能互相配合，运转正常，那简直就是异想天开。即使是那些有相当理解力的人，他们也觉得转达一个想法而不有所增减，这是非常困难的。这正如一根直棍插入清水中，折射出来的肯定是像折断了一般。

一个善于观察的外国人随时随地会碰到这样一些奇特的例证。你会针对一些人的某种反常行为问道："他为什么要这样去做啊？""是的。"你所得到的回答就是这么简明扼要。在这种含混不清的回答中，一般几个令人恼火的常用词作为附属物。既有表示疑问的"几个"，又有表示肯定的"好几个"。你问："你在这里住几天了？"回答是："是的，我在这里已经住了几天了。"

在中国人的言语中，也许最含混不清的词是人称（或非人称）代词——"ta"，这个字既可以表示"他""她"，也可以表示"它"。有时，说话人为了表明他所说的人指的是谁，就用拇指含混地朝这个人的家的方向指一指，或者指向这个人目前所处的地点。但是，这单音节词的"ta"无所不能，更经常被看做是一个关系代词、一个指示代词和一个指定形容词。在这些情况下，一个中国人描述一场斗殴，就像英国法庭上的证人作证，他以下列的语句表述道："他拿着一根棍子，他也拿着一根棍子，他打了他，他也打了他，如果他像他打他那样狠地打他，他就会打死他，而不是他打死他。"

你质问一个玩忽职守的仆人："叫你，为什么不来？"他坦率地回答道："不为什么。"这种理性混沌的状态，会导致各种往往令人感到无所适从的举动，使得讲究条理的外国人总要为此而恼怒。厨师例行其事，用完了他手头的某些作料，做下一顿饭时，就把他通常必要放的东西省略掉了。你问他这是怎么搞的，他坦率地回答："作料用完了。""那你为什么不及时再弄一些呢?""我没再要一些。"这就是他的最好解释。你要付一笔钱给某人结账,于是,就很费劲地打开了保险箱,非常细心地点钱给他。付完钱后,他坐在那里侃侃而谈"老半天",海阔天空的什么都能聊,然后才不紧不慢地提及:"除了这笔账,我还有一笔账在你这里。""那刚才我开保险箱时,你为什么不告诉我?那样的话,我岂不是可以一次统统付清。""噢,我只是觉得那笔账与这笔账之间没有任何关系!"再比如,一位病人在诊所看病,已经随意地耗费掉了医生的大量时间,然后走出了诊室。门还没有关上,但是不一会儿,他又回到候诊室。医生告诉他,他的病已经看过了,他则爽快而简要地说:"除了刚才看的那个病,我还有其他的病要看呢!"

在我们看来最重要的例证,就是普通中国人习惯于生了病而不及时治疗。也许是因为当时太忙,或者是因为治病要花钱。他们往往认为,忍受一阵阵的间歇性发热的反复攻击和折磨,要比花十个铜钱——约合一美分——买一剂肯定能治好病的奎宁更便宜。我们看到无数这样的事例,许多病人仅仅因为想省一点钱,使得一些完全可以治好的病恶化到不可救药的地步,而他们原本是可以得到免费治疗的。

有一个人住在离外国人的医院不足半英里路远的地方。他外出时染上了眼病,但回家后,竟然在痛苦中拖了两个多星期才去治疗。在这段时间内,他每天都希望疼痛能够停止,但事与愿违,最终,他的一只眼睛因角膜发炎而完全地失明了。

还有一位病人,他因脖子上的深度溃疡而每天都要来接受治疗。当治疗到十八天时,他说他的腿疼得让他睡不着觉。经检查才发现,他的腿上有一处像茶杯那样大、那样深的溃疡!等到他的脖子治好了之后,他才想起来说他的腿!

中国人日常生活的众多诸如此类的现象,会使我们想起查尔斯·里德[①]的一本小说中的一段话:"人类不是缺乏理智,但是他们的理智有

---

① 译者注:查尔斯·里德(1814—1884),英国小说家。

缺点——他们头脑都混沌不清！"

中国的教育根本无法使受教育者获得这样的能力，即在理解和实践的意义上把握一个客体。西方各国有这样一个流传很广的假设，某些布道者可以确切地证实，即使他们的经书上存在着天花病毒，他们布道时也不会染上。而在中国人当中，居然也能看到这类声誉不佳的独特现象。中国的狗追捕狼的时候会显得很仁慈，一般它们自己不会去追捕狼。当看到一只狗在狼的后面，若不是朝相反的方向跑，那么至少是朝相互成直角的方向跑。与此相类似，中国人在谈论某一话题时，总是离话题越来越远，就像这种躲躲闪闪的追捕。他往往嗅到了该话题的气息，时而像是要做彻底的探讨，但最后还是退却了，显得非常疲倦，在说话的过程中还是始终没有接近这个话题。

中国是一个两极分化的国家，富贵者与贫穷者、受高度教育者与愚昧无知者，都比邻地生活在一起。成千上万贫困而又愚昧的人，他们的眼界狭窄，自然理性混沌。他们就像井底之蛙，看到的天空只是黑暗中的一块。有不少这样的人连十英里以外的地方都没去过，除了他们终日所处的日常生活，他们并没有想过要过上比周围的人更好的生活。

在他们身上，甚至连任何人都具有的天生的好奇心似乎已经灭迹了。即使他们知道，离他们家不到一里路的地方住进了一个外国人，他们也从来不打听一下他从何处来，他是谁，他要干什么。他们只知道如何为生存而斗争，此外，就一无所知了。他们不知道是否像今天有些人流行的观点所说的那样，人身上有三个灵魂，还是只有一个，还是一个都没有。他们认为，凡是与粮食价格无关的事，无论如何也看不出其中会有什么重要意义。他们相信来世的生活，相信来世时，坏人会变成狗和虫。他们也淳朴地相信，身体最后会变成泥土。至于灵魂——如果有的话——会飘向天空。

在西方，所有那些造就了"实利者"的力量，同样也造就了他们，他们的生命由两部分组成：肚子和钱袋。这种人也就是真正的实证主义者，因为你无法让他理解他没见过或听过，当然也没有任何概念的事物。生活对于他来说只是一连串事实,而且绝大多数是不称心的事实。至于涉及事实以外的任何东西,他立刻就成了一个无神论者,一个多神论者和不可知论者。偶尔给他一无所知的偶像施舍一些意想不到的敬奉,或者对他不知道是谁的对象施舍一点食物,就足以满足他的依赖本性。但是,他们的本能是否能获得这种方式的表达,在很大程度上还取决于他周围人的风俗习惯。

在中国人看来,人的肉体只是独自地生长发育,而与心理的和精神的因素无关。要把这些人从愚昧的状态中解救出来的唯一办法,就是灌输一种全新的生活态度,向他们展示古代基督教创始人所讲述的崇高真理的全部含义:"人是有精神的,上帝的感召,就在于赋予人们理解这种精神的能力。"

第十一章 神经麻木

从"nervous"(神经质的)这个词的不同用法中,可以看出现代文明的一个非常有意思的方面。这个词的原意是"神经的,强有力的,刚强的,有活力的"。这个词的引申意思之一,也就是我们今天经常碰到的,是"有神经衰弱或神经疾病的,神经过于紧张的,易激动的,软弱的"。表述神经疾病处于不同阶段的各种专业医学术语,今天在我们听起来,完全像是日常用语那样熟悉。现代的文明无疑使人们的神经过于紧张,各种各样的神经疾病也相应地比上一个世纪[1]更为常见。

但是,我们现在要说的并不涉及那些真正患有神经疾病的人,我们要说的是为数众多的西方人。这些人并非有疾病而健康状况不佳,相反,他们在身体健康的情况下,经常以各种方式被提醒到,神经系统是全身最重要的部分。因此,简而言之,我们说的是那些"神经质"的人,我们心目中在这里也包括所有我们的读者。至少对于盎格鲁-撒克逊人来说,那些生活在蒸汽机和电力时代的现代快节奏里的人们,其神经的紧张程度,当然不同于生活在帆船和马车为代表的缓慢节奏时代的人们。我们的时代是一个日新月异的时代,也是一个急匆匆的时代。甚至连吃饭的空闲都没有,神经一直处于高度紧张状态,其后果完全是人尽皆知的。

我们今天这个时代的商人都有一副焦虑、不安的神态(至少在西方

---

[1] 译者注:这里指的是十八世纪。

国家做生意的人是这样），他们好像时时刻刻都在盼望着一封影响其命运的电报——他们事实上也的确经常是在等电报。我们会在许多举动中无意识地暴露这种精神状态。我们无法静静地等待,常常坐立不安,心情烦躁。我们在一边谈话时,一边还要拨弄着手中的铅笔,似乎此刻我们必须立即写些什么,否则就来不及记录了一样。我们搓着双手,好像准备完成一桩需要耗费全部精力的严峻任务。我们拨弄着大拇指,像野生动物那样迅速转过头去,似乎总是担心背后有某些被忽略的危险事物。

我们总有一种感觉,有什么事情我们现在应该立刻去做,刻不容缓,即使我们已经尽力完成了手头上其他几件更为紧迫的要事,又立刻投身于那件事中去。我们的神经过度紧张,不仅导致了诸如"提琴手痉挛""电报员痉挛""书写者痉挛"之类的病,而且导致了民众生活整体普遍的紧张气氛。我们的睡眠大不如从前,无论就时间长度还是就休息的有效性而言明显如此。树上的小鸟一声鸣叫、射进我们昏暗房间里的一丝光线、微风吹动百叶窗的一点响声或者是一个人轻微的说话声,诸如此类,都会令人讨厌地打断了我们的睡眠。稍有风吹草动,我们就会醒来,而一旦醒来,就别想再睡着了。我们把每天的生活都安排得紧贴着我们自己,其结果是我们便失去了真正的休息。在今天,有这样一种说法:银行家只能抱着银行去睡觉才能成功。这就不难理解了,在股东们收获自己的利益之时,银行家却大叹倒霉。

这样,在我们对西方人日常生活中所熟悉的事实作了一番描述之后,如果让一个西方人以之为对比,去了解以前所看到的、感觉到的每一个熟悉的中国人,那么,他肯定会看到或感到有某种强烈的反差。中国人去世后,很少有人用尸体进行解剖研究的。当然,毫无疑问肯定也曾做过。可我们从来没听说过"黑头发人"的神经组织与高加索白种人的神经有什么根本的不同。中国人的神经组织与西方人的相比,正像几何学家所说,是"相似形"。但是有一点确凿无疑,他们的神经紧张程度却显然与我们所熟悉的神经大相径庭。

对一个中国人来说，在一种姿态上无论保持多久，似乎都没有什么特别的差异。他可以像一个机器人一样，整天地写个不停。如果他是一个手艺人，他可以从早到晚地站在一个地方干活，编织、敲打金箔或干其他什么事，而且是日复一日地从事这种劳作，没有任何变化。显然，他也根本没有想过，这种单调需要有任何变化。同样，中国的学生们也是长时间地被限制

租界里的小孩子

在某个地方，既没有休息也没有活动，功课是一成不变的。若在西方，这种功课肯定会逼得小学生们发疯的。我们的孩子几乎一生下来就好动，相反，中国人的婴儿抱在怀里却像泥菩萨那样静静地躺着。稍长大一点，西方人的孩子顽皮得就像是一只猴子，而中国人的孩子却往往是一动不动地坐着、站着或蹲着，往往能保持很长的一段时间。

在中国人看来，活动筋骨、锻炼自己，对于身体来说是多余的。他们不能理解为什么外国人都爱外出散步。至于冒着生命危险，像"模拟打猎"的游戏那样分别扮演"兔子和猎犬"，你追我跑地去打垒球，更是难以理解了。广州的一位教师看到一名外国女子在打网球，就问仆人："她这样跑来跑去要付给她多少钱？"如果告诉他说："没钱。"他根本不会相信。在中国人看来，一桩事完全有能力雇苦力去做，为什么还要自己去做？他对此根本不理解，要是有人说这样做有什么好处，他更是听不懂了。

在睡觉方面，中国人与西方人也有很大的不同。一般说来，中国人似乎不论什么地方都可以睡。那些会让我们根本无法入睡的小干扰，对他们却起不到任何作用。有一块方砖当作枕头，有用草梗、泥土或藤做的床，他们就可以躺在上面呼呼大睡，其他什么都不管。他们睡觉

时，不需要房间里的光线暗一些，也不需要别人保持安静。"半夜里啼哭的婴儿"，你喜欢哭就哭吧，因为这根本不会吵醒他们。在有些地区，在夏天午后的两小时里，所有的人都本能似的（像越冬的熊）躺下来睡觉，很有规律，也不管他身在何处。在这个季节的正午后两小时的时间内，整个世界就像半夜后两点一样寂静。不论对于干粗活的人，还是其他什么人，睡觉的地方并不重要。横卧在三轮手推车上，脑袋像一只蜘蛛向下垂着，张大着嘴，苍蝇在嘴里飞进飞出。若以这样的睡觉本事为标准，经过考试招募一支军队，那么，在中国，可以轻而易举地招募到数以百万计——不，数以千万计这样的人。

除此之外，我们肯定能看到的事实是：这就是在中国，人们对舒畅地呼吸空气似乎不讲究，没有什么地方可以算是空气流通的，除非是一阵台风掀掉了屋顶，或是一场饥荒迫使房屋的主人拆掉房子变卖木料。我们常常听说中国人住得过分拥挤，但是，中国人觉得这很正常，似乎不会有任何的不方便，即使有一点不方便，那也是不足挂齿。如果他们像盎格鲁-撒克逊人那样戴上一副易于激动的神经装备，那么，他们的悲哀就一如我们通常所想象的那样。

中国人对于肉体痛苦的忍耐力，也同样是他们能够摆脱神经的统治而获得自由的一个例证。对中国医院的手术场面略略有所了解的人都知道，中国的病人常常是面对疼痛而毫不退缩，有些疼痛还可能令我们外国的壮汉子都感到望而却步。这一话题可以轻而易举地扩展为一篇论文。但我们必须把它搁在一边，而去听一听乔治·艾略特[①]在一封信中所说的"最高的感召与选择"——她显然是被她所不感兴趣的神学套话激怒了，因而说道，"是不用麻醉药，眼睁睁地去忍受疼痛。"如果她说这句话是正确的，那么毫无疑问，大多数中国人至少已经做出了他们的感召与选择。

---

① 译者注：乔治·艾略特（1819—1880），英国著名小说家，与狄更斯、萨克雷齐名，著有小说《佛洛斯河上的磨坊》《米德尔马契》等。

勃朗宁夫人①曾说过："不抱着同情心去观察，只会造成曲解。"无疑，这只是对像这位著名女诗人一类具有敏感大脑的人而言的。西方人不喜欢被别人看着，尤其是他正在做一件难做的事时，更是如此。但是，中国人也许喜欢在别人的观看下做好他们的工作。在中国那些外国人不常去的地方，我们一到来，就会引出一大群中国人前来围观。他们用好奇的目光盯着我们看，使我们一下子就产生了厌烦之感。

其实，他们只是不带任何情感地看着我们，并不是要伤害我们。但我们还是经常抱怨，若不把他们驱散，我们就会"发疯"。而对中国人来说，西方人这种本能的感觉，似乎完全无可理喻。中国人并不在乎有多少人在看他，什么时候看，看多久。若是有人对别人的观看表示出极度强烈的反感，那么，他自然地会怀疑那个人是否有毛病。

西方人不仅睡觉时需要安静，生病时更要安静。即使在平时他从未有过对安静的要求，那么他现在病了，可以要求不受噪声的干扰了。朋友、护士、医生都会齐心协力，确保为患者提供环境所允许的对治好病最为重要的这一条件。如果病人所得的病已是无力回天，那么，病人更得处于一种最安宁的环境之中。

中国人与西方人风俗的最突出的差异，就在于如何对待病人。某人得病的消息就是一个行动信号，来自四面八方的探视，都会强加于病人身上。探视者的人数是与病情严重程度成正比，病情越重，探视者也就会越多。此时，谁也不会想到，病人自己需要安静。而且说来奇怪，似乎谁都不需要安静。那么多前来探视病人的客人，需要热热闹闹地迎送、招待。有些人担心病人不久就会死去，而痛哭不止。尤其是和尚、尼姑以及其他驱鬼的巫师也造成了极大的混乱。对大多数西方人来说，面对这样一种环境，还不如死了更好。当一位尊贵的法国夫人对前来探视的人说："她正在死去，请原谅不要打扰。"西方人一定对之抱有深深的同情之心。而在中国，绝不会有人道出这样的恳求的。即使

---

① 译者注：芭蕾特·勃朗宁(1806—1861)，英国诗人。

有，也不会被人接受。

还必须指出，在这个令人心烦意乱的动荡世界里，令人们感到担忧和焦虑的事情无所不在。中国人不仅像其他民族一样受到这些邪恶的影响，而且要更深重得多。在许多地区，他们的社会生活条件使得有相当比例的人总是挣扎在崩溃的边缘。只要雨水稍微减少，就会有成千上万的人挨饿。只要雨水稍微增加，洪水就会冲毁他们的家园。

中国百姓很难幸免于官司的纠缠，一旦吃了官司，即使当事人是完全无辜的，也难逃倾家荡产的厄运，而且没有任何补救的办法。许多这些灾难不仅看得见，而且可以感到它正在不断地悄然降临，如一件渐渐收紧的铁制的裹尸布。

对我们来说，最恐怖的莫过于猛然领悟到将有一场巨大的灾难降临，不可抵御却又无能为力。中国人在面对这种灾难时，也许是因为它是不可避免的，从而"头脑清晰地去忍受它"。这正构成了这个民族最为显著的性格之一。只有那些亲眼看见灾荒年月，看见成千上万百姓默默地死于饥饿的人才能够理解其中的含义。要全面了解中国人，就必须去看，但无论看到什么程度，西方人都难以真正理解。就像中国人很难真正理解盎格鲁-撒克逊人继承并发展了的个人自由和社会自由的理念。

无论我们从哪个方面去考察中国人，我们都会发现，中国人在我们眼中或多或少依然是一个谜。我们将不断地去理解他们，直至我们终于相信，他们与我们相比是"神经麻木"的，否则我们便无法了解他们。我们不敢冒昧地做出猜测，这一意味深长的说法会对这个民族未来与我们民族的关系产生怎样的影响——随着岁月的推移，这种碰撞似乎正变得越来越强烈。至少就整体而言，我们是相信适者生存这一普遍的规律的。在二十世纪的生存斗争中，最适应的是"神经质的"欧洲人，还是不知疲倦、无孔不入、不急不躁的中国人呢？

第十二章　鄙夷外人

一位第一次到广州旅行的欧洲商人会很难认同这一事实,即中国的这一商业中心与欧洲已有三百六十年的频繁交往。在这一段的时间里,各个民族的西方国家与中国人打交道,几乎没有得到什么令我们有理由感到骄傲的成就。外国人无论抱着何种目的来到中国,中国人通常对待他们的态度就像古希腊人对待其他非希腊人一样,把他们看作是"夷蛮人"来对待。即使在中国的官方文件中,也一直习惯于用"夷蛮"而不用"外国人"来指称外国人。只是到了1860年,才在某个条约①中列出了一个特别的条款规定,才开始不允许使用"夷蛮"这个词来指称外国人。

说到与中国人对待西方外来民族的这种态度,我们必须时刻清晰地认识到,多年以来,中国人的邻国一直是一些非常弱小的民族和国家,因而他们一直被谨慎地奉承着。尽管这些奉承无非是花言巧语、不怀好意,但却是最为有效的。他们发现,他们对所接触到的外国人交替使用哄骗和威胁,就可以让其按照中国人的意愿行事。他们确信自己具有无法形容的优势地位,并且一直是按照这种理论去处事。他们的这种姿态,一直到北京被占领②,才被迫发生了改变。从那以后,尽管只

---
① 译者注:这里指中英、中法签订的《北京条约》,其中规定中国在涉及英法两国事务时,决不许用"夷蛮"这类字样。
② 译者注:这里指1860年的第二次鸦片战争,英法联军于当年占领北京,咸丰皇帝仓促逃往承德。

是刚刚过去了一代人，中国已经发生了很大的变化。

可以说，中国人如今终于充分地意识到了外国文明和外国人的全部价值。然而，不必对中国人作更广泛、更密切的了解，任何一个无偏见的观察者都会得出这样的印象来。目前中国人对外国人的态度，心里想的，行为表现出来的，官方的和非官方的，都还并非是一种尊敬。即使一个中国人实际上并不轻视我们，但他们好像总是带着某种恩赐的态度对待我们，且往往是不经意之间的。这就是我们目前所要面对的现状。

中国人在打量外国人时，首先感到奇怪的是他们的服装。尽管我们并不认为自己的服装有什么值得骄傲的。的确，东方人的所有服装，在我们看来都是那么的臃肿，摆来摆去，限制了"个人自由"。但这是因为我们要求动作灵便，而与任何东方人的服饰观完全不同。当我们考察到东方人的服装式样是否适合于东方人时，我们不得不承认，这种服装完全适合于东方人。但是，东方人，特别是中国人，在看我们的服装时，却不会露出丝毫的赞赏，他们发出的更多的是批评，以及不用说的嘲笑。

东方人的服装要求宽松，穿在身上，可以掩盖住身体的线条。一位体面的中国绅士是不敢穿着短上衣到公共场所去露面的。而在中国任何一个外国租界里，经常可以看到许多外国人穿着紧身的短上衣随处招摇过市。外国人所穿的那种短上衣，双排纽扣的礼服大衣（上面所有的扣子都没有什么实际用处），尤其是既难看又没样子像畸形儿一样的燕尾服。这些对中国人来说，都是莫名其妙；特别是有些上衣外套穿起来无法全部遮住胸脯，还露出一些内衣，更是不可理解，他们还看到外国人大衣后面的尾部肯定钉着两粒纽扣，可

穿着改良后旗装的溥仪的妻子婉容

那个地方没有什么可扣的,扣子放在那里既不美观,也不能起到装饰作用。

如果说,外国人的男装,在普通的中国人看来是不伦不类、荒唐可笑的,那么女装就更是这样。不管怎么说,外国女士的服饰在许多方面都有悖于中国人的道德观念,更谈不上体面了。考虑到西方文明是伴随着男女之间两性的自由交往而产生的。只要我们看一下中国人对男女之间自由交往的限制,就会自然地感觉到,只依据传统的道德标准和礼仪,中国人自然完全有可能误解和曲解他们所看到的一切。

外国人听不懂中文,也是中国人产生优越感的主要原因之一。比如,一个外国人即使他能够流利地说现代欧洲各国的语言,但只要他听不懂一个不识字的中国苦力所说的话,那么这个苦力就会瞧不起他。的确,苦力若是这样,只能进一步表明他自己的无知,但他那毫无道理的优越感却是实实在在的。

如果这位外国人与这种环境抗争,想在其中待下去,并努力地去掌握中国人的语言,那么,他一定会不断地遭受到蔑视,就连自己的仆人也会在一旁说悄悄话:"哦,他听不懂的!"其实听不懂的唯一障碍在于中国人自己说得不清楚。但中国人并不会承认这个事实,即使承认了,也不会降低他的天生的优越感。这种情况,所有学习中文的外国人都经常而且永远会碰到。因为,无论他的中文水平有多么高,都总还有他未曾知道的新大陆。这个看起来是一种普遍性的体验,尽管有时的感觉并不一致。

外国人在中国积累了一定的经历后,就不会因为他偶尔才知道某事而感到不好意思,更不会因为他对某事全然不知而感到不光彩。中国人在对外国人所表现出来的有关中国语言文学方面的知识进行评价时,往往可以借用约翰逊①博士对女人唠唠叨叨的布道所说的一句话来形容。约翰逊博士在谈到妇女布道时说过女人的布道,就像一条狗直

---

① 译者注:约翰逊(1709—1764),英国文学家,文艺批评家。

起身体用两条后腿走路——那是无法做好的,但人们后来又惊奇地发现,居然做好了。

一个外国人对中国人的风俗一无所知,也是中国人产生优越感的另一个原因。任何人都有可能对他人熟悉的东西有所不知,但中国人几乎不相信居然会有人不知道他们早已知道的事。

一个外国人常常不知道自己在遭受着中国人的故意冷落。这就导致中国人愈加故意地轻视我们这些被蒙在鼓里做牺牲的外国人。"土著"认为我们带有轻蔑地在冷落他们,结果我们会因为这种种的误会受到相应的惩罚。

许多中国人会有意无意地采取一种逗趣的方式对待外国人,这种好奇心还伴随着一些贬意,这就像利特默先生对待大卫·科波菲尔①时似乎心里总不停地在嘀咕:"这么小,先生,这么小!"当然,并非说每一个外国人在中国都会遭受这种情况。那些在中国的机敏的外国人们随着经验的不断积累,迟早会成为明察秋毫的观察者。而那时,情况就会有所不同。然而,一个人无论经验多么丰富,总还有他没听说过的或者第一次听到的事。因此,总有许多细节是他所不知道的。

任何一个普通的中国人都会很容易做到的事,外国人却不会做,这就导致中国人看不起我们。我们吃不下他们所吃的东西,我们经不起太阳的曝晒,我们无法在嘈杂的人群中入睡,也不能没有新鲜的空气。我们不会用他们的橹划船,也不会喊"吁!吁"让骡子听从我们的使唤——有这样一个广为人知的事情,1860年,英军的炮兵部队在去北京的路上,雇来的当地车夫在河西附近开了小差,使得英军无人驾驶的马车队束手无策,因为,英国军队中没有一个人能够叫中国的牲口往前再挪动一步②!

在各种仪式中,我们无法适应中国人的观念和礼仪,以及其他更重

---

① 译者注:英国作家狄更斯小说《大卫·科波菲尔》中的人物,他是一个孤儿院里成长的孤儿。
② 译者注:指1860年第二次鸦片战争时,英军向北京进攻的事。

要的规矩。这也是中国人毫不掩饰地轻视我们的理由,在他们看来,我们是一个没有"礼貌"或不懂"礼貌"的民族。其实,不是外国人不会鞠躬,而是他们大多数人总觉得用中国人的方式鞠一个中国式的躬很难,不仅难在生理上,心理上也很难接受。外国人不把礼仪规范当一回事,常常举止随意,表现出漫不经心的样子,也常常缺乏耐心。即使他是一个很有耐心的人,但面对一场繁琐的礼仪的大战,其结局事先已经确定,并为双方所知晓,就算只有二十分钟,他也会不耐烦的。外国人不愿意花上"老半天"的时间去闲聊。对他们来说,时间就是金钱。但对中国人来说,事实与之截然相反。因为在中国,每个人都有很多时间,但却不是每个人都有钱。中国人不知道,他所浪费的时间是他自己的时间,而不属于任何其他人的时间。

绅士打扮的清朝贵族

　　外国人由于倾向于避免大量令人厌烦的繁文缛节,而把时间用于其他方向。这样一来,与过分讲究礼节的中国人相比,外国人显得非常单薄,甚至连外国人自己也这么看。与中国官员富丽堂皇的长袍和温文尔雅的举止形成对照的是外国来访者只会笨拙地行一个屈膝礼。面对这种鲜明的对比,即使最有礼貌的中国人也难免会笑出声来。在这种情况下,与之相关的必须要指出,对付中国人轻视外国人的最有效方法是,对东方人所看重的官员身份不屑一顾。如果中国人见到的是"大美利坚皇帝",比如说格兰特①将军,并曾见过他穿着市民的服装,叼着雪茄,在大街上散步,那么中国人的心里又会怎么想呢?一个外国领

---

① 译者注:格兰特(1822—1885),美国南北战争时期联邦军队的司令,曾任美国总统,并曾在1879年访问中国。

事,其级别相当于一个中国的道台。假如这位外国领事为调解一桩国家间的纠纷,前往某省会与其巡抚会晤。那么,肯定会有成千上万的中国人涌上街头,想亲眼目睹这位外国大官的浩荡车队。结果,他们看到的只是两辆马车,几匹马,一名翻译,一位中国的跟班,还有厨师等几人。东方人看到这种场面,自然会从诧异变为冷淡,再变成轻视,这并不奇怪。

我们认为自己在某些方面比中国人优越,但这些优越之处,并不能如我们所想象和所期望的那样给他们留下印象。他们承认,我们在机械设计发明方面占优势。即使许多发明领先于他们,但是这些技术却被轻易地看做是莫名其妙且没有实际用途的戏法,是某种超自然力的结果。值得注意的是,孔夫子是闭而不谈奇迹的①。很多到过中国的承包商人发现,中国人对蒸汽机和电力应用的奇迹是那么地不放在眼里,因而感到失望。除了很少的几个例外,中国人是反对一切都模仿外国人的(尽管有时也不得不采用)。他们不关心环境卫生和居室通风设备,也不关心生理学。他们喜欢接受一些西方进步的成果,但不采纳西方人的方法,若要他们采纳西方人的方法,他们宁可把进步的成果也抛弃掉。中国渴望成为,也能够立刻成为一个"强国",但目前只有这样一种可能性,其他的一切只能有待于将来。

任何改良,如果缺乏一种"时代精神",中国人真实的优越就会弃而远之,它在各方面的改进都有可能被抛在一边。某些中国学者和政治家显然意识到中国的劣势,但他们又认为,西方各个民族所采用的知识,只不过是利用了古代中国人的知识。古代的中国人在高度发展数学和自然科学中达到相当高的水平,而当代的中国子孙却不幸让这些关于自然的秘密被西方人盗走了。

中国人显然对单个的外国人在应用领域方面的实干能力不很感兴趣。撒克逊人欣赏"能人",正像卡莱尔指出的,这样的人喜欢别人都称

---

① 译者注:《论语》上讲,子不语怪力乱神。

他为"王"。大家也崇拜这样的人,并将他推上王位。对中国人来说,外国人的某些技艺既令人感兴趣,又令人吃惊,而且以后若用得着,他们不会忘记和拒绝使用。但是,如果进一步把这位外国人作为模仿对象,成千上万的中国人中也许不会有一个人有这样想法。对于他们来说,一个理想学者就是书斋式的,文字化石。这种人什么都学,什么都不会忘记,拥有多个学衔,学习刻苦,废寝忘食。他努力读书以免挨饿,其他什么事情都干不了(除了教书)。正是这样,才保持了内心与肉体的统一,成了不食人间烟火的超人,因为"君子不器"①。

总的来说,西方国家并没有使中国人意识到自己事实上落后于西方各国。前任中国驻大不列颠大使郭大人的所言,很能说明这一点。当时有人问他,里格博士认为英国人的道德状况比中国的要好,他对此有何看法。这位大人并没有立刻对此作出评价,而是富有感情色彩地说"我感到非常震惊"。这种肤浅的比较是得不出任何结论来的,尤其是从外交的观点看,是不成功的。要做出正确的比较,要涉及到对这两个国家内部生活的深入了解和对现状的各种原因进行分析。我们在此无意于进行任何诸如此类的比较,也不是我们的目的。

如今可以清晰感觉得到,对于很多外国人来说,必须承认的是,中国的文人学士是最主要的对手。那些外国人怀揣着各种各样的机械技术,但仍被中国的文人学士认为没有足够的能力欣赏中国伦理道德之伟大。那些"头长在宋代,脚站在现代"的典型中国学者,能充分体会这种轻视所包含的敌意。就是这个阶层的人,在近年以来,不断撰写并散发了大量极力排外的文章,这些文章形成的浪潮铺天盖地,把整个中国都淹没了。

曾经人们会认为,中国可能会被西方的各种发明所占据。刀叉、长筒袜、钢琴会从英国漂洋过海运到中国。这会使得人们产生这样的印象,在这种作用下,中国将会被"欧洲化"。如果说有一天中国会被这种

---

① 译者注:语出《论语》一书。

方式所占据，那么这只能是很久以后的某一天，而目前，绝不可能有过这样的一天。中国不是一个可以被人攻占的国家，中国人也不是一个可以被人奴役的民族，无论以何种方式去攻打它。

　　要想让中国人对作为一个整体的西方人保持稳固而持久的尊敬，唯一的途径是通过可信的客观事实向他们表明，基督教文明无论在总体上还是在细节上都取得了巨大的成就。这一成就，是中国已有的文明所不能与之相比的。如果没有这些可信的事实，中国人仍会在与外国人的接触中表现出无端的轻视和俯就的态度。这也并非没有理由的。

第十三章 公共匮乏

中国最古老的经典之一——《诗经》上有一句也许是农夫所说的祷告辞,大意是:"降雨先至公田,尔后再及私田(雨我公田,遂及我私)。"在周朝兴盛时期以及更悠远的年代,或许确实有这样的立场,但是现在是肯定不会有农夫或其他什么人祈求老天"先"降雨到"公田"了。我们常常被告知,中国实质上是采取家长制的统治方式,要求其臣民像子女一般服从于统治。一个种植园的黑奴听到一句格言:"人人为自己,上帝为人人。"可他并没有正确理解其含义,而把它改成:"人人为自己,上帝也为他自己!"

普通中国人对权力本质的看法,与这个黑奴对古老格言的解释有着相似之处。作为一个普通百姓,他认为,"我能管好自己的事情就够了。"如果他真的能想到政府,大约也是这样认为的,"政府已经足够悠久,又强大无比,没有我的帮助,完全能照顾好自己。用不着我们去操心。"

另一方面,政府尽管是家长,但更多的是在照顾家长自己,而不是作为全家的家长照顾他的家庭。一般说来,若不是危急存亡,政府是不会为百姓着想的。而由于事先什么准备都没有,事情发生后,就必须做得更多。百姓清楚地明白,政府努力减轻诸如洪水泛滥灾害中的损失,目的只是为了保证税收不受损失。而老百姓自己努力预防这类的灾害,则是出于自我保护的本能。因为百姓们深信,若是让政府来办理这类事,反而要给自己增加大量的苛捐杂税。

中国的道路状况很能说明政府对公共事务的不重视以及百姓公共精神的匮乏。在这个帝国，许多地方都曾有过以前帝国修筑的公路。这种公路不仅在北京附近的地区可以看到，就像湖南、四川这些边远的省份也同样可以看到。但这些道路，现在大多都已经损坏了。筑路需要花大笔的钱，而维护保养则相对要容易些。但是政府和百姓都忽略了维护保养，以至于让这类的大公路发生了损坏，现在已经严重妨碍了交通。更有甚者，整条路都报废了。有人估算，这些交通要道的毁坏，发生在明末清初的那个动荡年代。那么，考虑到政治动荡的那几年，至今少说也有二百五十年了，这么一段漫长的时光足以修复这些交通干线。但是，这种修复工作从未有过，甚至也没人提出过，其后果就是我们今天所熟悉的这种状况。

政府的态度与百姓的态度是相互影响的，如出一辙。百姓关心的只是个人不要遭受损失，而不顾公共财产到底会怎样。事实上，中国人就从没想过，一条路或其他什么东西是属于"公共拥有的"。"江山"（也就是整个帝国）被认为是当朝皇帝世袭的财产，他在位多久就拥有多久。道路也是他的，若要修复什么的，就让皇帝老爷自己去干好了。

但是，从另外的意义上说，穿过农田的那部分道路，又是不属于皇帝的。如果不提农民的农田也属于皇帝这个前提的话，实际上，农田若是农民凭力气开垦出来，那则是属于他自己的，农民要怎么用就怎么用。田中那些不属于皇帝的路，给那些愿意走的人去走，也不必征得土地所有者的同意。

然而，尽管穿过农田的那部分道路归农民所有，但是，通过农田的那部分道路同其他田地一样，要支付税赋。因此，这部分道路的所有者所获得的好处并不比其他人更多。在这种情况下，显而易见的，农夫们要尽可能地挤占道路，他在道路两旁扩展沟渠和田埂，使道路越来越狭窄，交通也更为困难。若是夏季暴雨冲毁农田，道路和农田混在一起，农民会在路上重新开挖出自己的农田。这样，再加上自然的狂风暴雨，原来的道路最后成了一条水沟。对于我们所说的"路权"的概念，中国人是毫无想象的。

在京津之间的白河上乘船旅行，途经天津与北京的交界处时，偶尔会看到河面上有小旗。经打听才知道，这些小旗是用来指示，凡是立旗的下面均有水雷，过往船只必须绕开而行！我们还听说过，一支参加军事演习的中国部队，在进行军事演习时，居然直接把他们的大炮横在一条干道上打炮，其引发的结果是，交通中断，牲口受惊，很快导致了一场严重的事故。

一个马车夫想卸货，会在马路中间直接装卸货物，而过往的人只能等到他干完活才能通过。一个农夫突然想砍倒一棵树，他会把树横倒在路上，过往的人只能停下脚步，等到他把树砍断，搬开为止。

城市里对街道的侵占，其杂乱程度丝毫不比乡村里自由自在的生活方式轻。北京宽阔的街道两旁摆满了各种货摊。这些地方本不是摆摊之处，如果皇帝偶尔打这条街道经过，这些货摊都会很快搬走。皇帝一走，小商贩们立刻又都回到原处，在大多数中国的城市里，狭窄的街道上排着各式手工作坊。杀猪的，理发的，肩挑卖吃的，做木工的，修桶的以及其他无数工匠，都插进

剃头的师傅

小街的两旁大显身手。更有甚者，还会有女人们把家中被褥拿出来，摊开在大街上晾晒。因为她们的小院子远不如街道来得宽敞，中国人几乎没有不能摆到街上的东西。

阻塞街道交通的不仅仅是这些小商贩。木匠在其摊位前留下一堆木块，染色工把长长的布匹挂在高处，卖面条的沿街晒起面条。因为，在他们看来摊前的空地不是属于任何"公共"的，而是属于摊主的。但是既然道路被他们所占据，就需要有相应的维修的责任。可是现阶段，

中国人根本没想过这一点。一个人即使想维修道路（这样的事情从来没有发生过），他也没时间和所需的一切。而许多人合在一起修整道路，那更是不可能的，因为每个人都生怕自己比别人干得更多而得到的好处却更少。其实，对于每个地方官员，如果他们去要求沿路的村庄能各自养护一段，保证所属范围里的道路四季通行，这一切都不是很难办的事情。但是，中国的官员能不能想到这一点，这是一个大大的疑问。

中国人对属于"公共的"一切不仅不当一回事，或不加爱护，或占用，甚至这些财产还成了偷盗的目标。铺路用的石子被人搬回家去用了，城墙上的方砖日渐减少。在中国的某个港口城市，有一座外国人的墓地。当人们发现那块墓地无人看守时，它的围墙就被弄得一块砖也不剩下。就在几年之前，北京紫禁城里发生过一起惊天的案子。人们发现，某些建筑物屋顶的铜饰物被盗，这在皇宫里引起了一场非常大的轰动。中国人普遍持有这样的一个看法，在十八个省份中，遭到盗窃最多的人，就是贵有天下的皇帝本人。

中国人是否有爱国主义态度？这是一个经常被提出来的问题，同时也不是用一句话就能回答清楚的问题。中国人，特别是中国的文士阶层，无疑是具有强烈的民族感情的。因此他们对外国人普遍抱有敌对情绪，并认为西方人的发明源于中国。他们的这种敌意，很大程度上来自于这种民族感情。

近年来，湖南省出现大量排外的文章，恶意诽谤外国人，试图引起一场大混乱，把洋鬼子赶出天朝。在中国人看来，写出这些文章的举动是值得赞赏的，正如我们看待反对无政府主义的态度一样。这样的攻击举动其主要原因是由于误会，另一方面，也是由于中国人对西方国家的憎恨。也许有许多中国人认为，这场运动充分体现了爱国主义精神。但是，这些写文章的中国人除了为国效劳的需要之外，还因之获取了可观的名利报酬。而究竟是名利所致，还是爱国情绪的驱动，两种愿望孰轻孰重，这个问题需要有更多的证据才能说得清楚，而不能仅凭某一个了解中国的外国人的印象而下定论。

当前，一个中国人是爱国者可以不必非常关心鞑靼王朝①的命运，但我们完全有理由认为，无论怎样改朝换代，中国人的整体感情是与今天一样的——就是极度的漠不关心。对此，孔夫子曾含蓄地在《论语》中对人们如何面对公共事务说了话："不在其位，不谋其政。"在我们看来，这句意味深长的话一半是结果，另一半则在很大程度上是造成中国人对与自己无关的事漠不关心的原因，导致他们对与他们无关的事情都不感兴趣。

对此，哈克·古柏查②先生记录下了一个很好的事例："1850年，道光皇帝驾崩。当时，我们正离京外出旅行。有一天，我们在一家客栈喝茶，和几个中国人坐在了一起。我们便和他们悄悄地攀谈起政治，谈到了皇帝在近日驾崩，这本是一桩肯定会引起每个人兴趣的重要事件。我们表达了自己的担忧，由于皇位的继承者还没有公布于世，政事充满了变数，于是就说道：'你们中间谁能知道皇帝的三个皇子中哪一个会继承皇位？如果是大儿子，他会沿袭现行的政府体制吗？如果是小儿子，他还太小，据说朝廷中分为两大派系，他会倾向哪一派呢？'我们简要地提出各种猜测，目的在于激发这些善良的老百姓们提出自己的看法。但是，他们对我们所说的话根本提不起任何兴趣。

"我们一次又一次地向他们提出有关问题。这些问题，在我们看来是相当重要的，但他们只是摇头，只顾着各自抽烟、喝茶。他们的无动于衷的确激起了我们的不满。这时，这些可敬的中国人中有一个从凳子上慢慢站了起来，走到我们身边，完全是以一种长辈的架势拍拍我们的肩膀，更像是带着嘲笑的面容在说：'我的朋友，听我说，你何必要为这些吃力不讨好的事操心劳神呢？自有那些当官的去关心国家大事，他们拿的是朝廷的俸禄，吃这碗饭。就让他们去挣他们的钱好了，我们别为与我们毫不相干的事烦恼，我们一个铜板都得不到，还傻乎乎地去

---

① 译者注：这里的鞑靼王朝，指的正是大清王朝。
② 译者注：哈克·古柏查(1813—1860)，法国传教士，曾游历过中国大部分的地区。

关心政治,不是傻瓜吗!'其他人也随声附和道,'就是这么个理。'于是,他们又示意我们,我们面前的茶已经凉了,烟斗里的烟也抽完了,该走人了。"

  人们还曾记得,1860年英国军队进攻北京的时候,用来拉物资的,就是从中国山东买来的骡子。天津和通州为了维护各自地方的利益,签订了投降条约,应允只要英法联军不侵犯这两座城市,他们同意提供所需的一切军需物资。为外国军队干苦力活的绝大多数是从香港雇来的中国人,这类苦力被中国军队俘虏后,被剪掉辫子又送还给英军——不难看出,如果说中国人的确存在着爱国主义精神,真有公共精神,那么这些词的含义,也应该不同于盎格鲁-撒克逊人平素所使用该词时所理解的那个涵义。

  当人们被迫起来反抗统治者的压迫和苛捐杂税时,总会有一些人站出来成为带头人。这样的情况并不罕见。在他们的领导下,抗议运动会搞得轰轰烈烈。此时,政府万般无奈,还是会做出妥协。但一旦事情过后,无论广大的"愚民"们被如何处置,政府总会报仇,那些带头人总难免为了正义而一死。为了正义甘冒危险、愿献生命,这才算得上是公共精神的最高体现。

  在中国历史上的种种关键时刻,尤其是改朝换代时,总有一些怀有赤子之心的志士仁人挺身而出,担当起重任,义无反顾地献身于他们所崇敬的事业。这些人不仅是中国真正的爱国者,他们的行为本身也无可辩驳地证明,中国人能够在具有公共精神的领导人的带领下,激发出极大的英勇气概,做出慷慨的壮举。

第十四章 保守自大

与历史上任何一个民族相比,中国人都更确实地意识到,已经过去的远古时代,才是他们的黄金时代。中国古代的先贤,总是怀着无比崇敬的口吻,谈论着更古的"古人"。孔夫子曾表示,他不是一个创始人,而是一个继承者。他的使命就是把那些曾经的知识,包括长期被忽略的和被误解的学问,收集起来。正是他在完成这项事业中所表现出来的执著和非凡的才能使他成为他这个民族受人尊崇的圣人。正因为孔子面对过去的态度以及他的学说品质,使得他一直被尊崇为圣贤之首。

按照儒家的道德学说,有好的君主,才有好的百姓,君主是盘子,百姓是盘中的水;只有盘子是圆的,水才是圆的;若盘子是方的,水也就是方的。根据这种理论,人们自然会相信,只有明君统治的时代,才有美德的盛行,一个目不识丁的苦力,有时候也会对我们讲起在"尧舜"的时代夜不闭户,因为没有盗贼,路上丢失了东西,最早看见失物的人会守候在那里,并与其他来人轮流守候,直到失主完好无损地领回失物。失主总能看到他的物品完好无损的搁在那儿。我们常常还可以听到这样的说法,就美德与正义而言,现在不如过去;在颠倒黑白方面而言,过去不如现在。

这种厚古薄今的倾向,并非只有中国或中国人才有,世界各国各地都同样有。只是,在中国这个天子之国,这种倾向似乎更为严重。人们相信,古代一切最美好的东西都保留在经典的文学作品中,而今天只是继承而已。因此,这些文学作品便被当做纯粹的偶像。传统的中国人视中国的古典作品大致上相当于正统的基督徒视希伯来语的《圣经》一样。他们认为其中囊括了过去所有的精华、最美的智慧以及从古到今都普遍适用的一切真理。虔诚的基督徒根本不相信《圣经》还需要增加些什么,而中国儒家子弟更不相信中国的经典还需要有所增补。基督徒与儒家子弟都认为,一切都尽善尽美,还想去谋求更好,那是不可能的。

正像许多虔诚的基督徒用《圣经》的"经文"来解释一些《圣经》作者从未想过的事一样,儒家学者也有这样的能力,也经常能从"古圣人"那里找到现代政府一切现行政策的依据,以及古代数学乃至现代科学的源头。

古代经典铸造了中国人,也造就了中国的政府体制。无论这种政体的质地如何,至少它是经久耐用的。自我生存是每个人,同时也是民族的第一法则。一种统治方式,经过长时间的运用最后仍然适合,那么这种统治方式就可能被奉为经典。这样一种常见的统治方式就像是那些古代经典一样,也令人肃然起敬。如果某位研究中国历史的学者能够成功地对中国的政体为何形成今天的样子有清楚的了解并成功地予以解释,这或许将是一桩惊人的发现。如果这一过程可以得到揭示,我们想,这样一个问题就可以得到清晰的答案,即中国为何很少爆发那种其他民族所经常发生的席卷全国的政体革命。

曾有一个故事,说的是一位工匠砌了一堵石墙,墙有六英尺厚,却只有四英尺高。别人很奇怪他为何要把墙建成这样,问其原因。他回答说,这种墙若是被风吹倒,反而会更高!中国的政府根本不可能被风吹翻,因为他是一个立方体。当它翻倒时,只是换了个面,无论是外表还是内在本质,都与原来的一个样。这种过程的反复出现,使中国人懂得了其结果肯定是像猫无论从什么高度落下,都会四脚着地那样不会改变。于是,人们便开始相信当初设计、建造这一切的人具有无比的智慧,是一个天才。任何要求改良的建议都成了十足的异端邪说。结果是，古人拥有无可争议的权威，优于后人，后人自愧不如地劣于古人。

头脑里有了这些清楚的认识后，也就不难意识到，中国人为什么那么盲目固执地遵循过去的生活方式，其实是十分有道理的。中国人和古罗马人一样，习惯与道德是同一回事，因为它们同出一源，在内涵上也是一致的。对中国人来说，侵犯他们的风俗习惯就是侵犯了最神圣的领域。他们无需从最终的意义上理解这些风俗习惯，或者严格地说，从细枝末节起完全去理解它们。而只要像母熊保护它们的幼仔一样，出于本能地坚决予以维护。这种本能不只是中国人才有，它是人类所共有的本性。有一个值得重视的现象是，那种成千上万的人所乐意为之献身的信仰，却也是一种他们所不了解、也并不以这种教义来规范、约束他们生活的信仰。

中国的风俗习惯，正如中国的语言一样，我们并不知道它们是以何种方式形成和发展的。风俗习惯，如同人的言语，一旦形成，就很难加以改变。然而在中国，中国的风俗习惯与语言形成的条件是各不相同的。因此，我们会看到有各种令人眼花缭乱的风俗习惯，也就是俗话所谓的"十里不同俗"，同样如此，有些地区的人也会讲着令人莫名其妙的方言。风俗与方言一旦形成并固定下来，就会像成形的凝固石膏，你可以打碎它，但无法改变它。理论上来讲，肯定是这样。但实际上，理论也肯定会与事实有相当大的出入，以适应现实变化。因为，没有哪一种风俗习惯真的是永恒不变的，在某种新的条件下，变化总会悄悄发生的。

下面的事例最能说明问题。清政府建政之初，曾在中国汉人中推行削发蓄辫的发型。显然，改换发型就意味着俯首称臣。绝大多数的人极力反对这种改变，宁死不从。但统治者却坚持推行削发令，并以此作为忠诚于皇帝的标志。事实证明，中国人表现出他们能很好地适应这种削发方式。推行新的削发方式的结果，正如我们所看到的，今天的中国人最引以自豪的莫过于他们的辫子。当年，对清政府这一做法的仇恨痕迹只是残存于广东、福建本地人所用的头巾上了——当年人们用戴头巾来遮盖民族的耻辱。

佛教进入中国也经历过一番斗争。而一旦完全扎下根来，它就像中国土生土长的道教，拥有了不可取代的位置。

中国的风俗习惯从最初形成到今天的样子，很容易使人得出一个基本的假定，这就是，现存的就是合理的。一种长期形成的习惯就像是一种专制制度。无数人遵从习惯，但没有一个人知道这样做的缘由。他们的职责只是臣服，并且他们也臣服了。在中国的不同地区，对宗教的信仰程度也迥然相异，但有一点是可以肯定的，这就是成千上万做过"三教"所有仪式的人，他们根本不懂什么叫信仰，就像他们不懂埃及象形文字一样。若是问起他们所参加的某一宗教仪式的原因时，通常只有两种回答：第一，是认为与神灵沟通的各种方式都是从古人那里传下来的，肯定自有其牢靠的根据；第二，是认为既然"每个人"都这么尊崇，那么我也应该这么遵从。在中国，是机器带动齿轮，而不是齿轮转动机器。如果这种情况始终出现在每一个地方，那么，就可以说人们对于宗教习俗的遵从，不过是一种最为表面化、形式化的举动。

蒙古人有一个习惯，每一个拥有鼻烟的人，就都会和他的朋友分享之。每个人都带有一个小烟盒，遇见朋友的时候，他就拿出来给对方吸烟。如果某个先生自己盒内的鼻烟已经吸完，他也还是要把烟盒递给朋友。他的朋友则假装着从中捏起一小撮，然后把盒子再送还给主人。如果客人把盒子看成是空的，那就有失"体统"，而假装在享用鼻烟，则会保全烟盒主人的"面子"。这一切都是按照既定的惯例。在许多重要的场合下，中国人也同样如此。珊瑚虫早已没有了生命，可珊瑚礁却留了下来，为了避免沉船，行船时就必须小心翼翼地按照既定的航线航行。

用固定不变的方式按照以往的方式行事，并非为中国人所特有。印度的苦力习惯地用头顶着东西进行搬运。他们在建筑铁路时运土也采用同样的方法。承包商为他们提供了一些独轮车，苦力们反而把独轮车也顶在头上。巴西的苦力搬运东西的方式也与印度苦力一样。一位住在巴西的外国绅士要用人去寄一封信，他惊奇地看着用人把信放在头顶上,再压上一块石头。思想过程的僵化导致行为模式的僵化,而这样的僵化对于中国人来说是司空见惯的。我们可以举出许多我们所熟悉的这种事例。最初教厨师做布丁时,打开第一个鸡蛋,就把它扔掉。后来,这个厨师每次做布丁,都把第一个鸡蛋打开然后扔掉。事实上,那次第一个鸡蛋不过发现是一个坏鸡蛋而已。拿一件有补丁的旧衣服给中国的裁缝照样子去做一件新衣服。结果,得到的新衣服上也缝了一块补丁。说这样的故事并无意于夸大中国人的某种特性,但是,它们却是非常真实的事实。

每个对中国的风俗习惯有所了解的人,都能举出中国人因循守旧的例子。对我们来说,中国人的这种因循守旧的确难以理解。除非我们能对他们这种行为背后的公式有根本性理解。在南北大约绵延二十五个纬度的国家,整个国家的人们只按照同一个历法,在冬天穿上皮衣,夏天戴上草帽。这毫无疑问地表明,他们的祖先是神灵,能预知一切,若不是这样,那才怪呢。在有的地区,只有到了非常冷的冬天,要依靠烧炕来取暖。是否烧炕,要在历法的某一天之后。如果旅行者正巧赶上突如其来的"寒潮",常常会发现,它们根本无法说服店主烧上炕,因为按照历法,烧炕的季节还没到!

我们都知道,中国的工匠不愿意采用新工艺,但是就保守程度而言,恐怕没有几个人能比得上这位外国人窑厂中的烧砖师傅。他和他的人被一座砖窑雇佣来烧砖,有一次,需要用到比当地所流行的砖更大一点的特殊方砖,外国老板下令烧制这种砖。实际上,烧这样的砖,只需要准备一个尺寸稍大的木模子就行了。可是结果是,需要用砖的时候,这样的砖却没烧制出来。把接受任务的烧砖师傅叫来质问他的失职,他却表示难以采用任何这样的创新,还给出了一个底气十足的理由是:天底下就没有这种模子!

无论对中国这个泱泱大国的未来是否有兴趣,每一个把宝押在中国的人们,都不可能不看到,中国人的因循守旧会影响到外国人与中国以及中国人的关系。十九世纪的最后二十五年,似乎注定是中国历史

第十四章 保守自大

上的最为关键的时期。有大量很新的酒提供给中国人,但是,中国人只用各种很旧的酒囊用于装酒。由于中国人天生的保守,只有很少的人能够接受新酒。但即使有人能接受很少的那么点新酒,还需要用旧瓶来装。

中国人目前对西方各国的态度是一种拖延的态度。一方面,他们对一切新事务保持着小小的兴趣;另一方面,又根本不想放弃旧的。正像我们看到古老的土屋,本该早就归还给泥土了,但却用歪歪扭扭、粗粗糙糙的泥柱子支撑着,拖延着本不可避免的倒塌。已经过时的旧风俗习惯和旧宗教信仰仍然被支撑着,仍一如既往地履行那些泥柱子的职责。"旧的不去,新的不来。"我们时常耳闻的这句话倒是很有道理的。从旧事物到新事物的变化发展过程,可能会长时间受到阻挡,但一定条件下也可能会突然实现。

当初,把电报引进中国时,沿海某省的总督曾上书禀告皇上说,当地人对这桩新奇事物抱有很大的敌意,以至于连电线也架设不起来。但是,后来与法国人开战迫在眉睫时①,不仅架设电线的性质基础发生了巨大的变化,省政府迅速建起了许多电报站。当局还发现,这些电报站受到了人们普遍的欢迎。

数年之前,许多人还相信"风水",在中国修建铁路几乎是难以逾越的障碍。最早的铁路只是很短小的一截,只是在开平煤矿的出口处作为运煤通道而建的。由于铁路修筑要经过一大片中国人的墓地。为了给铁路让路,坟墓需要搬迁,这就像在英国和法国的情况是一样的。只要看一看被一分为二的墓地,就足以让人们相信,这是一场"风水"与蒸汽机的狭路相逢。然而,风水根本不是蒸汽机的对手。这条铁路的延伸后来被推迟了,但历史经验表明,这首先显然是由于财政问题才耽搁了,"风水"迷信对其造成的影响是相当有限的。

在中国人处理重要的事务中,可以发现他们天生的顽固守旧的一面,又会发现他们打破惯例的另一方面。在中国,有这样的一个牢不可

---

① 译者注:指的是 1883 年—1885 年爆发的中法战争,起因为越南主权之争。

破的规矩,就是守孝道。一个大臣的父母去世了,他必须离职回家守孝。但是,宰相则不然。皇帝会不顾他一而再、再而三的"含泪"申诉,坚决"夺情",要他在本该守孝的日子里继续尽心尽责于国家大事。在中国,最为根深蒂固的伦理是父为子纲,儿子必须永远遵从父亲。然而,在最近一次的皇位权力的变更中,由于皇位由旁系亲属所继承,而小皇帝的父亲仍健在。这样一来,小皇帝的父亲要么自杀,要么退休,永不参与政事。因此,光绪继承皇位之日,其父亲醇亲王①就得辞官。醇亲王得病,其儿子,就是光绪皇帝,只能以探望下臣的名义多次探望其父亲。当时,采取了某种权宜之计,因为这位父亲一直到去世之日,都是儿子手下重要的官员。

幼年骑马的光绪皇帝

如前所述,顽固保守的本能使得中国人过分地强调规矩的重要性。但是正确地理解并谨慎利用中国人的这一本能,可以使之成为外国人的重要自保法门,从而使他们能够与一个如此敏感、如此固执又如此守旧的民族打交道。外国人所要做的,只需模仿中国人的方式,把一切都看作是理所当然的,装着好像那些没有明令禁止的权利是存在的,在当这些权利受到攻击时,全力为其辩护,并且想方设法坚持它。因此,在内地和其他城市的外国人的居住权问题,只要像在北京的外国人一样明智地采取一种墨守成规的处理方式,就不会有什么事,聪明的保守主义就是最安全的防护。险恶的暗礁对于航船,似乎是一种难以逾越的障碍,可一旦穿越它,便可进入一片神秘而又平静的环礁湖,再也不用担心风暴和海浪了。

---

① 译者注:醇亲王,即爱新觉罗·奕譞(1840—1891),是第一代醇亲王,道光帝旻宁第七子。

第十五章　疏于舒适与便捷

在对这一话题展开讨论时，我们首先要说的是，中国人疏于生活的舒适与便捷，只是依照西方人，而不是东方人的标准来说的。因此，本章实际上主要是谈论东西方人在所谓舒适与便捷问题上的根本差异。

首先让我们留心看看中国人的服饰。在前面章节里谈到中国人对外国人的鄙夷时，我们已经偶尔指出，西方人的服装式样几乎不能为中国人所接受。在这里，我们不得不承认的是，其实西方人也难以接受中国人的服饰。中国人在外观打扮上，把头的前半部分的头发剃光，编着一个辫子，让本应得到保护的额头部位暴露于外。当我们看到一个伟大的民族居然会采用这样一种非自然的装扮，肯定会感到意外。不过，中国人是在刀剑之下被迫采取了这种削发方式，并以此作为忠诚于皇帝的标志。既然如此，我们就不必对此作进一步的关注，而只要看到这样一种事实：中国人自己并没有感到这样做有什么不舒适，或许，他们压根就并没有想过要恢复明朝以前的发型方式。

这种对舒适的疏忽，还表现在中国人的一个习惯上，中国人几乎一年四季，尤其是夏季，都有不戴帽子的习惯。在炎热的夏季里，整个民族都无遮拦地走来走去，顶多举着扇子遮挡太阳，用三角形的东西遮挡一部分的阳光。偶尔其中也有一些人是用阳伞，但肯定只是很少的一部分。中国的男人常常戴着各式各样古怪的帽子，样子很讨人厌。而据我们观察，中国的女人只有装饰用的头巾。当然，若用西方人不带同情心的眼光来看，这头巾的装饰其实根本不算成功。在中国人看来，能维系生活舒适度的物品并不多，而扇子是其中之一。当然，只有在特定的季节，扇子才可以作为舒适的物品来使用。在夏日炎炎当中，经常可以看到苦力们几乎完全是赤身裸体，拼命地拉着沉重的运盐船逆水而上，不时地使劲扇着扇子。甚至就连乞丐，经常也是拿着把破扇子。

一群手执扇子的妇女

中华文明有许多让人不可理解的现象之一，就是这个民族是最早起源于游牧民族，照理说，在利用天然资源方面，他们肯定有相当高明的技巧。但是，他们却一直没有学会使用羊毛来进行纺织的技术。我们是就整体而言来谈论的，这个国家的西部有一些毛纺业是例外。在那里，毛纺业得到了一定的发展。然而，考虑到在全国各地，尤其是山区，我们仍然看到成群的羊漫游在山野之中，但这种技术却并没有得到普及，的确是一个令人很费解的问题。

人们相信，在棉花传入中国之前的古代，这个国家人们的衣服是用诸如灯心草一类的植物纤维制成的。然而无论过去情况是如何的，同样可以肯定的是，现在整个国家完全是依靠棉花织布制衣。在这个帝国中那些冬季特别寒冷的地区，人们要穿好多件那种填充着棉花的衣服，把身体裹得严严实实，其体积大概是身体的两倍。一个裹着这么多衣服的小孩，如果摔倒了，常常是爬也爬不起来，就像是被困在了一个桶里。但我们从来没听说有中国人抱怨穿这么多衣服不舒服。既然要穿就不要怕难受。无论如何，有一点可以肯定的是，没有一个盎格鲁-撒克逊人愿意忍受这种束缚，他们会想方设法摆脱它。

既然提及了厚重的冬衣，那么就必须相应地提及，与之形成对照的是中国人不穿任何的内衣。在我们看来，如果不穿那种可以经常换洗的内衣，简直就活不下去。中国人却完全没考虑过这种需要。他们用那鼓鼓囊囊的衣服裹住身体，像套着许多层的袋子，但留下了许多缝隙，可以让寒风透过刺入肉体，然而，他们自己却并不在意这种状况，尽管也承认这种衣服不够理想。一位六十六岁的老人说他已经被冻得麻木了，有人就送给了他一件外国内衣，并告诉他每天都要穿着，免得受寒。一两天之后，我们却发现他居然把它给脱了，因为他觉得快被"烤死了"。

中国人所穿的鞋也是用布料做的，经常会渗水，稍一沾水，里面就潮湿。无论天气是否寒冷，脚上穿着这样的鞋子，总会觉得脚底冷冰冰的。中国人的确还有一种油靴子，可以用来防潮的。但是，像很多给人带来便利的物品一样，它虽好，却很贵，使用的人也只限于少数。用来抵挡风雨的雨伞也是如此，它们被看作是奢侈品，而不是生活必需品。中国人常常不得不在任何天气下出门，即使被雨淋湿，他们并不认为应当把湿透的衣服换下来，是绝对必要的。他们觉得让身体来焐干衣服并没有什么不好。中国人羡慕外国人的手套，但自己就没想过也戴上一副，即使是那种厚实的连指手套，他们不是不知道。但即使在寒冷的北方地区，也难得一见有人戴它。

以一个外国人的眼光去看，中国服装最令人烦恼的特点之一就是没有口袋。一个普通的西方人一般都希望衣服上有大量的口袋满足他日常工作的需要。他需要在上衣胸前有一个放置记事簿的口袋，里面有放置手绢的口袋，衬衣上有放置铅笔、牙签、怀表等物的口袋。马甲上要有放小刀、钥匙和皮夹子的口袋。如果一个外国人身上还带着小梳子、折尺、开塞钻、靴扣、镊子、指南针、小折叠剪刀、弹子球、小镜子，再加上一支钢笔，这对一个西方人来说并不算什么稀奇事，这些东西是他经常所要用的，一个都不能少。而中国人却相反，他们几乎不用到这类东西，就算要用，也没有口袋放置这些东西。一个中国人有一块手帕，他就把手帕塞在怀里。他若是带着孩子，他的孩子也是这样。如果他要带一份重要文件，他会认真地扎紧绑腿，把文件塞在里面，然后上路。有时，他干脆把文件往裤腰一别。在这些情况下，若是带子在他不知不觉的时候松了，文件就会丢失——这是经常会发生的事情。身上还能放置此类东西的地方还有，长衣袖卷起的袖口，卷帽的帽檐上，或者帽子和脑袋的空隙之中。

中国人很难在身上找个放小东西的地方，很多人为了方便，可以把钱卷成小筒架在耳朵上，且只是在钱不多的时候采用。像钱包、烟袋和烟杆一类的小东西，为了保险起见，就系上带子，挂在腰带上。如果这根带子松开了，这些东西就有可能丢失。钥匙、梳子和几枚古钱币之类，都系在外衣的纽扣上，脱衣服时都必须小心谨慎，以防这些东西丢失。

一个晚清家庭的全家福

如果对我们来说，普通中国人的日常外衣是令我们感到不舒服的。那么，他们在晚上的穿衣方面至少可以避免我们的评头论足，因为他们都是脱光衣服睡觉的，钻进被窝倒头就睡。无论是男人或是女人，他们都没有睡衣。古书上确有记载，孔夫子曾要求穿比身体长一半的睡衣①。但有人推测，他所要求穿的"寝衣"并不是普通的睡衣，而是他斋戒期间所穿的长袍。但有一点是可以肯定的，这就是，现代中国人并没有人有兴趣仿效孔夫子穿的这种睡袍，只要有可能，也没

---

① 译者注：语出《论语》："必有寝衣，长一身有半。"

有人会去斋戒。尽管新生儿的皮肤对温度的变化异常敏感,但他们并不知道这点,中国的母亲也不注意给婴儿盖好被子,甚至随意掀开被子,向他人展示自己的孩子。仅凭这种荒唐的做法会让很多中国婴儿着凉,并足以解释为什么他们未满月就会死于惊风。

在中国的某些地区,当孩子稍大一些时,中国人并不是使用尿布,而是用一种沙土袋来充当尿布。对于西方国家心疼孩子的母亲来说,单是这种想法,就足以令她们恐怖万分。这些可怜的孩子从一开始就被固定在一个地方,就像一只肚子上"背"个铅弹的青蛙,无法动弹。在这种做法流行的地区,大家谈到某个人比较孤陋寡闻时,就会被说成他还没脱掉"土裤子"呢。

中国人疏于我们所说的舒适,不仅表现在服装上,而且也充分地表现在住房上。为了说明这一命题,我们首先得要把那些没有自己房子的穷人排除在外,因为他们只能过那种他们力所能及的生活。我们这里要谈论的是这样一些人的生活,只要他们愿意,他们有能力改变自己的居住状况。

中国人并不在意在房子的四周种树遮荫,而宁可搭个凉棚。即使没有那个条件栽上很多的树,普通人家也可以在院子里种一棵遮凉的树木,这又不是什么难事。但他们不是种这种树木,而是种一些石榴之类的观赏性的灌木。当酷暑降临,院子里热得实在叫人受不了,他们干脆离开家,坐到街上去。如果外面又热得实在不行了,就回到自己的房间里去。很少有几户人家能开上一个与南门相对的北门,因此无法形成空气对流。若是能开个北门,南北相对可以带来很多穿堂风,多少可以减少夏季的炎热。若是问起中国人,这等简易的方便之事为何没人去做,他们的回答往往是这样:"我们从来就不开北门!"

在北纬三十七度以北的地区,中国人一般是睡炕的。炕是用黏土砖坯垒起来的,靠做饭的余火在中间加热。若是火没有烧得足,冰冷、坚硬的炕会令外国人冷得无法忍受。若是火烧得太旺,那么,在后半夜,他会由于身上太热而醒过来,会觉得身上被烤得太厉害。不管怎样,炕的热度总不可能整夜都一直很适宜。而中国的一家人就都睡在这样的炕上。此外,这种炕由于其材料的原因,还会招来各种各样的虫子,即使每年都更换一次砖坯,也无法保证能驱逐这些不受欢迎的客人。各种档次住房的墙壁,都被它们占据着。

大多数中国人都知道,许多害虫会传播疾病,但是,即使他们完全意识到了这些寄生虫的危害,也并没有人去防治这些害虫。用来阻挡那些可恶飞虫的蚊帐,就是在城里也很少有人用。据我所知,中国的其他地方更为少见了。苍蝇和蚊子的确是很令人感到讨厌,偶尔烧一些有芳香气味的草驱赶它们能产生不太明显的功效。但这种害虫并不会惹中国人生气,他们的厌恶感只及我们的千分之一。

睡觉的枕头应该是什么样的才算舒适,这也反映出东西方舒适标准的不同。在西方国家,枕头是一个装着羽绒的袋子,松软地支撑起整个头部。在中国,枕头是用来支承颈部的。它可以是一张小竹凳,也可以是一截木头,更多的可能是一块砖头。以中国人的方式,枕中国人的枕头,没有一个西方人不感到饱受折磨。同样也可以肯定的是,没有一个中国人能在我们用来放脑袋的那种袋子上睡上十分钟。

我们在前面已经说过这样一个奇特的事实,即中国人没有成规模的毛纺技术。但更令人难以理解的是,他们似乎对家禽的羽绒也不感兴趣。用羽毛来填充被褥十分的简易可行,羽毛的价格低廉,甚至几乎不用花一分钱,尽管中国人非常节俭,但他们并不知道可以很容易地用羽绒制成被子,而使之白白流失。他们只知道羽绒可以卖给外国人,除此之外,就是把羽毛松散地扎在一根棍子上,做成鸡毛掸子。在中国的西部地区,家禽的羽毛有时被厚厚地散布在地里,以免刚出芽的麦子和豆子被出来觅食的动物啃食掉。

对一位西方人来说,一张理想的床是有弹性且坚固的。近几年来,最好、最流行的床大概要数钢丝床了,它是一种西方床的典型代表。最近,一家最好的中国医院添置了这种高档用床,然而,那些安置下这些床铺的好心医生却失望地发现,居然有病人不躺这种弹簧床,只要他们一背过身,但凡有力气动弹的病人都宁可躺在地板上。因为他们感到躺在地板上就像是躺在家里一样。

中国人的房屋到了晚上几乎总是光线很昏暗。当地产的菜油灯发出难闻的怪味,而且灯光仅够用来勉强照见东西的大致轮廓。当地的人们也知道用煤油点灯的好处,但尽管煤油灯传入已经很久了,但绝大多数地区还是一直用豆油、棉籽油和花生油点灯,这纯粹是由于保守的惯性所造成的。他们只是满足于仅仅能看见东西,与几乎看不见东西的状况相比,能进一步看清东西这种更高层次的舒适,没有太大的区别。

在西方人看来,中国人的家具既笨重又很难看。中国人所坐的长凳不像我们祖辈所坐的那种有靠背的宽大的长椅,而是一种没靠背又很窄的长板凳。这样的场景并不罕见,如果凳子的某条腿不牢固,或者凳子的一端没人坐,那么坐下去的时候,凳子肯定就会翘起来。在亚洲人中间,中国人是唯一使用椅子的民族。但按照我们的观点,中国人的椅子是很不舒适的。其中有一些椅子的式样好像是英国伊丽莎白女王或安妮女王时代所流行的样式制造的,很高,靠背又直,非常呆板。更常见的几种椅子都非常宽大,似乎为那些体重有两百五十磅的人设计的,样子看上去很大,但受力点不够均匀,估计用不了多久就会垮掉。

西方人对中国人住所最不满意的无疑就是潮湿和寒冷。由于建筑物结构上一个根本错误,房子的地基选择得不好,房子就会注定导致一个难以消除的后遗症——经常会潮湿。对大多数的外国人来说,房间用泥土铺地面,或用没烧制好的砖铺就的地面,都是非常不舒适的,而且也有害于健康。还有,安放在两个轴上的不严实的房门,松松垮垮得实在是令人讨厌。这种门有两扇,根本关不密,四周透风。就算只有一扇门,而且用结实的纸把门缝糊好,也还是不能很好地抵挡住刺骨的寒风,因为要教会中国人随手关门几乎是一件不可能的事情。一位商人在他的办公室门上贴出了一条告示:"请随手关门。"这样的告示在中国纯属一句不折不扣的废话,因为根本没有一个人会随手关门。无论是房子或是院子，门框都做得很低，一般的人进门都要低头，否则就会撞在门框上。

中国人是用纸来糊窗子的。这种窗子抵挡不住风、雨、太阳、炎热或灰尘。百叶窗不常见，即使装上了，通常也只是一个摆设。

大多数中国人的家里只有一口烧饭的锅，这是一口容量很大的铁锅，有几加仑的容量。但是，这口锅每次只能煮一样东西，煮饭的时候就不能烧开水。这种炉灶以柴草为燃料，必须还要有一个人蹲在灶口不断地往灶膛里添柴草。几乎每次煮饭都是这样。水蒸气和更多的烟雾弥漫整个房间，足以让一个外国人呛得睁不开眼，或者窒息，但是中国人却似乎很漠视这种危害，尽管他们也明明知道这种环境会导致眼病，但似乎还是无所谓。

对西方人来说，中国人的住所最不舒适的是冬天没取暖设备。即使是在冬天最为寒冷的地区，大部分的中国人的取暖只是靠煮饭的锅灶余热传导到炕上来。中国人非常看重"炕"的舒适度，女人们有时称之为"我的亲娘"，尽管这种设备的舒适度是微乎其微的。但是，对西方人来说，这种炕实在是不舒适，因为西方人要求热源发出的热是适宜于人体的恒温。因此，在寒冷的夜晚，中国人的炕根本不如西方人的"壁炉"或者火炉来得舒适。

在一些产煤地区，煤的确已被当作燃料，但就与整个国家相比较而言，这些地区的范围还非常小。而且烧煤时，煤烟总是会蹿到屋子里出不去，房间逐渐为二氧化碳所充斥。即使在那些家境好的人家，木炭也要非常节省地用，就像烧煤一样，若是使用不慎，危险还很大。这样的屋子待在其中令人很不舒服，天气冷了，屋子里冷得令人难受，待在家里的人往往把所有能穿的衣服都穿上。这样一来，外出时，就没有衣服可增加了。我问他们："你冷吗？""当然冷。"他们总是这样回答。

在一些西方人的印象里，他们似乎这一辈子就从来没有使自己暖和过。在冬天，他们血管里的血液就像河水一样，表层结了冰，只有在冰下面水才能缓慢地流动。考虑过中国人住房的如此特点，就不会对这样一位中国的道台的话感到奇怪了。这位中国道台在美国待过,他说,美国的监狱比他的衙门还舒适。我们如果知道中国人的住所是那种样子,就不会对这位道台的话感到惊奇了。

我们已经指出过中国人对拥挤和噪声并不在乎。天气一冷,中国人肯定为了取暖而挤在一起。甚至在极度炎热的三伏天,也经常可以看到轮船上仅有几间的船舱里挤满了人,或是坐着,或是躺着。没有一个西方人能忍受这样的拥挤,而中国人似乎并不以为然。西方人喜欢住在离群索居的独门独院的房子里,既通风又不受打扰。中国人对互相交往,是否通风和不受干扰并不在乎。即使他们有这样的环境,似乎也不觉得有什么好。许多小村庄毫无计划地散建在中国城市的周围,似乎地皮很不值钱。而另一方面,大家的房子都拥挤地建在一起,又好像是由于地价太昂贵。而即便如此,也恰恰是由于挤在一起才抬高了地价,正如像在城里一样。因此,狭小的院子、过于拥挤的房子,统统都挤在一起,无益健康,人满为患,活动空间非常有限。

极富晚清色彩的院落

一位住在中国小旅店的中国旅客,在吃完晚饭躺下睡觉后,可以安心享受着大队车马带来的喧闹声。可是,他那位来自西方的旅伴,则无法入眠,躺在那里辗转反侧直到半夜,头脑清醒地聆听着一大群骡子在那里嚼草、踢腿和长嚎的杂音。这些响声中,还不时地伴有木头撞击的嘎嘎声和狗叫声。

在一个小旅店的牲口棚里,看见有五十头驴,那是常有的事,整个晚上会有想象不到的热闹。正如哈克先生所说,中国人并不是不知道在牲口的尾巴上吊一块砖,牲口的叫声就会停止的,但即使是再三盘问，也没人会去这样做。答案很简单，中国人对五十头驴子的叫声并不关心。而外国人，却不愿意留下这种含含糊糊的问题。中国人不在乎动物的吵闹，这种情绪不仅仅限于某个社会阶层，而是中国人普遍的天性。一位中国大官的太太一下子在家里养了大约一百只猫，这个事实就很能说明问题。

中国的所有城市都有无人看管的狗到处侵扰，然而中国人却懒得去灭狗。他们对此熟视无睹，与信仰佛教，倡导不杀生灵有关。然而，中国人的这种态度比起东方其他国家来，并不算很显著。曾任美国驻华公使的劳罗斯·布朗①先生出版过一本有趣的东方游记，书中配有他自己所作的插图。其中一幅画的是各式各样的狗正在举行一个会议，有精瘦的狗，还有癞皮狗，题为"君士坦丁堡面面观"。书中同样有一些很能反映中国许多城市概貌的速写插画。中国人对此却无知无觉，毫不顾忌疯狗在那里乱叫的烦乱，也不用担心会被疯狗咬伤而造成危害，尽管这种事情经常会碰到。就算被疯狗咬伤，他们使用的治疗方法也往往只是在伤口上敷一些狗毛。这种做法与我们的一句谚语有奇妙的相似之处，这就是"被什么狗咬伤，就用什么狗的毛医治"。据观察，消灭流浪犬这事，似乎还没有引起人们足够的重视。

以上说的这么多的实例，都是为了说明中国人疏于对生活舒适的追求。同样，也可以轻易地举出很多事例，来说明中国人对便捷生活缺乏关注。下面只是略举几个例子，中国人骄傲地自称是有文化的民族，事实上，他们也的确是世界上一个颇有文化的民族。笔、墨、纸、砚被称为"四宝"，是"文房"中的必需品。但是，这四件必不可少的文具，没有一件是可以随身携带的。每当要用的时候，根本不能保证它们就能全聚在手边。即便是这四件文具齐备了，缺了第五样东西也还是无济于事。那第五样东西便是水，需要用水来研墨。毛笔使用前必须细心地泡软了，如果不知道如何正确地把笔毛弄软，毛笔还是不能用，还很可

---

① 译者注：劳罗斯·布朗(1821—1875)，曾任 1868 年美国驻华公使。

能把笔弄坏，反而浪费时间。

中国人没有像铅笔之类的书写工具可以替代毛笔。即使有了铅笔这种替代物品，他们也不知道怎么用。因为他们没有削铅笔的小刀，身上也没有衣袋装铅笔。在前面谈到中国人的勤俭节约时，我们曾经努力证明他们的高超技艺，能够用不起眼的东西做出很好的东西来。但又必须看到，西方人经常采用的那种节约劳力的发明创造，却不为中国人所知。在西方国家的一个高级现代化宾馆中，宾客只需要拉一下铃，就可以得到他所需要的一切——冷热水、灯光、供热和其他服务。而中国十八个行省中最好的旅店也只是像西方下等的大车旅店，口头上说得很好，但客人却没能得到应有的服务。客人若有什么额外的需求，只好到房门外，扯开嗓门大声叫喊，希望店主能听到他们的呼声。否则，就别指望能有什么。

中国人的许多日常用品并非想要时就能买得到的，要等卖货的小贩时不时地上门兜售才能买到。在其他的时间里，连天天要用的东西都无法搞到，人们会感到自己好像是被丢在了苏丹的腹地。在城市里，每个人夜间行路都要打灯笼。而在一些城里，灯笼只能在那些带有灯笼沿街叫卖的小贩那里才能买到，想要购买灯笼的人只能在特定的时间里去买，正像我们向卖牛奶或卖鲜酵母的小贩买东西一样。

城市人口占整体国民的比重不可能很大，在这里，交通限制了商品流通的方便，且毫无例外。比如有的地方，习惯于只在二月份才卖建房用的木料。同一批木料在一个集市上卖不出去，就又拖到另一个集市上去卖，拖来拖去，直到它们全部被卖掉为止。若是卖不掉，就拖回到原来的出发点去。如果一个没有经验的人突发奇想，硬是要在五月份去买木料，那么，他会发现根本就买不到，他也会立刻明白东方智人所言："机不可失，时不再来。"

在谈到中国人的节俭时，我们曾经提到过，中国人买来的工具大多数是还需要再加工的。消费者买来一些部件，然后根据需要自己组装，这与我们关于便捷的理念非常矛盾。

有一次，笔者曾叫一个仆人去买一把劈柴的斧头。但市场上买不到现成的斧头。他买回的是十四块进口马蹄铁，然后请铁匠打一个斧子的头，再请木匠装上一个柄子，整把斧头所花的钱，远远比外国的一把好斧头贵得多！

老北京前门

在这个天子之国中存在着种种的不方便，其中最不方便的事莫过于缺乏卫生设备，这一点给西方人留下最直接、最深刻的印象。比如在北京，无论谁如果要去改善一下排水系统，那么其结果会比他们要治理的问题更多更糟。

在中国，到底哪个城市最脏？一个外国人不论在中国住多久，他都会有这样一个既令他经常提起又无法解答的问题。一位从中国北方来的外国人对侨居厦门的人说，中国南方的城市在感觉上要比北方的城市更好一些。为了证实这种感觉，他们在厦门到处都走了走，结果发现，真的是出奇的干净——这是就中国的城市而言。这位厦门的旅居者出于对旅居地的嫉妒，说了一句：在游览时，刚下过大雨，把街道都冲洗干净了！后来，这位旅游者到了福州，说是发现了中国最糟的城市；到了宁波，他确信宁波更糟糕一点；但是到了天津，他加倍认定情况还要更糟，最后，如果他公正而诚恳地回顾了他对北京的看法，他会放弃原先的判断，那也并不奇怪。

详细回顾在中国生活不便利，西方人印象最为深刻的是以下三个方面：缺少邮局，道路状况差，货币流通不畅。在中国当然有私人经营的邮递业务，它们也把信件和包裹从一处传递到另外一处，但发挥的作用很有限。与这么大的国家相比，它们的业务所覆盖的地区也少得可怜。

关于中国的道路状况，在前文我们说到中国人缺乏公共精神之时，已经详细地讨论过了。山东省有一条几十英里长的穿山路，路面十分狭窄,容不得两辆马车同时通过。如此,路的两端分别有人专门把守,上午允许朝一个方向行驶的车马通过,下午让朝另一个方向行驶的车马通过!正是由于中国人的穿着的原因,尤其是中国人的鞋子——也是我们所描述过的那样,也由于中国人的道路是我们所知道的那样泥泞不堪,因此,不管什么时候,只要一下雨,中国人就得待在家里。在西方国家,我们把下雨天不懂用什么办法出门的人叫做笨蛋,而在中国,只有那些下雨天不懂待在家里的人才被说成是傻瓜。

中国人的言语中最普遍的一个特征是表示命令之必然的句子也会加以转折,最常用的句子是"遇雨即止"。除了政府部门之外,大多数中国人都认为,他们的职守要随着气候的变化而发生相应改变。这个观念像是钻入了中国人的脑袋,就算是最急迫的公务,在这句习惯语面前也变得不那么要紧了。

我们听说,在中国有一个无疑是非常坚固的要塞,地处要冲,配备有精良的克虏伯大炮,里面全是经外国人训练过的士兵。可是只要一逢到下雨,岗哨上的士兵都自作主张地撤回室内,要塞上根本看不到一个人在露天站岗。他们这是典型的"遇雨即止"!1870年的天津教案时,本来被杀的人可能会多上四倍,但一场大雨阻挡了前往外国租界的中国民众。

在那些敌视外国人的地区,外国的旅行者最好的防身武器莫过于带上一把喷水枪。我们可以确信,一位在中国的外国人曾经看见,从两英寸长的水枪里喷射的水柱,五分钟内就能驱散最凶狠的暴徒。霰弹枪的子弹也许远不如水枪那么奏效,因为许多人也许会停下来去捡废弹头。而对于冷冰冰的水,自汉朝以来,每个中国人都抱以反感,就像猫怕水那样。无论是从表现还是从内心的感受方面来讲,他们都认为泼冷水是一种非常致命的东西①。

要把中国人所使用的钱讲清楚,写一小段根本不够,至少可写一篇

---

① 译者注:这一段,作者用调侃的笔法来谈论中国人,写得不够严肃。

综合性的文章，或者最好是一本书。中国的货币极度混乱，其中各种怪事都有，足以使整整一代西方人发疯，除非能找到对付这种怪事的良策。在谈及中国人疏于精确的那一章节里，我们已经说过几个突出的令人莫名其妙的恼人的事。一百钱并不是一百个铜钱；一千钱也不是一千个铜钱，谁也不知道固定的数量到底是多少，只能凭经验知道个大概。在这个国家的许多地方，一个钱可抵两个，二十个可抵四十个，也就是当钱数超过二十文时就会这样计算。所以，当一个人听到有人要支付给他五百个铜钱，他知道实际拿到的只能是二百五十个，甚至更少。还得减去当地的折扣，当然，在不同的地区还会有所变化。

在钱币中，混入小钱或是假钱也是常有的事，为此事，各行各业的商贩之间常常发生争吵。地方官吏也为通货膨胀而感到头疼，不定期地颁布文告，号称要严厉打击掺假行为。希望这种状况得到遏制，却又使得衙门里的差役有机可乘，他们变本加厉地加重对当地所有钱庄的税收，给货币的流通造成不同程度的困难。

现金的短缺会导致物价上涨。一旦市面上真的钱全部耗尽——失去其货币的功能——次等的钱就会到市面上流通，且其面值并不会下降。这样，伪币取代了真钱，从而应验了"劣币驱逐良币"这句话，货币市场越来越糟糕。以至于在河南某些地方，人们上街需要带两种完全不同的钱，一种是普通的真假参半的钱，另一种则完全是假钱。购买有些商品只是付给假币。而至于在交易中另有规定的其他商品，如果是经讨价还价而成交，就要付上两倍的价钱。

晚清通用的铜钱

中国人的钱实在是"脏钱"，摸了这样的钱币无疑是污染。五百文钱或一千文钱（名义上的）穿成一贯，绳子很容易断，而把散落的铜钱重新数、重新穿起来麻烦得很。通行的铜钱重量不一，但都是又笨又重。

相当于一墨西哥元的铜钱,其重量会不轻于八磅。人们系在腰带上的小钱袋,总共只可以装下几百个铜钱。如果所需的钱超过这个数,那么带起来就很麻烦了。

如果用银锭买卖东西,损耗总是很大,并且用银锭的人不管是买还是卖,都容易上当。他们如果是使用钱庄的银票,其难处也并不减少多少,因为一个地区银庄的银票,到了另一个地区要么完全不能通用,要么就被打很大的折扣。而拿到银票的人,当他去开出银票的钱庄兑现时,很可能会与钱庄那些贪婪的家伙,就他们所兑付的银钱的好坏发生一场争斗。奇怪的是,在这些不便捷的条件下,中国人居然还能完全顺利地做成各种生意。正像我们每天都能看到的那样,他们已习惯于这些烦恼之事,几乎不觉得有什么负担,只有外国人会为之叫苦连天。

一个外国旅行者在经过许多中国乡村时,经常会看到一只驴被拴在一根柱子上,一条结实的缰绳则绑着它的脖子,四蹄伸直地躺在地上。由于缰绳太短,牲口的头被吊起了四十五度,脖子也这样拧着,好像就要脱臼了似的。令我们感到奇怪的是,它为什么不挣扎而弄断脖子,这种姿势能给它什么乐趣可言。没有一头外国驴子会这样。

在看到了我们所举出的这些补充事例之后,我的读者读到这里一定意识到,中国人虽然生活在一种被压得喘不过气来的状态之中,却似乎仍然感到相当舒适。当然,这只是按照中国人的舒适和方便的标准,而与我们的标准完全两样,我们也就是从这一点才开始讨论的。中国人已经学会如何适应他们所处的环境了。当遇到困难时,他们深知自己所面对的种种困难是不可避免的,而以堪称典范的耐心默默地承受着。

常常可以听到一些熟悉中国人及其生活方式的人断言,中国人是不文明的。虽然他们也熟悉我们所关注的那些方面,但这种判断是很肤浅且完全错误的,因为他们不能理性地看到文明与舒适这两个不同的概念。要考虑到中国现在的状况与西方三个世纪前状况的区别,这样才能清晰地感受到我们自己所经历的变化。只有看到这一点,我们才能有一种公正的比较。我们不能把弥尔顿①、莎士比亚和伊丽莎白时期的英国看成是不文明的国家,但毫无疑问的是,那个时期英国的生活状况是我们现在大多数人所不能容忍的。

现在,在此文里探讨大不列颠群岛在过去三个世纪中发生惊人变化的各种复杂原因,是累赘的。值得注意的是,最近五十年以来,人们关于舒适和方便的标准已经发生了根本性的革命,足够令人感叹。如果我们被迫回到我们的曾祖父和祖父时代那种粗糙的生活方式,也许就会让我们质疑继续活下去的意义。时代在变化,我们也随之改变。中国则相反,时代没有发生改变,人也不会发生改变。关于舒适与便捷的标准,与几个世纪前一个样,一直没有变化。但如果出现了新的社会条件,这些标准也必将要改变。他们总会有一天,也将采用我们现在已经习以为常的标准。然而在目前,这一点,他们不仅仅没有预料到,也暂时并不怎么向往。

---

① 译者注:弥尔顿(1604—1674),英国著名诗人,代表作是《失乐园》。

第十六章 生命力顽强

中国人极富生命力,这是中国人其他性格的一个重要背景,而这点本身就很值得思考。可以从以下四个方面加以考虑:中国人的繁衍能力,对不同环境的适应能力,延长寿命的能力和康复再生的能力。

外国明信片上的晚清街景

一位外国旅行者对中国人生活状况的第一印象就是人口过多。中国似乎到处都挤满了人。它看上去是这样,事实也正是如此。日本也是如此人口众多,用不着一双很有眼光的眼睛就能看出来,但日本的人口密度不如中国的人口密度大。

就人口的相对密度与绝对密度而言,比起其他国家来,中国更类似于印度。不过,印度是一个多民族、多语种的国家,而中国,除了那些影响不大的民族之外,是一个人口相对集中在某个民族的国家。在这个辽阔的国家,无论我们走到哪里,都可以看到人口过剩。就算是有些人口稀少的地区,我们一般也能轻易地找到印证这一判断的证明。最近若干年,先是爆发了太平天国运动,随后是规模较小的暴动,1877—1878年,爆发了遍及五省的空前饥荒,使中国的人口总数大概减少了好几百万。我们看到,在中国,战争所造成的破坏并不像在西方那样能很快得到修复。这是因为,中国人都不愿意离开自己的故乡,不愿意迁徙到一个新的地方。尽管如此,人们还是不难发现,无论破坏力有多大,都不及修复力来得强大。我们坚信,只需维持几十年的和平安定和农业丰收,中国的每一个地区就都会从本世纪那一连串灾难的打击中恢复过来。这种恢复的前提已经充分具备,这是有目共睹的,无论是否愿意正视这个问题的人,都不得不接受这个事实。

在中国每一个地方,无论是城镇还是乡村,最引人注目的是成群成群的孩子,他们就像查尔斯·兰姆在给过于骄傲的母亲泼冷水时所说的,"密密麻麻地挤满了每一条死胡同。"中国社会最令人不解的事情之一,就是这么多的孩子靠什么生存下来。必须记住的是,他们其中的许多孩子其实并没有基本的"衣食"保障的。换个角度来说,那就是极度的贫穷显然不可能导致中国人口的明显减少。

想要控制中国人口的迅速增长,有些人认为有效的办法是采用鸦片,这对中国人来说,就像是诸如战争、饥饿、瘟疫之类的危险的敌人。完全不用去证明这点,中国人的繁衍能力之强,现有人口数量远远超过其他任何国家,这已是不争的事实。即使按照我们最保守的估计,中国现有的人口总数也已达到约两亿五千万。这个数字足以证明中国人生育能力强这个观点。因为问题的关键并不仅仅在于人口的数量,更在于增长率。在缺乏可靠的统计数字的情况下,我们只能靠笼统估算的方法来得出结论,不过幸运的是,这种结论几乎不会出错。中国人在年纪很小的时候就要结婚,除开对金钱的迷恋,传宗接代是中国人普遍接受的占统治地位的强烈观念。

中国人口不论在什么情况下都能迅速增长,与之相比,法国的人口状况却有所不同。其人口增长率是欧洲最低的,最近的报告显示,其居民的绝对数呈下降趋势。这个事实引起了人们对这个伟大国家未来的严重担忧。而另一方面,中国人则相反,他们并没有体现出任何比盎格鲁-撒克逊人更为明显的衰退迹象。上帝给予人类的有据可查的指令中，最早有文字记载的是教导人类"在尘世间生养众多,昌盛繁茂"。正如一位知识渊博的学者曾经评论的,这道命令"已经为人类所遵从,并且这也是唯一得到人们遵从的上帝的指令"。而比起其他任何一个国家来,这在中国更加正确。

在前文我们已经说过,中国幅员辽阔,几乎拥有各种土壤、气候和物产。无论是亚热带地区还是靠近北极圈的地区,这两个地区之间任何的地方,中国人都能很好地生存下来。我们所能察觉的差别,主要是由于各地区本身的特征和该地区承受人口的能力所造成的,而不是由于各地区人民适应环境的能力有任何内在的差异。来自广东、福建两省较小地区的中国侨民,他们会移居印度、缅甸、暹罗、东印度、太平洋群岛、西澳大利亚、墨西哥、美国、西印度、中美洲或南美洲,我们一直听说他们能够很好地适应并融入各种环境的事。

与此相反的事情我们绝少听说,我们能听到的都是他们适应得又快又好,并且比当地人更刻苦、更节俭,加之他们非常团结并很有凝聚力,以至于其他民族为了维护自身利益,纷纷喊出"中国人滚出去"这样的口号来。正是在这种情况下,中国人就整体而言不再大规模地整体移居海外了。这对于其他民族内心的安宁来说,无疑是一种巨大的幸运。如果今天这片满是欲望的人的东亚大陆,要将他们的能量投向这个行星的其他地区,那么未来将难以预料,不知我们坚信的"适者生存"的信念将变成何种结果。

由于缺乏任何一种统计资料,我们只能非常笼统地说一说中国人的长寿。所有的观察者或许都会得出这样的一个结论,中国各地都有非常多的长寿老人。老寿星们总是很受尊敬,长寿是一种极大的荣耀,被中国人列为"五福"之首。他们非常注意记录下自己出生的日期,甚至还精确到时辰,小心谨慎地记录下来,以备需要时能随时报出来。尽管他们通常所采用的计算方法并不严格,不准确,这在前面已经说过,他们喜欢增加自己的实际年龄。坟墓的墓碑上会突出显示死者的长寿。但是除了盛产石碑的附近地区以外,中国人只有很少坟墓有墓碑,因此，想从其他方面的资料入手来准确推断死者的寿命，仅仅依靠墓碑的记录实际上是不够精准的。

中国人能活到百岁以上的并不多见，但百岁以下的高寿老者到处都能找到。可见，若有充足的营养，我们认为这个数字还会有不少。事实上，占中国人口最大部分的穷人，他们极度营养不良。若是考虑到这些因素在内，那么，居然还有这么多的人活到如此长的岁数，就足以令人惊讶万分了。众所周知，本世纪以来，所有西方国家人口的平均寿命都在不断提高。这要归功于人们越来越注意保健的意识、不断提高疾病预防的能力以及不断改进医疗手段。需要看清的是，在中国却不是如此，中国人的生活条件与哥伦布发现美洲时相比似乎没有多大的变化。如果社会与医药科学能在中国发挥作用，就像过去的五十年里在英国发挥的那样，那么，中国长寿老人的数目肯定还会有非常大的增加。

住在中国的外国人都知道中国人的共同性格：几乎所有中国人都不懂得卫生规则，即使了解这些法则，他们也公然予以漠视。这一直是外国观察者想弄清的问题：对自然法则的无知和违背而导致的各种疾病为什么没能使得中国人灭绝呢？在中国，每年都有很多人死于那些原本完全可以预防的疾病。但事实上，这样的人数并不是剧烈增长的。这一事实表明，中国人有一种神奇的抗病和康复能力。中国人稍微面临一点小事刺激就要拼命，同时，又顽强地保存生命，这两者都是中国人重要的性格。

我们已是多次不无遗憾地说到，由于缺乏至关重要的统计数据，我们不得不依靠外国观察者所记录的观察结果。随着外国人所开办的诊

一群老人

所和医院不断增长，这些记录一年比一年更多，且一年比一年更有价值。

为了举例说明中国人的康复能力，哪怕只是一年度的医学报告分析和整理，都是非常有用的工作，其结果肯定既新颖又有说服力。然而，我们只能简简单单地陈述几个事实来略加说明。其中有两件为笔者亲历的，而第三个例子则取自天津一家大医院所发表的医学报告。这些事例的说服力就在于它们是这样毫无疑问的事实，并非孤立而是互相联系，但又能与我们大多数读者所观察的事实相印证。

几年前，笔者与一个中国人家庭同住一栋房子里。某日下午，我忽然听到窗下传来叫声。那窗子是用砖坯砌成，底下有个洞，洞中有一个大蜂窝。一个才十四个月大的小孩正在那里玩耍，看见窗子下的这个洞，以为是一个好玩的地方，就鲁莽地爬了进去。这个孩子剃了个小光头，头皮通红。蜂群或许是被这突如其来的侵扰激怒了，或许是把小光头误认为一朵大牡丹花，它们迅速地停在光脑袋上叮蜇，孩子被抱出来时，已被蜂群蜇了三十多下了。这个孩子哭了一会儿，就被放在炕上，不一会就睡着了。大人的手头上没有任何药品，他皮肤上的患处也没有敷任何东西。一整个晚上，这个孩子也没有吵闹。到了第二天，他头上的肿包全都消失了，没留下一点痕迹。

玩耍的孩子们

1878年，北京有一个外国人所雇用的马车夫患上了流行性斑疹伤寒。当时有许多人死于这种病。马车夫患病，到了第十三天，他的病情已经相当危重。这个病人突然变得很暴躁，一个人力气大得能抵几个人。三个负责照看他的人被弄得精疲力尽。就在那天晚上，这个病人被捆在床上，以防他逃走。可当看守者熟睡时，他却设法解开绳子，完全光着身子逃了出去。大约凌晨三点,看守者才发现人不见了,于是整栋房子都搜了个遍。他们四处寻找,连水井也找过了,生怕他投井。

最终,大家在一堵约九英尺高的院墙处发现了他的踪迹。他先是爬上一棵树,然后跃到高墙上,不知是跳下墙头还是掉下,总之他落到了墙外的地上,并马上沿着将汉人与皇宫隔开的护城河跑去。两小时后,大家找到了他,只见他把头伸进宫墙下涵洞的铁栅栏内。显然,他是头热得不行,赶快想跑到这里降下体温的。显然,他已经卡在这里很长时间了。在带他回去的路上,发现他的热病居然完全退去了,尽管腿上还有落下的一点风湿痛,但他肯定会慢慢好起来。

一个大约三十岁左右的天津人,以在中国军队的演习场去捡废炮弹壳为生。有一次,他捡到一颗废炮弹,就在他试图把它拆开来时,炮弹爆炸了,并炸废了他的左腿。他被送进医院,实施手术,膝盖以下的部分被截去。这个人本该放弃这种危险的营生,可他一旦病愈又立刻回去捡弹壳了。

大约六个月之后,类似的情况又发生了,炮弹爆炸了,他的整个左手掌被炸掉了,留下一个破烂的伤口。右臂上部被火药严重灼伤,鼻梁和上嘴唇被炸裂,右边脸颊、右眼的上眼皮,额骨的旁边和右手腕被炮弹片划伤,右小腿也被炸开很深的裂口,露出了骨头。受了重伤的这个人倒在地上,一直处于半昏迷状态,躺在地上达四个小时,听凭太阳暴晒。正好,一位大官看见了他,便命令一些苦力把他抬到医院,大官本人也护送着走了两里路。抬的人显然是非常疲惫,等到那位大官一离开,就把这个可怜的伤员扔进了一道小沟里,让他在那里等死。

尽管因流血过多而精疲力尽,那位伤员还是从沟里爬了出来,单足跳了五百码,来到一家粮店,讨到一些吃的,并找到一个大粮筐,用他那一只没受伤的手推倒粮筐,钻了进去。店主为了赶他走,只好用筐子把他抬到医院门口,让他在外面自生自灭。尽管由于失血过多几近脱虚,脉搏也极其微弱,然而他神志清楚,还能清醒地说话。以前,他吸食鸦片成瘾,到了无法戒除的地步,这对康复非常不利。然而,对于如此的重伤和感染,除入院第五、第六天有腹泻和轻微的疟疾外,这位病人完全没有其他任何严重的症状。在四个星期之后,他拄着拐杖、带着一条假腿被获准出院了。

　　如果一个民族具有像中国人这样的身体素质,能够摆脱战争、饥饿、瘟疫和鸦片的影响而生存下来,如果他们能对生理和卫生法则稍加留意,再依靠适宜的食物,保证均衡的营养,那么就完全有理由相信,这样的民族将有足够的能力来占据世界的一大片地区,甚至还会更多。

第十七章　忍耐有韧性

"忍耐"这个词,包括着三层迥乎其异的含义。首先,它表示一种能长期不抱怨、不生气、没有不满情绪的行为或者品质;其次,它表示一种平静地承担任何苦难、坦然自若的耐力或行为;最后,它还可以作为"坚韧"的同义词。显而易见的是,这里所涉及的诸种品质,和他们的生活都具有非常重要的联系。对待中国人某一种特殊性格做出考察,我们不能将它们分隔开来独立地看待,这显然是不明智的。在对忍耐有韧性做出考察时,尤其是这样。

中国人的这两种性格,与他们"神经麻木""漠视时间"的特性有密切的关系,与最能直接体现中国人忍与韧的"勤劳刻苦"更是有着不可分割的联系。以上有关章节中所说的内容本来已足以表明忍与韧是中国人特性中的主要美德之一,但由于只是附带提到,难免不连贯,而应当以更为全面的叙述加以增补。

在中国这一人口稠密的国家中,生活的水平之低,人们是名副其实的"活着"。为了活着,就必须有维持生活的必需品,因此,每个人都得竭尽全力为自己获得这些生活资料。中国人可以说完全是"把贫穷变成了一门学问"。赤贫和为活着而进行艰苦的斗争,这本身并不会使任何人勤劳刻苦。但是,如果一个人或一个民族被赋予了勤劳刻苦的天性,那么,贫穷和为活着而努力就会使这种天性得到最为高效的发展,同样,也会让中国人充分发挥"节俭"这一重要的品质,正如我们所讨论过的一样。

一群拉着碾子碾米的人

这样的条件，同时还会发展出人们忍耐与坚韧的品格。猎人和渔夫都懂得，他们的生计就取决于他们行动的隐蔽和小心，以及等待时机的耐心。只要他们是猎人与渔夫，不论他们是属于哪一种民族，"文明的""半文明的"或是"野蛮的"民族，他们总是行动隐秘，小心谨慎而富有耐心。中国人世代以来，一直在最为恶劣的条件下谋生，因此，他们能把最文明民族的积极勤劳与北美洲印第安人消极的忍耐结合在一起。

中国人心甘情愿为很少的报酬干很长时间的活，因为报酬再微薄总比没有要好。祖祖辈辈的经验告诉他们，欲使得勤劳刻苦成为更多的机会的阶梯，是一件很困难的事。而我们西方人则以为，机会是勤劳刻苦的自然结果。所谓"自然而然的"结果，也就是说，具备相应的条件后，结果随之就会出现。不用观察便可以断言，在每平方英里五百人的人口密度下生存，这样的条件并不适合于证实所谓"勤劳与节俭是幸运儿的双手"这样的格言。中国人只是满足于为了微薄的薪酬而干活，而这种满足正体现出他们忍耐的美德。

据已故的格兰特将军说，当他完成了环球旅行回来时，有人问他，他所见到的诸多事情中，最出乎意料的一件是什么。他毫不犹豫地回答说，他所看到的事情中最奇怪的事，是一个中国小商贩凭着自己强劲的竞争力挤走了一个犹太人。这一场景真的意义重大。犹太民族的品质至今已广为人熟知，他们的品质已经促成他们的巨大成就，令人惊叹，但犹太人毕竟只是人类很少的一部分。而中国人就不同了，他们在世界总人口中占有相当大的比例。那些被中国人挤走的犹太人，与其他犹太人相比，肯定没有本质上的不同。而那个成功的中国人，与其他数百万的中国人相比肯定也无本质的差别。因此，即使换上另外一个竞争者，除了竞争者的身份不同外，竞争的结果也许没什么两样。

中国人的忍耐素质是世界一流的。在前文中我们已经提到，这种坚持不懈的精神，促动着一位中国学生年复一年地埋头参加考试，直到九十岁才如愿中举，否则他死不瞑目。这种非同寻常的坚韧既不能说单纯为了报酬，而且也不可能有报酬，也无法用可以获得其他什么东西来解释，只是为了证明自己有超凡的韧性。这是中国人所具有的一种天然的禀赋，类似于鹿的敏捷奔跑能力和鹰的敏锐视力。就算是在商店门口最不起眼的一个乞丐，也可以从他身上看到类似的品性。他不受欢迎，但他一而再、再而三地出现。他的耐性不衰，他的韧性不变，非要讨到一个铜钱不可。

有这样一个故事，说的是一位阿拉伯人，他的头巾被陌生人偷走了，失者发现服装中这一重要东西丢失了，没有立即去抓小偷，反而立刻去部落的墓地，坐在入口处。别的人对他这种奇怪的行为感到纳闷，因而问他，为什么不去抓小偷，他给了一个镇定的、且极具东方特色的回答："他最终肯定会来这里的！"人们有时会联想到，这种将消极等待予以夸张的故事所反映的情况，不仅只存在于中国人的个人行为里，而且还存在于政府行为里。康熙皇帝的统治从1662年延续到了1723年①，这段时间漫长、成就辉煌的统治期，使他成为亚洲最受赞美的君王。

然而，正是在这个最伟大的中国皇帝的在位时期，一个被称为"国姓爷"的前明将领，在明朝灭亡之后做起了海盗，竟敢在广东、福建两省沿海地区进行袭击反攻，居然连政府的战船也根本对付不了他。在这种情况下，康熙皇帝想出一个权宜之计，命令沿海所有军民朝内地后退

---

① 译者注：原文有误，康熙皇帝于1722年驾崩。

三十里,约合九英里。这样一来坚壁清野,那位旧王朝的维护者就无法再进犯了。这个颇为古怪的圣旨下达后,大体上得到了执行,并居然大获成功。"国姓爷"后撤了,他的反清复明计划严重受挫,转而进攻台湾,把荷兰人赶了出去,他最后被清政府追封为"海澄公"[1]。这也意味着,他在得到招安的同时也被消灭了。每个读到这段难得史料的外国人都会赞同《中国总论》作者[2]的这个评述:即一个政府既然有足够的能力迫使如此之多的沿海军民撤离他们的城市与农村,不惜一切代价地退到内地,那么,它就应该有足够的能力装备一支舰队,去终结那些针对留下的家园进行肆意侵扰的敌人。

在我们看来,有关中国政府能忍耐的另一个例子也非常值得注意,它在旅居中国的外国人心目中至今仍记忆犹新。1873 年,中国将军左宗棠受政府之命,从巴里坤和哈密出兵,去平息叛乱[3]。这次风波刚开始只是星星之火,后来却像野火一样迅速蔓延,很快遍及了整个中国的西部,还波及到了中亚。左宗棠兵临新疆,他所要面对的困难大得几乎无法克服。当时在中国的外文报刊纷纷刊发文章,既嘲笑左宗棠的贸然用兵,也嘲笑清政府所表现出来的昏庸无能,居然通过贷款筹集资金支付大量军费。然而,在抵达叛乱地区不足一年的时间里,左宗棠前往平息暴乱的军队,就已进军到天山两侧,并给拦在他们前面的叛乱分子以沉重打击。他们每到一地,若遇粮草供应不足,大军就会转而屯田、开垦土地,自己种粮,准备他们将来需要用的粮食。正是这样,一边进军一边种地,左宗棠的"农垦大军"彻底完成了任务,这次战役被看作是"现代国家中最卓著的"战役之一。

在我们看来,中国人的坚忍不拔最引人注目的一点表现为,毫无怨言地等待和默默地忍受。据说,检验一个人真实的品性,正确的方法是研究他处于风雨交加、饥寒交迫之中的表现。如果检验结果令人满意,

---

[1] 译者注:这里是指十七世纪明末抗清名将、民族英雄郑成功。
[2] 译者注:此处《中国总论》的作者,即卫三畏。
[3] 译者注:指左宗棠平息 1867 年新疆的阿古柏叛乱。

就"温暖他,擦干他,让他吃饱,使他成为天使"。在当代文学作品中,经常流有这样一种说法:遇到一个被剥夺了晚餐的英国人,就像遇到一头失去幼崽的母熊一样危险,这种情况,不仅仅是针对大不列颠岛的居民,对所有的盎格鲁-撒克逊人都是适用的。要想说明其中的原因并不难。可见,我们这些引以自豪的文明人,自始至终还处在我们肚子的奴役中。

然而,笔者有一次曾经看到,大约一百五十个中国人去参加一次宴会,其中大多数人是从几英里外赶来的,结果到场之后却碰到了一桩倒霉事。原定于十点钟开始入席就餐,他们当中许多人为此连早饭都没有吃,但是情况发生了一些始料未及的变化,宴会并未能按时开始。后来,又来了一些人,于是先来的人只好站在一边,为后来的人充当侍者角色。后来者津津有味地吃着,那种从从容容的样子,也是中国人的一个特性,比起我们来要高明得多。先来的人没吃东西耐心地等待着,等了很久,终于快要吃上饭了。然而就在这时候,又像先前一样,出乎意料地来了好一些人,情况更令人恼火,看来又得等。

那么,这一百五十位如同遭受虐待的人会怎么样呢?如果他们是不列颠群岛的居民,甚至是其他"基督教国家"的公民,那么,我们很清楚他们会怎么做。他们肯定都会带着不满的脸色,直到下午三点钟终于可以坐下吃饭,并且还大声咒骂他所在的整个环境,说自己倒霉运了。他们还肯定会采取严厉抗议办法,要"写一封带有五个'先生们'联合签名的信给伦敦的《泰晤士报》"。但是,这一百五十位中国人却完全没有做出这样的事情,他们不仅没脾气,而且一整天都笑眯眯的,非常诚恳、彬彬有礼地服从于主人,似乎无论让他们等待多久都不介意,早吃晚吃确实都是一样的!有哪位读者可曾知道,是否有一种西方文明能经得起如此意外而又沉重的考验呢?

中国人的神经与我们的大相径庭,但这不能证明,已经表明"神经麻木的图兰人"像北美印第安人那样,都是甘愿忍受痛苦而不抱怨的斯多葛学派①的人。中国人能忍受痛苦，靠的不仅仅是毅力，还有耐心，而后者往往更难以做到。一位双目失明的中国人问外国医生，他的视力能否恢复，如果不能恢复，他就不再为治眼这件事而操心了。当医生告诉他无能为力时，这个人回答说："这样的话，我也就可以心安了。"他的这一态度并不是我们所谓的无可奈何，更不是绝望，而只是一种能使我们"忍受我们应该承受之痛苦"的品格。

我们已经意识到，焦虑是现代生活的祸根，它就像是刀刃上的锈迹，侵蚀刀刃于无形。而中国人却具有不着急的天性，这对于完全有理由着急的整个民族来说，的确是桩好事。中国人很少有几个足以引起深刻焦虑的现实缘由，地大物博的国家遭受着周期性的干旱、水灾，以及由此引起的饥荒，诸如打官司这样的社会麻烦事以及因某种不确定因素而造成的更令人担忧的灾难，困扰着成千上万的人，但结果却完全可能出乎观察者的意料之外。

挑担子的中国人

我们曾多次问一个中国人，如果他被夺走了土地和房产，妻子也离之远走，在这种情况下，他以后会怎样，他总是回答："那就再也没有太平日子可以过了！"其他的种种回答还有："那什么时候才有个头呢？""谁知道？""也许早，也许迟，但肯定麻烦不少。"生活在这样的条件下，除了无限地忍耐，还能有什么更好的法子呢？

---

① 译者注：斯多葛学派，古希腊的一个哲学派别，创始人为哲学家芝诺，主张宿命与禁欲。

中国人那超乎寻常的忍耐力,给外国人留下印象最深的也许是那种不幸的灾难接踵而来时的从容。不幸的是,所有那些灾难,发生在外国人所最熟悉的那些中国省份,很少能幸免于难的,水灾、旱灾和饥荒随之而来。1877至1878年间的那次波及多省的大饥荒①,有几百万的人遭难,这些布满恐怖景象的往事令目击者久久无法忘怀。当时,由于黄河水泛滥,突然改道,给广大的地区造成了无法估量、难以想象的灾难。几个省份最为富饶的地区都遭受到了破坏,肥沃的土壤被厚达一英尺的沙粒所掩埋,变成了一片黄沙地。数以千计的村庄消失了,死里逃生的灾民无家可归,四处流浪,陷于绝望。大批的人并非因自己的过错而突然家破人亡、陷于绝望。大批的民众突然由于天灾人祸而家破人亡,这对任何政府来说,都不是好对付的。自我保存是自然界的第一法则,因此,那些无缘无故被迫陷入饥饿的人,联合起来迫使有粮食的人拿出粮食分给饥饿的人们,难道还有比这更自然不过的事情吗?

的确,在一些大城市贫穷的受难者最为集中的地方,有按某种方式发放救济。但同样的事实是,此类的救济相当有限,持续的时间又短,并且不向灾民,即使是重灾民,提供任何药品。对于遭受大灾的那些灾民往后的生活,政府能考虑的事务非常有限。至于土地的开垦、房屋的重建以及新的生活条件的恢复,政府则一概不管。人民的全部希望只要求政府能减免赋税,还经常是得不到应允,除非是一而再、再而三地向地方官表明没有任何东西可以用来抵交赋税。

在西方国家,"面包、面包,否则就流血"的革命口号是人所共知的。但对于一个来自西方国家的外国人来说,就很难理解,为什么无家可归、饥饿绝望的难民宁可在被洪水和饥荒摧毁的地区里四处流浪,而不愿意团结一致向当地官员要求某种方式的援助。当然,有些地方官确实无力满足灾民们的要求,但他在压力之下总能为民众做一些事,而这

---

① 译者注:这里指的是清末的"丁戊奇荒",从1876年至1878年,整整三年,包括直隶在内,整个华北地区遭遇二百年未遇的旱灾,死亡人数超过一千万,震撼整个世界。

也算是开个头,以便能迫使他做更多的事。但是如果他不能"安抚"民众,他就应该下台,让其他有能力的官员取代他的位子。但是,我们曾反复恳切地询问大饥荒中的中国人,为什么不采取那样的举动呢?得到的回答总是这样子的:"不敢。"我们对这种说法花费口舌劝告,得到的回答仍然是"不敢,不敢"。

中国人之所以不敢采取这种做法,大概有两个原因:他们是一个最讲实际的民族,依靠某种本能,感觉到这样的计划是徒劳的,因此,他们几乎不可能实施那种进一步必不可少的联合。然而,我们必须相信,最主要的原因还在于中国人可以有本事无限地忍耐下去。正是因为忍耐,在中国可以看到一种最令人心痛的情景:充足的粮食近在咫尺,成千上万的人明明可以轻易地夺得粮食,但却偏偏要让自己无声无息地在饥饿中倒下。中国人对这种奇怪的事情已是习以为常,这使得他们对生命无动于衷,就像身经百战的老兵无视战争的恐怖一样。

那些遭受这些苦难的人们终身无法逃脱其阴影,注定要一辈子面对苦难,挣扎在死亡线上。灾难降临时,他们只知道承受,因为它就像是不可避免、不可战胜的一样。如果条件允许,遭灾的人宁可用独轮车推着家人到能够讨到饭的地方去,他们是会这样做的。如果一家人无法再留在一起,他们只有走散了事,尽可能地各自寻找生路,若能渡过难关,就等到灾害过后再团聚。如果近处得不到救济,灾民们便会在隆冬时节,成群结队地冒着严寒,沿路乞讨,行走几千英里,穿过好几个省。希望找到粮食收成较好、需要苦力、较能生存的某一个省份,如果洪水退去,外出乞讨的农民便返回到自己的家乡,被水淹过的泥土还非常松软,承受不了一个耕畜的重量,于是,他们只能在泥土中挖开一道道的裂口,然后在这小小的缝隙中熟练地撒下一些麦种,然后再度踏上曲折的道路,以乞讨为生,直到他们种下的庄稼获得小小的收获,能够收割时才回来。如果老天垂怜他们,他就可以在当地重新以种地为生,不再乞讨,但是他心里非常清楚,倾家荡产和挨饿从来未曾远去。

人们总是认为,灵魂不灭的一个有力证据是,人的灵魂中最优秀的力量，在现世中根本没有合适的机会得以施展。如果这个论据是确凿的，那么，中国人这种无可比拟的忍耐，肯定将用以担当更为崇高的使命，而不仅仅是使他们去忍受生活中常见的苦难和饥饿的折磨，这样的推断应该更符合天意吧？如果"适者生存"就是历史所给出的断论，那么毫无疑问，一个天生具有忍耐这种天赋的民族，同时又保有强大生命力的民族，必定会拥有一个光明的未来。

第十八章 知足常乐

我们已经看到,中国人在忍受任何痛苦方面惊人的、不可思议的能力。在大多数情况下,这种能力对我们而言或许可称为一种无法理解的心理矛盾:明明是身陷毫无希望的境地,他们也似乎没有表现出一种失望。或者更确切地说,他们似乎在做毫无胜算的抗争,并且常常是和唯一的一线希望作斗争。而据我们所观察,在中国人中间,我们并没有看到十九世纪末叶其他大多数民族都有的一种烦躁焦虑的特性。他们似乎并不期待去计划什么最终能给他们带来"一个美好时代的到来",他们甚至从不认为会有这样的时代出现。

但是,"忍耐"和"坚韧"这两个概念,根本无法涵盖中国人在这一方面的全部美德。我们还必须注意到他们往往能在逆境中保持心灵的安宁和长期的精神愉快,我们把这种持续性的好心情称之为"常乐"。我们的主要目的是呼吁人们对这种美德加以注意,当然,我们也可能会顺便提一提某些值得思考的问题,以帮助大家对这种美德的理解。

我们说中国人"知足",并不意味着每一个中国人都只是满足于已经获得的,以至于他们对改善自己的状况到了毫不感兴趣的地步。正如我们在谈论中国人的保守时已经讨论过他们的知足,在对他们的政治体制进行考察时,这点最能表现出来。他们从来也没想过要改变那种政体。这就是大多中国人的心态,对此,我们毫不怀疑。就一般的意义而言,被称为"保守"的这一概念,并非为中国人所独有,所有的民族都有这种现象,不过中国人比我们所知的民族更为典型。

显而易见，中国人的保守观念充满着整个社会，世代流传，有力地压制了人们对于命运的既定安排表示不满的行为。他们自然会感受到各种不幸，但他们却认为这是命中注定的。固守这种观点的人，是不可能努力去推翻既定秩序的。原因很简单，因为他们所承受的压力太过于沉重了。

没有一个国家像中国这样，知识界实际上更像是思想和行动的领导者。但是，中国的知识阶级却极力说服中国人去坚信这点：对于中国和中国人来说，现存的体制是最好的体制。中国最漫长的历史所提供了丰富多彩的经验，可供他们旁征博引，一堂又一堂生动、直观的教学课程来告诫中国人，对他们的体制尝试进行任何的改良都是徒劳的。他们这种顽固不化的经验慢慢积累起来，生长出顽固的保守主义。

人们还没有完全能够意识到这点，中国人是一个相信宿命论的民族。在中国古代的经典中，有大量有关"天命"的说法。百姓之间也经常说到所谓"天意"。这种表达方式与我们时常所说的"上帝无所不能"极其相似。但这两者在基本思想上还是有着根本性的区别：对我们而言，"上帝"就是意味着一个观念中完全拥有并创造万物、能给我们带来关照和预见的造物主；而对中国人而言，"天"实际上是一个非常实际的概念，却又非常模糊，不指向任何人格化的事物，而且还是完全说不清的东西。但对他们而言，无论"上天"实际指对什么，其实就是命运。对中国人来说，所谓的"好命""歹命"，其意思类似于儿童故事书中的"好神"与"坏神"。依据这些神秘的魔力，什么事情就可能做不成功，或者就能一举成功。

中国人的占卜、巫术、算命，有着一整套复杂的理论与实践，是依据各种力量的显现和在相互作用的基础上而产生的。数量惊人的中国人，正是依据这种普遍实用理论来谋生，总数超出任何一种大胆的估算。尽管在中华帝国的不同地区，这种迷信对人们日常生活的影响在实际程度上有很大的相同，但在每一个地方，它们却总是真实地存在于人们的精神世界之中。

中国人,无论是男人或是女人,都总爱说:"这就是我的命。"这种话再常见不过了。尤其是那些运气不佳的人更是这样。这样一种相信命运的信念,必然地导致人们走向失望,乃至绝望。而人们,尤其是中国人,也同时被赋予了某种获救的希望,能像病人一样等待着最后的解脱,等待着命运的再度垂青。也许,中国人并不像土耳其人那样是坚定的宿命论者。或许,中国人的所谓的"命"不同于土耳其人的"真主之意"。但是,一个民族如果像中国人那样坚信命运的存在,相信宿命是不可违抗的,那么在面对他们认为不可改变的那些事物时,就肯定不会为改变自己的命运而坚决抗争。

　　希腊人有一个令人尊敬的发现,历史就是一种以事实教人的哲学。正如我们刚刚所论及的,中国人自己的历史就一直是他们自己的老师。他们从历史中汲取了无数的教训,就形成他们这样一种保守的性格。但是,没有一个民族能仅靠着自己的历史分析来获得全面的教育,就像一个人仅仅知道他自己的事情,完全不能说他什么都懂。正是在这一点上,中国人的现有知识有着致命的缺陷。对于世界现代历史中我们熟知的"文艺复兴""宗教改革""美洲大发现""现代科学"等这样一些伟大事件,他们一概不知。这些事件使得各民族间的联系比任何之前的时代都要紧密,人权的观念也在慢慢得到发展,然而,作为一个民族的中国人却完全不受影响。

　　对于那些依然顽固地全身心生活在既往灭亡王朝时代的人们而言,人们生活条件的改善并不是一个很现实的问题。政治经济学中那些伟大法则的运用,给国家的各个部门都带来好处。可这对于那些守旧的中国人来说,是完全没有任何吸引力的。他们对政治经济学的了解,并不比我们在十字军时代的祖先更多。即便是他们能有所了解,也不会在意。

　　人们改善生活条件的首要动力是来自于知晓别的国家更优越。中国的广大民众却对外面世界中更好的生活条件知之甚少,因为他们对其他国家是一无所知。另一方面,他们当中那些对其他国家略有所知的,甚至可以知道的更多的人,却为保守所束缚。除非能够大规模组织改良变法,否则没有什么能够真正造福民众。可是在中国,那些能够推广大规模改良的人士当中,没有一个人愿意去做这类的事情。这显然无法令民众感到满意,可惜这种不满意还没有能够得以表露,就被压制了下去。这样一来,从社会的角度来看,中国人的知足是与进步相对立,会阻碍进步。

我们已经讨论过这个事实,即中国人的经验使得他们反对对现有的生活进行任何的改良。对于一位在其他国家生活过的外国人来说,为了减少中国人所遭受的诸多苦难,一个简单又绝对必要的办法是劝他们移居国外。我们会自然而然的认为,这个办法是中国人最容易采纳的,而且成功的把握性也最大。但是中国人永远不会采纳这个办法,因为这样一来,他们就要离开祖祖辈辈生活过的老屋,离开埋葬祖先的坟地。根据儒家学说,他们理应坚守故土的。总的来说,除非被逼无奈,中国人是不愿背井离乡,去异乡谋生的。中国人的生活理想是:扎根于故土,叶落而归根。

总的来说,中国人没有一个离家之后不准备回去的。他们所希望的永远是衣锦还乡,叶落而归根,最终葬入祖坟。"渴望在后代脚下的土中化为尘埃。"只要这种命中注定的渴望一直在继续,中国人是不会改变其意志的。那么,他们就永远不会采取这种能有效减缓他们痛苦程度的方式——移民。我们相信,目前,中国大众生活条件想要真正改善是几乎不可能的。他们也不会做任何的族群迁徙,除非要让他们相信那是"命之所使"。纵然有许多能引起愤懑的原因,但一种集体的无意识却一直在阻止这种愤懑的发泄。

但是,由于我们西方人并不具备中国人这种容易满足的才能,所以我们对中国人的论述因此一直还没有切入肯綮。看来是这样子的,中国人养成知足常乐的性格,就好比鱼儿长出鳍来以适应在水中游动,鸟儿长出翅膀来是为了在天空中飞翔。中国人勤劳、低调,遵守社会规则,这些都是他们所谓的"禀赋"。他们还有着无可比拟的耐性,以及无可比拟的承受痛苦的毅力,因为他们坚信那些痛苦是他们无能为力的。

中国人是常乐的,因为他们神经系统不用说,消化能力赶得上鸵鸟。由于这些以及其他林林总总我们不能说清楚的原因,中国人是不会白费力气拿脑袋撞石头墙的。他们知道那些石头墙是难以撼动的,他们对大多数自认为无能为力的事情表示遵从,也没有任何不满和怨怼。他们按照一句老话来活着:"治不了病,由它去吧。"简而言之,中国人懂得如何拥有,如何追求,更为重要的是不管拥有与否,他们更懂得知足常乐。

对于中国人的"常乐",我们必须视为一种民族特性,与他们精神上的"知足"有着密切的联系。他们所获得的幸福总是能令他们喜出望外,但是与我们不同,他们总是尽量地自得其乐,过分讲究的毛病在普通的中国人身上很少见。他们大多数是模范的宾客。不管在什么地方,无论是吃饭或是吃其他什么,他们都觉得够满意的了。甚至即使是为数众多的缺穿少吃的人,也能用一种令我们吃惊的方式,始终保持着精神上的悠然自得。

中国人的常乐,表现在对社交的热衷,这可与盎格鲁-撒克逊人喜欢忧郁孤傲地独处形成鲜明的对照。中国人的主要娱乐方式之一,似乎就是与人聊天,无论是老朋友还是陌生人,都没有什么太大的区别。毫无疑问,中国人所遭受的许多痛苦,可以通过人际交往而大为缓解。

值得一提的是,许多的中国人喜欢在他们简陋的环境中种树养花加以点缀,此举并能成为一种非常开心的爱好。有这样一句含义很难以表达清楚的说法:"我们的东西并不多,但尽可能地做到了物尽其用。"

关于我们的中国仆人,虽然我们已经公允地做出了许多批评,但平心而论,他们经常克服种种不便,任劳任怨,花上了很多时间为许多人做额外的工作,不仅没有什么怨言,而且经常意识不到有什么可以抱怨的,这的确又是难能可贵的。

一个中国的仆人,若是习惯于叫命苦,就会常常受到同伴的嘲笑,有时还会成为一个笑话和话题中人。在前面的章节中,我们已经说过中国人不知疲倦地辛勤劳作。但值得注意的是,那些纺线的人不仅能一直纺到半夜,为了节省一点油钱而在黑暗中劳作,可在他们嘴里却听不到任何诉苦的话。他们起早贪黑,并视之为理所当然。像苦力、纤夫和独轮车夫之类,他们的劳动最为辛苦,然而,他们从不抱怨这个世界分配不公平,而且他们还常常放弃休息的机会依然精神抖擞地干活,一顿粗茶淡饭也能使他们感到心满意足。那些有眼力的旅行者,经常提请人们注意中国劳工的这种非常突出的特点。

谢立山①先生在《华西三年纪实》中谈及扬子江上游所看到的情景说道:"纤夫也值得关注。除了一位乐师和一位潜水工之外,他们几乎清一色都是心灵手巧的小伙子;他们总是随时随地愿意在岸上奔忙,他们吃饭的时间从不超过一刻钟,并且从来不闹脾气。"里德先生在《长江三峡之行》中也提供了相似的证据:"我们的五名纤夫手脚并用,紧紧攥住纤绳,踏着凹凸不平的岩石,一寸一寸地拉着船逆流而上。我不能不高度赞美这些贫苦劳动者的顽强和耐力,他们拉上两个月才能挣得两美元,每天三餐只是粗糙的米饭,配上一点炒白菜。他们就是靠这些食物支撑着,每天从早到晚,使尽力气干苦活。"

推车的人

笔者认识一位受雇于外国人的车夫,他经常是推着沉重的独轮车,路程长达数月之久。在这些个旅程中,不论季节,不论天气,每一天,他

---

① 译者注:谢立山(1853—1925),英国外交官,曾任英国驻重庆、成都、台湾、天津等地的领事。著有关于中国的著作多部。

都必须很早起身，走到很晚，推着沉重的货物翻山越岭。他要赤脚渡过冰冷的河水，每到一处旅馆，还要负责为雇主准备好食宿。干了所有这些艰苦的活，也只能换来一份并不丰厚的报酬，而他却没有任何怨言。干了几年的活，他的主人后来证明说，他从来没见过这个仆人发脾气！看了这些文章陈述的每位读者，是不是都可以在对细节推敲之后得出同样真实的判断呢？

也许在生病的时候，中国人最能表现出他们乐观的天性。通常来说，他们都带有最为乐观的态度对待一切，无论别人生病还是自己生病，他们都希望人人对境况保持乐观。即使对于身体虚弱、极度的病痛，他们也常常没有放弃那种充满希望的乐观。我们知道许多中国病人的故事，他们身患严重疾病，往往又极度贫穷，也无法得到充足的营养，身在他乡，甚至还可能遭到亲戚的冷遇或抛弃，他们的未来几乎看不到一线希望。但是，他们仍然一直保持快乐、镇定的态度。而在相似的情况下，盎格鲁-撒克逊人性格中一定会表现出那种烦躁不安的情绪。

我们相信，具有这种快乐性格的中国人绝不在少数。每个在中国稍有见识的外国人，都会遇见这样的人。我们需要再一次重申的是，如果历史所告诉的"适者生存"是真实可信的，那么中国人就必将有一个非常美好的未来。

第十九章　孝道当先

要想研究中国人的性格，便不能不谈谈他们所说的孝顺。但是，中国人的孝顺可不是一个轻易能够解释清楚的话题。"孝顺"这两个字就像与我们不得不采用的许多其他概念一样，在中国人的理解和我们通常赋予它们的含义之间有很大的差异，难以用英语词语将它准确地翻译过来。在汉语中，还有不少的概念都面临着含糊的难题，其中与"孝顺"联系最紧密，也最常用的一个是"礼仪"中的"礼"字。

为了说明这一点，并为讨论中国人的"孝顺"性格提供一个背景知识，我们最好先引用卡莱尔先生的一段话（引自《中国总论》）："礼是中国人所有思想观念最集中体现；在我看来，《礼记》是中国可以贡献给世界的最确切、最完美的专著。中国人的感情，都可以靠礼来表达。中国人的职责靠礼来实现；中国人的善恶靠礼来评判；人与人之间自然的关系也依靠礼来维系——总而言之，这是一个由礼教所控制的民族，家庭生活中有道德的人就是有礼的人，在社会生活中有政治责任感的人都是有礼的人，在宗教生活中表现得虔诚的人就是有礼的人。"对这段话，每个人都会同意卫三畏博士的评价。他说："将中国人理念的'礼'翻译成为'ceremony'很不够准确，'ceremony'的意义太过贫乏，而'礼'不仅指人的外在品行，还包括支配所有规范的礼仪和礼貌的基本原则。"

确定中国人孝顺观点的最有效的方式，就是翻阅"四书"和其他古代典籍，从中找到有关的论述。尤其是《孝经》中的陈述，最容易让人确信，中国人十分重视孝顺。目前，我们只关注中国人在现实生活中付诸实践的孝顺观，看看他们是如何理解孝顺的，孝顺是如何成为中国人性格中最独一无二的特性的。必须要切记的是，中国人的孝顺是多方面体现的，在不同场合能看到不同的表现。不过，所有的条件下，或所有的观察家都能发现其实质。

1877年，在上海召开的一次传教士的会议上，晏玛太博士宣读了一篇论"祖先崇拜"的论文。在这篇精心撰写的论文中，他具体阐述了自己三十年来在中国的观察与经验。在这篇宏篇大作论文的开头，作者提出："祖先崇拜只是孝顺的一种表现形式。"接着又说，"'孝顺'这一词语的前部分很容易对人产生误导，我们应当警惕，以免误入歧途。"

"在我们了解的所有民族中，中国人是最不孝顺的，最不服从父母，他们一旦知道了自己的需要，就开始固执己见。"曾在中国生活了三十三年的著名的中国典籍翻译学家理雅各博士，则断然否定晏玛太博士的观点。他宣称，中国人给他留下的印象与晏玛太博士的观点截然相反，就像不同的温度计会测出不同的温度一样。这种相互矛盾的现象表明，人与人之间总存在着不同的观点，要想获得正确、全面的观点，就必须将这些互相冲突的观点联系起来作为一个新的整体，综合加以考虑。

中国的孩子们没有严格的纪律，他们没有得到过如何正确听从父母意见的训练。他们一般也没有我们所理解的那种正确服从的观念，这是一个不容置疑的事情，而且也为丰富的经验所验证。我们把立即服从父母当成一条人生规则，他们对此却一无所知。可是那些缺乏教养的孩子长大之后，情形就不再像我们所预料的那样了，这似乎也是一个实情。

中国人认为，"树大自然直"，这个比喻就是说，孩子长大之后，自然知道自己应该怎样做。尽管这句话可能讲的是其他意思，但它确实为孝顺行为提供了理论依据。不过，这种现象出现的原因，似乎就是由人们关于孝顺的信条、培养孝顺的方式和各地孝顺的典型共同促成的。

《孝经》中说过:"五刑之属三千,而罪莫大于不孝。"①还有一种最普通的说法:"孝为万德之首,其诚存于心,而不在行。以行而论,世无孝子。"②中国人还特别被灌输了这样的一种观念,即任何一种道德的缺陷,都可追溯到孝心的缺失。违背礼节是因为缺少孝心,不对君王忠心耿耿是因为缺少孝心,不恪尽职守是因为缺少孝心,对朋友不忠诚是因为缺少孝心,临阵胆怯是因为缺少孝心③。可见,孝道的内涵就远远超出了行为的范畴,不仅仅包括单纯的行为动机,还包含了所有的其他道德内容。

在我们普遍的理解中,孝顺实际上是出于感激。《孝经》中的"圣治"一章对此作出了强调。据孔子说,父母死,要守孝三年,因为"子生三年,然后免于父母之怀"④。因此,守孝三年似乎成了子女对父母这三年养育之恩的回报。众所周知,羊羔很能体现中国人的这种孝道,就是小羊羔吃奶时,还知道要跪着呢(羊有跪乳之恩)!孝道还要求我们善待自己的身体,否则我们就是辜负了父母的仁慈,因为它是父母赐予的。不善待它,就等于忘恩负义。孝道要求我们当父母健在时,要尽心服侍好。在父母去世后,要经常祭拜。

孝道还要求儿子要能够继承父道。孔子说:"三年无改于父之道,可谓孝矣。"⑤然而,父母明显有了错误,做子女的也可以努力劝说,以促使他们纠正。卫三畏博士引用《礼记》中的一段话,可以为证:"父母有过,下气怡然。柔声以谏,谏若不入,起敬起孝,说则复谏。不说,与其得罪于乡党州间,宁孰谏。父母怒,不说,而挞之流血,不敢疾怒,起敬起孝。"⑥令人担忧的是,在大多数的西方国家,做父母的在这些方面对

---

① 译者注:语自《孝经·五刑》。
② 译者注:语出《礼记》。
③ 译者注:语见《礼记》:"居处不应,非孝也;事君不忠,非孝也;莅官不敬,非孝也;朋友不信,非孝也;战阵无勇,非孝也。"
④ 译者注:语出《论语·阳货》。
⑤ 译者注:语出《论语·学而》。
⑥ 译者注:语出《礼记·内则》,意思是,无论父母做什么,都要顺从。

子女教谕往往起不了任何的作用。然而,在中国则很少能听到这样类似的事情。

在《论语》的第二章①,我们发现了孔子对孝的实质作出了几种不同的解释。他的解释依照不同的提问者而各相异。在不同的情况下,他的解释也各不同。第一次解释是在鲁国一位名叫孟懿子的官员请教时,他只简单地说了句:"无违。"②这个答案如同一粒种子,久久地埋在了提问者的脑中,随着时间的推移和思考的深入而慢慢萌发。不过,这个词的意思很容易理解,就是"不要违背意愿"。那位向孔子提问的官员孟懿子自然也是这样理解的。可是,孔子其实也像他的后代一样,具有"拐弯抹角的才能"。他并不亲自对孟懿子解释自己的本意,而是直到后来,他的弟子樊迟驾车送他时,才又重提这件事。樊迟听了,自然而然地问他:"夫子,您是什么意思呢?"这个提问,给予了孔子一个能进一步阐释自己本意的机会,他作出了如下解释:"生,事之以礼;死,葬之以礼,祭之以礼。"

毫无疑问,孔子之所以和樊迟进行这番对话,就是希望樊迟能将这话转述给孟懿子,这样一来,孟懿子就会正确理解"无违"的真正含义了。还有一次在对"什么是孝"这个问题作出回答时,孔子强调对父母要事之以礼,否则,只照顾他们的身体,就无异于把他们当成马、狗来看待了③。

这里引用上面那几句话,就是想表明,中国人的孝顺观主要是应该依从父母的愿望,满足他们的种种需求。这是中国的一个古老观念,孔子曾明确表示说:"今之孝者,是谓能养。"这也意味着,他感到当时与古代已大不相同了,而他所向往的是恢复更为古典的孝道。孔夫子所讲

---

① 译者注:即《论语》的《为政》篇。
② 译者注:原文如下——孟懿子问孝。子曰:"无违。"樊迟御,子告之曰:"孟孙问孝于我,我对曰无违。"樊迟曰:"何谓也?"子曰:"生,事之以礼,死,葬之以礼,祭之以礼。"
③ 译者注:原文如下:子游问孝。子曰:"今之孝者,是谓能养,至于犬马,皆能有养,不敬,何以别乎?"

出的这些话,已过去好多个世纪了。他的学说赢得了很多中国人,并已深深地渗入到中国人的骨髓中。如果今天孔子仍然活着的话,我们更有足够的理由去深信,他比以往任何一个时代都更坚定地说:"今之孝者,是谓能养!"

人们已经注意到,我们现在已经了解了中国人是如何看待孝顺与其他社会职责间的关系,可我们还不清楚中国人在现实中如何理解孝顺。随便挑十个未受过教育的中国人来问,怎样才算是"孝顺"？可能会有九个人回答:"不让父母生气。"父母生气是因为子女没有好好地服侍。说得简单些,还是应该"无违",这是孔子的话,尽管他这样说时,包含着"特殊的意义"。

如果我们中的某一位读者想知道这一理论所导致的有关实例,那么,就请看一看《二十四孝》①的故事。它所讲述的故事收录在一本小书中,在中国可谓家喻户晓,广为流传。其中一个故事是这样的:东汉的一位少年,六岁时随父亲去拜访一位朋友。人家拿出橘子来招待他。他发现那人家的橘子特别好吃,于是,这个早熟的小朋友就像一般的中国人一样,偷偷地塞了两个橘子在袖筒里。但在他告辞鞠躬时,橘子却从袖口掉了下来,这使得这个男孩陷入到十分尴尬的境地。可是,这位少年非常镇静,面不改色。他马上跪在主人面前,说了两句令其名声流传千古的话:"吾母性之所爱,欲归以遗母。"这个孩子的父亲是当时的一位高官,在一个西方批评家看来,这孩子不可能没其他机会为他的母亲弄到橘子。但在中国人的眼里,他却成了一个尽孝的典范,因为小小年纪就能够为母亲着想,不过,或许是因为他反应敏捷,能很快就想出借口吧②。

晋代也有一位八岁的少年,因为父母没有蚊帐,而想出了一个绝妙的权宜之计,就是每天早早地上床,整夜静静地躺着,一动不动,甚至连

---

① 译者注:《二十四孝》相传为元郭居敬所编,收录了中国历史上二十四个孝子的故事与传说。
② 译者注:这里讲的是东汉陆绩怀橘敬母的故事。

扇子也不摇一下,为的是让家里的蚊子都来叮自己,好使父母能睡个安稳觉①!与他同一个朝代的还有另一个少年,在家里,和很不喜欢他的继母一起生活。可他的继母有个爱好,就是喜欢吃鲤鱼,但在冬天又弄不到鱼。于是,这少年就想出了一个非常愚蠢的主意,不假思索地脱去衣服,躺在冰上。冰下的一对鲤鱼看到这情形,大受感动,就从冰下钻了一个窟窿,跳了上来,以供他那暴戾的继母把自己当成一顿美餐②。

摆出姿态来照相的一家四口

在中国人的行为规范中,"私妻儿"(即只管妻子和儿子)被视为一种不孝之举。在刚刚提到过的《孝经》的《圣治》一章中,这种行为的恶性曾被与赌博并列,都同样遭受人们的抵制。在刚才所提到的《二十四孝》中,有一个关于此类坚持行孝的典型事例。有一位汉朝的人,家中很穷,没有足够的粮食来同时养活老母和一个年仅三岁的儿子。他就对他的妻子说:"我们太穷,实在没有办法了,甚至连母亲都养不起。但孩子会争母亲的口粮。为什么不把孩子埋了呢?孩子埋了,咱们以后可以再生,母亲死了,就不能再有了。"③他的妻子不敢反对,于是,他就亲自动手挖了个两英尺多深的坑准备活埋掉儿子。可在坑底,他们却挖出了一坛金子。坛子上刻着一些字,表明这些金子是上天赐给这位孝子的嘉奖。但假如没有挖到金子,那孩子可能就真被活埋了。而按照一般人对孝道的理解,这人的行为并非不可理解,做法也无可厚非。"私妻儿"的感情不能阻止人们为了增加父母的寿辰而活埋儿子。

---

① 译者注:这里讲的是《二十四孝》中晋代吴猛的故事。
② 译者注:这里写的是晋代王祥卧冰求鱼的故事。
③ 译者注:这是东汉时代郭巨埋儿的典故。

中国人还相信，如果父母患上了痼疾，只要在不知情的状态下吃一块子女身上割下来的肉，就有可能治愈。这些肉做好吃下后，即使不敢肯定会治愈，但中国人认为总能表达一份孝心。北京《邸报》上时常刊登这类的事例。笔者自己也曾经认识一个年轻人，为了给他的母亲治病，就曾经从自己的腿上割下了一块肉。对那一块伤疤，他就像一个在战场负伤的老兵那样一直十分自豪地展示出来。毫无疑问，这类事情也许并不十分普遍，不过也并不罕见。

　　孟子所说的"不孝有三，无后为大"，是因为需要有人继承香火，不断地祭拜祖先。这已成了中国人生活的头等大事。同样因为这一点，每一个做儿子的都必须尽早成婚。三十六岁就做祖父的，在中国司空见惯。笔者的一位朋友，在弥留之际，还曾深深地责备自己有两件不孝的行为：一是行将撒手人寰，不能亲自为老母亲料理后事；二是没来得及安排好儿子的婚事。他的儿子当时只有十岁左右。这种关于孝顺的想法，无疑会为大部分中国人所接受。

　　没有生下一个男孩，位列中国人休妻七种理由的首位。对男孩非同寻常的渴求，这样就会导致一夫多妻制以及随之产生的各种不幸。有这样的风俗，中国人每生男孩时就兴高采烈、喜气洋洋。一旦生下了女孩，就神情沮丧、意气消沉。这种中国传统观念所导致的后果就是广泛存在着溺婴事件。这种罪行，在南方比北方要多。但同时我们要知道，在北方想获得这方面的信息是极为困难的，因为人们对此讳莫如深。中国的私生子的数目也不少。但无论在什么地方，无论男孩女孩，都不希望把他们留在世上。尽管在每一个地区能够得到直接证明各地溺杀女婴的事件的证据是非常有限的。

　　前面，我们已经提到过中国人对去世父母守孝的观念，原来要求服丧期应满三年，可在实际上往往被宽容地缩短为二十七个月。在《论语》第十七章中我们读到，孔夫子的一个门徒就坚决反对守孝三年，坚持认为一年的时间就足够了。对此，孔夫子最后回答，在父母去世后三年的守孝期间，君子是不能行乐的，但如果这位弟子坚持要把守孝期缩短为一年,在这一年内只要他行乐时能够心安理得,他就去行乐好了。但是,孔子明确地指责他为"不仁"。

如果这个儿子在政府中任职,那么他要奉行守孝比一切社会职责都重要,虽然这会消耗掉他们大量的时间。在一些极端的守孝行为中,也有一些特别的孝子会在父亲或母亲的坟前搭个草棚,在整个服丧期内整天住在那儿。不过,更为普遍的做法是仅仅在坟边过夜,而白天照常生活。

然而,也有一些做儿子的在尽了人情礼仪之后才安心,于是整个服丧期间干脆自我沉哀,完全沉浸在悲痛中,什么事也不做。笔者也认识这样一个人,他对父母极尽孝道,在父母坟前守孝守了很长的时间,这种行为最终导致心绪不宁、精神紊乱,给全家带来了一个不必要的负累。在中国人眼中,对此等行为表示出了高度的赞赏,至于其实行的后果如何,则根本不用去考虑。在他们看来,履行礼仪是绝对重要的,而其他任何事情与代价都显得无关紧要。

这样的事情并不罕见,好多人为了给父亲或母亲置办一场隆重、体面的葬礼,不惜卖掉了自己的最后一块田,甚至拆掉了房子,拿木料换钱。这种行为是一种社会性的错误——但很少有中国人明白这个观点,更没有哪个中国人能意识到这种错误。这种做法符合中国人的天性,也符合他们的礼仪,所以,他们觉得这是一件毫无疑问要去做的事情。

库伯查神父依照他自己的亲身经历,为我们提供了一个绝佳的例子来看待中国人所看重的孝道和礼仪。他刚来到中国尚不足一年的某段时间,神父生活在南方某一个地方。他雇佣了一位家在北京的教师,教师家中有一位老母亲,母子已四年未通音信,那个母亲也不知道儿子的下落。有一次,神父要派一个信差到北京去,那位教师恐怕也非常乐意抓住这一次难得的机会给他的老母捎上一封信。听说送信的人马上就要出发,这位教师就对刚在隔壁教室上完课的一个学生说:"过来,把这张纸拿过去,替我给我母亲写封信,别耽误时间,信差马上要走了。"

库伯查先生见状大为惊讶，就问那个写信的孩子是不是认识老师的母亲，结果是，那个孩子根本就不知道教师母亲这样一个人的存在。"你什么都没有告诉过他，他知道写些什么呢？"库伯查神父就问那位教师，那个老师则不以为然地说："他怎么会不知道该写些什么？他学写文章已有一年多了，已经掌握了不少文雅的套话。难道你觉得他不清楚一个儿子该怎样给母亲写信吗？"果然，那孩子很快就回来了，他已经把信写好了，而且还封了口，那位老师只是在信封上签下了自己的名字。这封信可以送给这个帝国内任何一位母亲，然而每一位母亲收到这样的信时，也都会同样满心欢喜。

由于不同的孩子受孝道伦理的影响并不相同，就导致了两种极端情况。当然，两种极端的例子在全世界各个角落里都能找到。在中国，子女杀死父母的现象很少见，犯这种罪行的人一般都是疯子，但对他的处罚与普通人没什么不同。普遍民众的生活始终在非常贫困的境地中挣扎，父母有时对子女管束得过分严厉，所以导致这种事情发生。另一方面，有大量的儿子们愿意主动代替犯了罪的父母，去接受死刑的现象发生，它深刻地印证了孩子对父母的一片孝心的真诚力量，尽管很可能那犯罪的父母的确罪该万死。

在典型的西方基督教国家里，维系家庭生活关系的纽带十分松弛并不罕见，对刚从这种社会背景里解脱出来的西方人来说，中国的孝道理论的确有些吸引力。尊敬长者的古老风俗是最有益处的，这一品质可以在盎格鲁-撒克逊民族那里得到普遍的发展。在西方国家，一个儿子长大成人后，想去哪儿就去哪儿，愿做什么就做什么。在中国人眼里，这种风俗就有点像长大了的牛犊或驴驹对母牛和母驴的所作所为，因为对于动物才适合，它们不用受"礼"的约束。如果站在中国人的立场思考一些问题，就会发现，我们在许多社会行为中还有很多需要改进的地方，我们中的大多数人就像还生活在玻璃房子中一样，必须小心谨慎一些，不能莽撞地乱扔石子。不过，另一方面，若不着重指出中国人的"孝道"中的几个致命缺陷，一切讨论都将徒劳无功。

依据中国人的孝义观念,将人的五种严重过失视为不孝,前两个我们已经讨论过了①,还有三个方面有积极意义,却并未加以讨论。在中国谈论儿女义务的书有成千上万卷,却很少能够提及父母对子女的义务。在中国,提出这类建议并不是多余的。而在世界其他各地,这样的建议是一点不可或缺的。神启的智慧,让使徒保罗以他精炼的语言道出了思想深邃的话,向歌罗西的教众宣讲了理想家庭的四大支柱:"你们做丈夫的,要爱你们的妻子,不可苦待她们。""你们做妻子的,当顺服你们的丈夫,如同顺服我们的主。""你们做女儿的,要凡事听从父母,因为这是理所当然为主所喜悦的。""你们做父亲的,不要惹儿女的气,恐怕他们失了志气。"②

在孔子道德思想中的那些世俗的智慧,怎么能与这些影响深远的准则相提并论呢?如果所有传统的教义都不为女儿们说一句话,而全都为了维护儿子的利益,在看待这方面问题时,多少世纪以来,中国人的眼睛如果没有昏花的话,怎么会没法发现,这是对人类本性的一种严重摧残呢。决定性别的偶然因素使得生为男婴,就被家里奉为至宝。同样偶然的因素,却使一个女婴成了家中可怕的累赘,就算不一定被溺死在襁褓里,也一定会终身饱受歧视。

清朝贵族家庭的结婚照

中国人的孝道认为,妻子是处于一个从属的位置上。孔子从来没有说过丈夫应该对妻子如何,或丈夫应该怎样尽到对妻子的责任。而儒教学说只是要求男人应该依

---

① 译者注:指不养老与无后。
② 译者注:语出《圣经·以弗所书》。

从父母，并同时强迫他的妻子也这样做。如果在丈夫与其父母关系和妻子与丈夫关系间产生矛盾时，那么因为夫妻关系是次要的、卑贱的，那么，后一种关系就应该让步、屈服。中国社会的整个结构都是按照传统家长制的结构构建着的，其中存在着极其严重的弊病。它压抑了人们内心某些自然本能，而又将另一些天性驯化到了极端。其结果，它使整个社会成了老年人的社会，只要长者还活着，青年一代就备受压抑，也就完全处在从属地位。这些承受钢铁般强硬的压力的人，头脑完全被禁锢了，阻碍了社会朝着有利的变革方向发展。

施行孝道的方法之一就是要不断传宗接代。中国人的这一信念导致了一系列弊端的产生，它迫使人们大量的生儿育女，无论有没有养活孩子的条件，都必须生养。这也导致了早婚与人口泛滥，使成千上万的人陷入备受贫困煎熬的境地。它也是一夫多妻制和纳妾习俗形成的主要原因，并注定永远是一个祸根。

祖先崇拜是中国人孝道信仰的集中体现，祖先崇拜才是中国人的真正宗教。如果我们能够全面理解这个民族的祖先崇拜体系，知其真味，就会明白，这种体系使得一个民族被迫套上最沉重的苦轭。正如晏玛太博士在上面的那篇已经为我们所引用过的论文中所指出的：令人备感痛苦的是，数亿中国人都受无数个死人的压抑，"当今活着的一代被无数代人束缚着生活。"对于我们已经介绍过的那种保守主义，祖先崇拜是最好的形式与保证。在十九世纪这最后二十五年间，中国发现自己已经置身于一个全新的世界中。如果保守主义不受到道德上的致命一击，中国如何能够使自己完全适应新的形势呢？如果中国人继续将已死去的人，当作真正的神灵，他们如何能够向前迈出切实的一步呢？

我们认为，中国人恪守孝道的深层原因，一半是由于恐惧，另一半由于自私，这二者是支配人类灵魂的两种最有力的因素。鬼神因为具有制造灾难的力量，故而受到崇拜。孔子有一句很富有智慧的格言："敬鬼神而远之，可谓知矣。"如果忽略了祭祀鬼神，它们就会发怒。如果鬼神发怒,他们接着就要报复。这句话就是中国人崇拜各种形式的死人的理论核心,崇拜它们就是一种为了保险的做法。如此一来,在活人之间,这样的推理也同样简单。

儿子孝顺老子,也要求自己的儿子对自己尽孝。并且,这就是养孩子的目的。在这点上,人们有一个非常普遍且通行的想法:"种树遮荫,养儿防老。"无论是父母,还是子女,都很清楚这一点。"床上无尿孩湿炕,坟前无儿烧纸忙。"每一代人都要偿还上一代人的养育债,反过来也要求下一代人能尽最大限度地偿还自己。因此,孝道的品行,就这样年复一年、代复一代地传递了下来。

对于中国人过分夸张的孝道,有人怀有一种深忧远虑的观点,认为中国人的孝道既没有把崇拜对象具体化为上帝,也没有能够让人认识到上帝的存在。祖先崇拜,是孝道最完美的,最终极的表现形式,它纯粹是与多神论、不可知论和无神论一致的。它企图使死人变成神,所有的神也不过是死人而已。中国人只对尘世的父母奉献出爱、感恩和敬畏。他们不知道天上的父,即使是知道了,也没有人感兴趣。如果祖先崇拜不被放弃,基督教就无法被中国人所接受,这两者不能共存。[1] 在这两者的生死斗争中,只有适者才能存留。

---

[1] 编者注:本篇对孝道的批叛,是作者作为传道士的一己之见,有失偏颇。其笔下所述种种,也仅代表当时社会状况的一种可能性,与今天的中国相去甚远。

第二十章 仁义为纲

"仁"向来被中国人列为"五常"之首。"仁"字在汉字中由"人"和"二"两部分组成。人们推断出这样的道理来,"仁"产生于两个人之间的相互交往。对文字结构本身的意义,我们没必要深究,因为它并不能代表中国人的实际生活。留心的观察者应该了解的是那些充满了各种事实的现实生活。不过,尽管有一些本该了解真相的人常常作出浅薄的论断,认为中国人不具备仁慈的品质,这也远非是实情。孟子提醒我们说:"恻隐之心,人皆有之。"只不过人们的表达方式各不相同罢了。儒家学说教人温良,佛教劝人慈悲,在某些方面的确是仁慈的交易,这不能不对中国人产生显著的影响。更何况,中国人有一种处处注重实际的本能,一旦他们注意到要"行善"时,肯定会找到大量体现仁义的机会,并超出其范围做出大量的"善事"来。

在各种各样的善举中,中国人引以为荣的慈善行为有设立保育堂、建立麻风病院、敬老院和兴义学等。中国没有进行过一次最有实际意义的户口统计,因此,我们可能还无法确知这类机构究竟有多少。李善修牧师曾调查过中国中部的一些地方的慈善机构情况,他在报告中说,汉口有三十家慈善机构,每年的开支大约为八千英镑。但是,冒昧地说,这些慈善机构相对而言还是太少了。因为考虑到中国巨大的人口数量,特别是这些人口在巨大的蜂房般的城市密集居住,他们对慈善机构的需求量是非常巨大的。

一遇上中国发洪水或发生饥荒时,无处不在的施粥棚成为到处可见的风景,也为缺少衣服穿的穷人捐赠衣物。这些事也不全由政府来承担,民众自己也以值得赞扬的方式互相帮助,共渡难关,有见识地捐出巨大钱财的事情并不罕见。灾荒年头,逃荒的灾民潮水般的涌进整个国家的城市里,他们被允许在车棚里、空房子里住下来。可这都是不得已而为之,因为假如这些成群结队的灾民涌进来,在各个地方都遭到拒绝,他们就会采取行动实行报复。在这样一种情况下,让步是最明智的做法。

另外,我们没有把各省在外地设立的同乡会考虑在内,它们也属于慈善机构。这些社会团体主要帮助那些背井离乡的人,穷困潦倒到没有帮助就不能回家的人,或者客死他乡的人、遗体无法运回家乡的人。这是一种保险性质的日常性事务机构,或许中国人自己也这样认为。

在一些专门劝人行"善"的书中有这样的记载,即每一个人都要对自己做过的恶事负责,引以为耻,并要宣扬自己做过的善事,并引以为荣。善恶的结果之间的平衡,会在阎王殿判官的生死簿上显示出一个寿数的结果来,并决定着他们的来世。这种简单的报应观念,清楚地反映了中国人那种注重实际的性格,就像我们已经讨论过的,体现了他们这样一个执着的、难以压制的信念,认为来世(如果有的话)不过是现世的伸展与延续。大部分中国人乐于行善的目的,都是带有期望获得回报的动机。

有时,公开宣布一桩善行背后利己的动机,会带来意想不到的后果。1889 年 4 月,杭州的地方官吏想帮助因黄河泛滥而受灾的难民,试图通过对城中茶馆卖出的每杯茶水抽税来筹集资金。对于这座古都的民众来说,这一做法的态度就像 1773 年波士顿市民对茶税的态度一样[1]。为此官吏贴出告示,竭尽全力劝谕民众:"倘若慷慨解囊,必得善报。"他们想以此来赢得民众的支持。可是,民众却一致抵制,他们与茶

---

[1] 译者注:这里指 1773 年,英国殖民当局为与法国战争筹款,在北美波士顿抽茶税,直接导致了波士顿倾茶事件,成为美国独立战争导火索之一。

馆联合起来,不去茶馆喝茶,也就无税可抽,终于使这一计划彻底破产。满城居民如此团结一致,共同抵制这种逼迫人们进行的"善报",对我们来说,这样的事情不是我们每天都能看到的!

那些个能不断积累好处的善举包括有:为死去的穷人提供免费的棺材;把暴露野外的人骨头收集起来,以适当的方式重新埋葬;烧掉捡到的字纸,以免它们遭亵渎;买来活鱼、活鸟,然后放生;还有些地方,为需要者赠送神秘的膏药,免费种痘,低价出售各种"美德书",甚至免费赠送,这些都成了中国人行善的主要内容。可正如我们所观察到的一样,对于一个男人或者一个女人面临的困难做出具体帮助,被放在其次,这样真正对人怀有善良意愿的行为就退居其次了。这些善行也因此几乎如出一辙,千篇一律,做的人也不会惹上麻烦,也犯不着动脑筋,考虑诸多细节。和发现别人的实际困难、并及时给予有效的帮助相比,站在岸边,看渔人撒网、捡鱼,然后把他捞上的鱼全部买下,再放回到水里,当然比帮助站在家门口的乞丐容易多了。

况且,对于注重实际的中国人来说,这里还存在着一个非常重要的差别,那就是鱼一到水里,鸟一飞出笼子,它们就靠自己生存,自谋生路。他们的善行已经做完了。鸟儿或鱼儿们不能指望放回它们的人会继续照看它们并为它们提供更好的生活条件。对那个行善的人来说,他们只是在积德,让善举记录在案,至于鱼或鸟以后的命运,他们可管不了。他可以去忙自己的事情了,知道并不会出现什么影响他的后果。

然而,在中国,"善门难开",想要关上门,则更难。没有谁能预料到愿望良好的行为在将来会有什么样的结果,也没人知道因此而招来承担更多责任的危险。最为明智的做法就是对自己的行为时刻谨慎。一个生活在中国内地的传教士曾应当地一些绅士的请求,帮助一个完全失明的贫穷乞童,为他治眼,其实,不过是小小的白内障而已。后来,乞丐的眼痊愈了,他重获光明。然而,那些绅士知道之后,却说传教士使得那个瞎子丧失了失明乞讨这一唯一的活路,因为,他现在不能再有任何理由讨饭了。因此,传教士应该养活他,雇他当看门人!

有时，一个活动范围很有限的慈善老太太，不时地款待其他的一些本应该幸福的老太婆。她们看起来似乎应该得到周济。但是，不久，这些人就赖上那个慈善的老太太，她却成为了这些人残酷榨取的牺牲品。我们曾听说过这类事情，虽然只有一例，可这样的事情也不像人们想象的那么罕见。但是，打了这么多的折扣后，我们不能不承认，依靠发自内心的仁慈来行善举的中国人并不常见。

每当重大的自然灾害发生，比如说瘟疫、饥荒爆发或黄河大决口时，地方政府或中央政府迟早总会派人到灾区，试图帮助灾民。这种周期性爆发的灾害，使得人们意识到，应该采取一些长期性的、大范围的预防措施。不过，他们从不采取长久性的、大规模的防范措施，仅仅是采取一些权宜之计，似乎所有的这种事以前从来没有发生过，以后也不会再发生了。而且，对于灾民的帮助也经常在他们最需要帮助的关键时刻，偏偏中止了。比如说，人们经过长期痛苦的煎熬，好不容易挺到了早春，在这个时候，灾民们已经非常虚弱，最容易感染各种疾病。可是这时，政府只给一点儿救济金，就把他们打发了，要他们赶快回家，自己去尽最大努力恢复正常的生活状态。理由不用说，谁都知道：一是政府的救济款已经全部用完了；二是田里还需要人干活，以便将来农民有粮食可吃。麦收前，只要他们有吃的，就足够了。政府也很清楚，如果不给一点救济，天气转暖，瘟疫就可能爆发，对于官员来说，个人零星小灾难总比大规模人群死亡损失要小一些。

在同样这一种精神指导下，轰轰烈烈的"腊八舍粥"也如此。这种行为可以被视为一种典型中国式的慈善活动，它也只注重活动的表面形式。每年中国农历腊月初八这一天，都有这样的一种习俗，每一个平时有善心却没机会行善的人，都在这一天准备好要慷慨施舍那种最廉价、最稀薄的粥。按照风俗，他们一整天会向所有来讨粥的人施舍，从日出到日落持续十二个小时。这就是所谓的"行善"，也被人们视为一种积德之举。如果某一年碰巧丰收，生活在乡村里的人可能就没有人来讨粥了，因为即使穷光蛋在家里也能煮出类似甚至更好的饭食。即便如此，仍不足以使施粥者停止舍粥，或促进他们换上更好的食物。相反，施粥的人依然展示着他们的善意，其兴致如果不是说更大的话，至少还和往年一样。一天过去了，尽管已经预备了一大缸的稀粥，没有一个人来讨上哪怕一碗粥，它们最终被倒进了一口喂猪的破缸中。而行善的富人们也心满意足地回屋睡觉去了，尽管没有一个穷人来这里享受盛宴，但今年的义务他已尽了，良心也得到了满足，他是个仁慈的人。但假如情形相反，遇上了一个歉收的年头，米价暴涨，他们就没心思行善积德了，因为他们"负担不起"。

在前面的文章中，我们提到过对乞丐的施舍。在中国，这样成群的乞丐随处可见。他们所得到的施舍有点保险的性质。在城里，众所周知，乞丐常常组成强大的帮派，他们的势力远比与自己争斗的任何帮派都更强大。因为乞丐从来不怕失去什么，也就无所畏惧，这可是无与伦比的优势。一个小店主可能拒绝了一个难缠的乞丐的长时间乞讨，即便这个乞丐他会像日内瓦仲裁者那样锲而不舍。但是，这个店主就会因此遇到成群的乞丐前来骚扰的麻烦。他们都赖着不走，这样的状况，即使是一个个精神麻木的中国人也会感到是个沉重的负担。那些乞丐们不断索要，且要等到自己不断升级价码的要求完全满足之后，才让店主继续做生意。店主和乞丐对拒绝的结果都很清楚，因此，这类性质的善行就像涓涓细流，绵延不绝。

同样的原则经过置换后，也同样适用于人们对待川流不息的难民的救济办法，为数很少，但一定要有。通过这些事例，你将认识到这样一种看法，即这样行善不仅仅是使难民受惠，更重要的是行善者以为自己因此可以获得福报。中国人施惠的每一个对象，就像骰子游戏中的"四点"一样，每一个行善者的一切行为目的，只是使自己在现在或未来生活中能"更进一步"。

在谈及中国人这种扭曲的慈善行为的缺点时，应该再加上重要的一点，即无论何种事情，多么紧急，多么有益，几乎都不能逃脱日益萎缩衰退的中国政体中税捐体制的层层压榨。这个体制的压榨和政府的其他组成部分一样，也有着严密的组织结构。想弄清楚任何一个常设的中国慈善机构，把赈济款据为己有的全部细节，简直比登天还难。不过，在一场特大灾难爆发的特殊时期，我们可以充分肯定，即使民众的深重苦难，也不能阻止无耻的官吏侵吞那些由他们手中发放的赈济款。这些丑闻发生的时候，人们的注意力都集中在民众的苦难及赈济款上，因此不难推测，如果外界既不知道款子的筹集情况，也不知道其使用情况，结果就可想而知了。

当中国人开始更多地了解西方文明的时候，他们所接触的，只是西方人强迫他们所接受的西方文明中最坏的那一部分。

我们还应该提醒中国人去注意一个令人深思的细节：汉语中大部分表示情感的字旁边都带着一个"心"，作为偏旁部首。可是表示"仁"的汉字与其他和感情有关的汉字不同，它没有以"心"字作偏旁。这说明，它所代表的美德通常是缺少诚意的。其导致的结果，我们已经知道了。做慈善活动应是一种本能，无论是否能知晓有无明确的需要，都要找机会去做慈善与公益，这样的心理，在中国人当中是完全缺乏的。

第二十一章 同情匮乏

在前文中，我们已经提及了中国人生活的一个方面，所谓居于五常之首的"仁"。仁义是一种善良的祝愿，同情则是建立在相互了解的基础上。在姑且认为中国人的确做了一定数量的善举的基础上，我们下面所要阐明的是中国人明显缺乏同情心。

我们必须要时刻牢记，中国人口是非常稠密的。在这个国家的各地，几乎每隔一段时间都要发大水或闹饥荒。在很多其他国家的事实都表明，这些社会灾祸是控制人口增长的重要因素。但在中国，这点似乎不怎么灵验。中国人传宗接代的愿望压倒了一切天灾人祸。即使是最穷的人家，也要在他们孩子很小时就让他们结婚。随后，这些孩子又生出一大堆孩子，带来一个又一个的大家庭，就好像他们能够养活这些家庭一样。这些原因以及其他一些原因所导致的结果是中国人中很大一部分人口的生活只能是干活，吃饭，吃饭，干活。全部人生几乎就像一个干一天活拿一天钱的底层打工者的普遍状况，这种状况似乎是难以避免的。

一个随时随地和中国人打交道的外国人用不了相处多久就会意识到，几乎很少的几个中国人囊中不羞涩。如果他不能及时意识到这一点，就不可能长期与中国人相处。无论干完什么活，第一件事，他们就是要钱，因为他们一无所有。只有拿到了钱，做事的人才有饭吃。即使是一个小康人家，在急需用一笔不大不小的钱的时候，也很难筹集到起码的数目。一个人需要筹一笔钱去办事，比如办丧事、打官司等等，在这种情况下，他会说上一句意味深长的俗话来形容被迫借钱的窘状："闹粮荒。"这就是说好像一个饥饿得要死的人，不顾一切地寻求帮助。除了那些少数境况较好的人家外，谁都不可以指望能在孤立无援的情况下，能独自办成这些事情。

在中华帝国，最突出的现实就是成千上万人生活在令人绝望的贫穷之中。即使最粗心的观察家也不难发现这样的事实，因为贫穷，人与人之间明显变得冷漠。在生活贫乏的巨大压力下，人们生活全然降低到了纯粹物质的基础上。人们已形成一些固定的旧习，即使是直接的生活需求不再紧迫时，他们依然如此。在这样的社会基础上，中国的生活就像一个椭圆，只存在着金钱和粮食这两个圆心，只有它们是焦点，人们整个的社会生活都围绕着这两个点而旋转。

中华帝国的广大民众的极度贫困、他们为基本生活必需而进行的长期艰苦的抗争，使他们在各种难以想象的条件下，承受令人难以想象、高度同情的苦难，都是举世皆知的。一个中国人，他的慈善行为无论是出于何种动机，在现实面前也是无能为力的，也都只不过是想从令人绝望的痛苦中稍稍解脱出来，哪怕是千分之一那么一点点。这些苦难一直沉重地压迫着他们，要是遇到灾荒年头，还要成倍的增长。

任何一个有头脑的中国人都应该意识到，他们那些缓和痛苦的办法是彻底行不通的。无论是靠个人的慈悲，还是靠政府的干预，即使做得再好，也只能改善表面的症状，对于根除疾病完全无效。这就像慈善机构发小冰块给那些伤寒病人一样——每一个病人都能分发到几盎司的冰块，却没有医院，没有饮食，没有药物，没有护理。因此，一点也不奇怪，中国人没有能在实际中表达更多的善心，而令人惊讶的是，在全然缺乏制度、统筹和管控的情况下，慈善行为还能一直保持下去，已经很了不起了。

我们都知道，即使一个再有教养的人，长期面对着既无法阻止又无力帮助解决的灾难，会产生什么样的心理结果。我们对这一状况并不陌生，现代的战争能为我们提供这方面的明证。第一次看见献血，很多人会导致上腹部精神紧张,产生难以消除的印象,但这种感觉很快就会消失了,人们也将变得相对麻木起来。即使流血的是当事人自己,他对血的恐惧一生只有一次,他也将会为自己的麻木而惊讶。在中国,一场社会战争是永不停息的,人们对这场战争可能造成的负面影响的结果也早已习以为常,只会给它很短暂的关注。

中国人缺乏同情的典型证明之一就是他们对各种残疾人的态度;中国人普遍认为,跛子、瞎子(尤其是瞎了一只眼睛的人)、聋子、秃子、斜视,所有的这些残障者都应该避而远之。人们似乎都相信这点,如果一个人生理上有缺陷,那么他的道德上也一定有缺陷。据我们观察,人们一般不会对这些人表现出冷酷无情,但他们总是很少能够得到同情。而在西方国家里,这些人是能够得到普遍的、自然而然的同情的。在中国,大家心中普遍暗自相信,这些人肯定暗中犯了罪,因此才遭到这样的报应。这种观点,倒是与古代犹太人的看法不谋而合。

那些不幸残疾的人,无论是生来就有残疾还是后天引起残疾的,总是会不断被人提起他们的缺陷,他们只得忍受并习以为常。经常被采用的、最温和的方式,就是描述他的缺陷,以引起众人的注意,药铺的伙计可能会对一个病人这样说:"麻子老兄,你是哪个村来的?"常常也能看到这样的情景,一个斜眼人会听到人们大声说"眼斜心歪"这样草率的判断。或者,是一个没有头发的人,他会听到人们不断说:"十个秃子有九个诈,最后一个是哑巴。"像白癜风这样的疾患,也会成为人们在无聊时的谈资和笑料。这种玩笑且永远开不够。这些不幸的男男女女终身都必须逆来顺受。想要快乐地生活,只有当他们听到长年不断、没完没了的嘲弄而不再发怒的时候,才能够做到。

对待那些精神有缺陷的人,中国人的态度也同样坦率得过分。一个旁观者会轻易而草率地说:"这孩子是个傻瓜!"可实际上,那个孩子也许一点也不傻。但是,一个人不断地重复说他不长脑子,就很容易摧残他未发育完全的智力。以这种方式去对待精神病患者或其他病人,是一种很普遍的状态。或许,恰恰正是这种方式导致了许多人产生了精神病症，并使之更加地严重。病人与其他人的不同之处，他们所有的毛病、生活的细节、致命的原因成了无一不可公开的谈资，甚至都可以当着病人的面一一谈论。而病人自己所能做的，只是完全习惯于被人们称为"疯子""蠢货""笨蛋"等等。

在一个把生男孩看得至关重要的民族中，生不出男孩子而遭到谴责与辱骂，这个情况一点儿也不奇怪。就像传说中的古代，先知撒母耳①的母亲，"她的对头，为了激怒她，仇敌触动了她的痛处。"如果一个母亲出于某种原因，或者根本没有任何原因，悄悄地闷死了她的一个孩子，人们对此并不大惊小怪，因为那一定是个女孩。

中国人缺乏同情的最为典型例证之一，就是新娘在婚礼中所受到的对待。新娘一般都非常年轻，她们也很害羞胆怯，突然置身于那么多陌生人当中，难免感到恐惧。尽管各地风俗差异很大，但有一点都是共通的，就是都任凭众人盯着这些可怜的孩子，没有人能关心她们此时此刻的感受。在有的地方，允许人们随意拉开轿帘，盯着新娘看。还有的地方，尚未出嫁的少女们会将新娘当成取乐的对象。她们站在新娘必经的道旁，占据着有利的位置，大把大把地向她头上撒草籽或谷糠，以此取乐。那些碎屑会久久地黏在新娘的头发上。她们的头发都是费了好长时间梳理，抹了厚厚的油的。当新娘下了轿子，走进公公婆婆家门时，就立刻成了人们品评的对象，仿佛一匹刚买来的马一样。此时此刻，新娘的

汉族平民的结婚照

---

① 译者注：撒母耳，《圣经》中希伯来的士师与先知。撒母耳的父亲有两个妻子，其中一个嘲笑另一个不生孩子。结果，后一个生下了撒母耳。

内心感受当然是不难想象的。

中国人一方面号称十分注重一丝不苟的礼节,可与此同时,他们却很少能意识到自己言行有时非常令人不快,原本是完全可以避免的。我的一位中国朋友就说过一些失礼的话,可他一点儿都没觉察到。他描述他第一次见到外国人时,说他感到最惊奇的是他们脸上长满了胡子,就像猴子一样,然后他还再三保证说:"我现在已经看得很习惯了。"很多老师在教室和其他人谈论起学生来,都会毫无顾忌地当着学生的面评价学生:"靠门的那个最聪明,二十岁时一定会中举,而邻桌的那两个,的确是我所见过的学生中最为愚蠢的。"而这种评价会对学生有何种影响,从来没人想过。

中国人缺乏同情,还表现在他们的大家庭生活方面。尽管每家每户的情况有所不同,从自然状态下来考察,我们仍然可以轻而易举地发现,他们的家庭生活并不幸福。他们也不可能过得非常幸福,因为家庭成员彼此缺少感情上的交流,而这一点在我们的现实生活中对一个家庭的团结和谐恰恰非常重要。中国人的家庭只是个人组成的团体而已,就像一个协会,他们持久稳定地而不可分割地结合在一起,有共同的利益,也有不同的利益。这种家庭在我们看来根本不是家庭,他们兴趣各不相同,彼此也相差很大,家庭成员彼此之间没有同情心。

在中国,女儿从出生到长大,都多多少少不受欢迎。她们一生的遭遇中,有大量有意义的事例,可以证明中国人缺乏同情之心。

在中国,母亲和女儿共同住在封闭狭窄的小院子里,难免会发生争吵。由于平时很少受到约束,她们便往往会自由自在地互相辱骂。不过,中国俗话说得好:"再骂总是亲闺女。"对于想了解中国家庭特定情况下的具体表现形式,这句话确实很有意味。这是一种通行的根深蒂固的观念,女儿一旦结婚,除血缘关系,就与娘家没多少关系了,将她的名字从家谱中抹去。她不再是我们家的女儿了,而是别人的媳妇了。人的天性,又促使女儿隔三差五回娘家走亲戚,这也是一种地方风俗。

某些地方,女儿经常回娘家,而且住的时间很长。而另外一些地方,女儿则应尽量少回娘家,如果娘家人全死了,她就几乎再也不回去了。但不管这些地方的风俗,有多少细微的差异,人们总是普遍认为,媳妇是婆家人,是婆家的一部分。女儿回娘家,严格说来,基本都是出于一种做活的考虑。她们常常带上婆家的一大堆针线活,而娘家的人必须帮她做完,每次还要尽量带上自己的孩子,这样,既可以避免自己不在时没人照看,最重要的是孩子能在姥姥家吃喝花销。对于女儿较多的家庭,频繁的造访会令全家人感到很可怕,简直是一种严重的盘剥。因此,父亲与兄弟常常阻挡女儿回来,母亲却暗中支持。但根据当地风俗,如正月里的某些日子,尤其还有节日,女儿回娘家是不能限制的。

　　女儿回婆家时,就像谚语中所讲的贼,从未空手而归。她应给婆婆带回一些礼物,一般是些吃的。假如忽略了这一点,或者没能办到,婆婆就会演戏似的发一通脾气,女儿嫁到穷人家里,或者后来家道衰落了,假如她有一些结了婚的兄弟,她将会发现,回娘家就仿佛医生说的,是一种"禁忌"。娘家的媳妇和已出嫁的女儿之间就会爆发战争,就像腓力士和以色列人一样,都把家看成自己的领地,把对方看成入侵者。如果媳妇在家里足够强大,她们就会像腓力士人那样,对不能统统消失或者立刻驱逐出境的敌人课以重税。

　　媳妇在整个家庭中的地位,严格地说,更像是一个奴仆。如果要找一个仆人的话,当然要找健壮的,发育良好的,而且还要懂得烹调、缝纫等生活技艺。不论当地人如何谋生,勤劳能干的媳妇总比没有力气和办事能力的孩子要强得多。因此,我们就明白了,为什么一个十岁左右瘦弱的男孩会要一个健壮丰满,二十岁的姑娘做媳妇了。婚后很长一段时间,姑娘还要尽心尽力照看自己的小丈夫。

　　将中国媳妇所遭受的苦难写下来,一段简单的文字是远远不够的,起码要写成整整一章。所有的中国女孩一般都很早要嫁人的,她们一生中相当漫长的一段时间是得受婆婆的绝对控制的。说到这些,人们大概可以模模糊糊地想象出媳妇在备受虐待的家庭中遭受了多么令人难以忍受的痛苦。出了嫁的女儿遭受虐待时，做父母的，只能对她的婆家表示抗议，或在女儿受虐自杀后，索取高昂的送葬费。除此之外，他们完全保护不了自己的女儿。如果丈夫严重地打伤甚至杀死了妻子，只要能证明她对自己的公婆"不孝"，就可以逍遥法外了。我们有必要重复一遍，年纪轻轻的媳妇自杀，在中国是一种极为常见的现象。有些地方，各村都会接二连三发生这类事。一位母亲曾责备已出嫁的女儿自杀未遂："你有机会，怎么会死不成？"还有什么话能比这句话更令人心酸呢！

一个家庭中女子的集体照

几年前的北京《邸报》上，发表过河南巡抚偶然披露的一份奏折，其中顺便提到，不仅父母杀死孩子不需要负法律责任，而且做婆婆的杀死媳妇，犯罪凶手只需交一笔高额的罚金就行了。在这位巡抚所披露的案子里，有一位妇女用点燃的香烧她的童养媳，又用烧红的火钳烙她的双颊，最后又用滚烫的开水把她活活给烫死了。这位巡抚的奏折里还提到了其他类似的例子，但其可靠性是毋容置疑的。这类极端野蛮的行径大概并不常见，不过，残酷的虐待导致自杀或企图自杀的现象却是常见的，仅仅能引起极小的波澜。与笔者相熟识的不少家庭都发生过这样的事情。

中国有许多妇女嫁给人做妾，她们的命运更是无比心酸。她们所生活的那些个纳妾的家庭（总数并不多），极少是幸福的，总是不断发生争吵和公开的打斗。一位在中国住了很久的外国人记述了这样一件事："我所居住的那个城市的长官，不仅十分富有，而且还是个大学者，举人，也很有才干，通晓经典中的各种教义；但是，为了满足自己罪恶的欲念，他任意欺骗、诅咒、搜刮和体罚百姓。他的一个小妾逃跑了，被抓到后带了回来，又被剥光了衣服，倒吊在梁上，严刑拷打。"

在中国，穷人是没有资格生病的。家中的女人、孩子病了，男人根本不把它当做一回事，往往任其发展，到最后常常都是病入膏肓，因为男人没时间照料他们，有时是因为"付不起医药费"。

我们前面讨论孝道观念时，年幼者的价值只是根据他的未来，而不是现在决定，所以年轻人受较少的关注。因此，在中国，西方的许多国家的做法常常是被反其道而行之。三个旅行者当中，谁都知道，最为年轻的那一个要在任何困难当中挺身而出。最年轻的仆人也最辛苦，一律要做其他仆人不做的苦活。

无数百姓的生活都穷困难熬，出现这样的情况也不足为奇：孩子们经常会因难以忍受家中苛刻的压制而离家出走。在外头，下决心逃走的孩子一般都能发现生存的希望，可以与别人合伙谋生。他们出逃的原因多种多样，但据观察，最普遍的还是因为在家中无法忍受他人的虐待。我知道一个男孩，最近斑疹伤寒初愈，很想吃东西——这种病人一般都是这样，病好后胃口奇佳。他也不例外，他觉得家里的粗糙的黑窝窝头实在难以下咽，就跑到街上，非常奢侈地买了大约二十美分的点心吃了，但因此受到父亲的严厉责骂，于是一气之下，跑到东北去了（整个东北三省都是逃跑男孩的福地），从此，杳无消息。

乔治·D. 普林蒂斯[①]说，男人是支配者，女人只不过是"附属物"。这句话赤裸裸地展示了一个妻子在中国家庭中的地位。对于娘家来说，婚姻对女方家庭就是免除了抚养她的负担。而对男方家庭来说，娶

---

① 译者注：乔治·D. 普林蒂斯(1802—1870)，美国诗人。

妻则只是为了传宗接代。如果不去深究潜在的动机，人们对此都是闭口不谈。但是在中国，对此没有谁心里不清楚。

对于那些较为贫穷的普通人家来说，婚姻的这一目的表现得更为突出。对于一个寡妇再嫁，人们普遍的看法就是："现在她不会饿死了。"有这样一句流传很广的俗话说："再嫁再娶，为了吃饱；没吃没喝，散伙拉倒。"遇到灾荒年头救济饥民时，经常会看到丈夫抛弃妻儿，任其沦为乞丐，或者饿死。还有这样的例子，很多家庭把儿媳妇赶回娘家，交给娘家人去赡养，或者无人接收，最终饿死。他们说："她是你们家的女儿，你们自己养活吧。"还有另外的一种情况，发给哺育婴儿和妇女的特殊的赈济粮会被男人们抢去吃掉，尽管这种事可能并不多，可总在发生。

仅仅通过大灾荒年头的现象去评价一个民族，显然有失公允。然而，重要的是，这里有一种非常重要的感觉，就是特殊的岁月常常是检验社会基本原则的试金石。甚至与和平时期相比，可能会更准确，更确实。在中国，卖妻卖儿并不只发生在灾荒年头，但是灾荒之年更普遍罢了，使得这种买卖人口的行为变得无足轻重。了解真情的人都知道，早几年，很多灾区买卖妇女儿童就像买卖骡子一样被公开，仅有的实质性区别就是前者不用被牵到集市上去。

1878年的那场大灾荒几乎席卷了整个华北三个省份，然后迅速向南蔓延。在大灾荒期间，大路上的车辆络绎不绝，车上所装的皆是用以买卖的妇女，并十分普遍。大量的妇女被运往内地。有的地方，因为人贩子千方百计转运刚买到的妇女，致使运输都出现了困难，甚至连一辆马车都雇不到。他们要把年轻的妇女从灾区或人口过剩的地方运往因造反而人口减少或多年娶妻困难的地区。这种奇特景象中最令人感到悲哀的是，这一奇怪的交易对买卖双方可能都是最好的出路。尽管卖方妻离子散，天各一方，但买者与卖者毕竟都能活下去。

我们说过，在一个家庭里，中国人之所以对病人熟视无睹，是因为他们"只不过是女人和孩子"。在西方被当成可怕的灾祸疾病天花，中国人对它一点儿也不重视。因为它是如此频繁地侵袭中国，很多人染病，中国人便抱定几乎无人能逃的想法。但是，这种病依然没有引起足够重视的原因，也只因为害天花的主要是孩子！因害这种病而双目失明的人随处可见。把身体发肤看得很重要的中国人却以一种令西方人难以想象方式，忽视婴儿的生命价值。他们强烈反对毁坏人的尸体，但对夭折的婴儿经常的不加掩埋。婴儿死了之后，人们最常说的一句话是"扔掉拉倒吧"！或者，只用芦席松松地卷了，抛到荒野里，不久就被野狗吃掉了。有的地方，还流行着一种恐怖的习俗，就是把婴儿的尸体胡乱塞进乱坟冈的死人堆里，为的是防止他身上的"讨债鬼"回家骚扰。

我们感到天花可怕，中国人却不在乎，他们无法理解我们的恐怖。但是，他们对斑疹伤寒与伤寒的恐惧，却如同我们见了猩红热一般。如果一个人离家在外，得了上述其中任一种病，都难以得到妥善的护理，甚至一点护理都没有。对于向其他人请求一切的帮助，得到的回答肯定是："这病是会传染人的。"

许多热病的确有些传染，可在云南的一些山沟里发现的一种疾病，可能是最令人害怕的灾难。贝德禄先生如是描述这种病状："患者不久就变得虚弱不堪，接着一连几小时，浑身每一个地方都疼痛难忍。随后神志不清，胡言乱语，患了这种病的十个患者中，有九个人会性命不保。"他还转述了当地人的说法："病人房间的各个角落都被鬼占据了，它们在桌子和床里面四处移动，发出声音，清楚地回答人们的提问，让那些不信鬼存在的人也听到。不管怎样，很少有人愿意走进病人的房间。当代的传教士向我证实，大多数情况下，由于害怕传染，人们像对待麻风病人一样将病人丢弃不问。如果家里的老人患上了这种病，最好的照顾就是把他挪进一间孤零零的小屋子，放上一碗水，锁上门。挂念他的亲人每天两次战战兢兢地从门缝往里看，用棍子去捅一捅病人，看他是否还具有生命迹象。"

中国人是一个性情温和的民族，在这样一个民族中间的每个家庭中，必定存在着暂时不为我们发现的友爱行为。疾病与灾难最容易唤起人类天性中最美好的一面。在一家为中国人开的西方医院里，我们也亲眼目睹了很多实例，不仅父母与子女，丈夫与妻子之间也真诚相爱，就连陌生人之间也彼此爱护。一位中国母亲见到失去母亲的婴儿，很愿意用自己的乳汁喂养他，使那个孩子不至于被饿死。

除非有某种特殊的原因，人们一般不轻易愿意帮助别人，这一特点在中国社会关系中以多种多样的方式表现出来。比如，有人劝说一个聪慧却没有机会上学的男孩去读书，这也非常合乎情理。可他有自己充足的推诿的理由，因为周围的很多读书人宁愿闲着无事，也不愿教他识字。他一流露出读书的愿望，就会招来无穷的嘲讽。而嘲讽他的人，正是那些曾经年累月混迹在学堂里的人，他们似乎认为："这家伙凭什么走捷径，我们费了好多时间辛辛苦苦学来的东西，怎么能教他，让他在几个月之内就很快学会呢？还是让他和我们一样，自己去请个老师吧。"一个人依靠从零开始完全自学能获得充足的知识，或者是一些基本文化常识，这种情况不是没有，但的确非常罕见。

人们看见人掉落水中，只是袖手旁观，这样的事情会让所有在中国的西方人对此大为震惊。几年前，一艘外国汽轮在扬子江上着火，岸上挤满了观望的中国人，但没人挺身而出，去营救落水的乘客与船员。当然，我们也不应该忘记，不久前，在英国，针对沉船进行打劫还是一项职业，我们应该将这些事比较来看。也有完全相反的例子，1892年秋天，英国一艘庞大的汽船在中国海岸搁浅，当地渔民和政府官员都尽全力救助幸存者。不过，不管如何，中国人对灾难冷漠、麻木不仁是个普遍的事实，这样的灾难几乎随处可见，尤其离家在外，有一句俗话说得好："在家千日好，出门一时难。"

在中国旅行，人们能最为显著地感觉到沿途的人对陌生人缺乏友善与帮助。在夏天，雨水使得所有的陆路旅行变得难以维系。一个急需要前进的人会发现，这时天空、大地和人们在串通一气，合伙捉弄他。即使你走的这条路通向沼泽，也没人会提醒你。你步入沼泽，这也与附近修路的人无关。我们已经说过，中国人的道路是无人去过问的。在某些特定的季节里，所有的路在任何时候都布满了泥泞的深坑。旅行者一旦陷进去就难以自拔，这时，周围立刻会聚满看热闹的人，就像一句中国成语所说："袖手旁观。"无论这些旁观者数目多少，在这种情况下，他们不会有一个人肯站出来施以援手，哪怕只是举手之劳。直到答应给钱，旁观者中才会有一位站出来，帮你一把。不仅如此，常常还会出现这种情况，当地的居民还经常故意在难走的地方挖一个深坑。这样一来，陷进去的旅客不得不花钱请他帮忙把自己弄出来。在这种情况下，一个人就算不了解道路情况，也最好不要听当地人的劝告，只管照直往前走，只要不是一条绝路就成，这要比接受他们的"帮助"好得多，你根本弄不清他们指引你的目的是帮助还是拦路。

可是，我们还听说过这样一个例子，一家外国人搬到中国内地的一个城市。他们受到了人们的热诚欢迎，邻居甚至主动借家具给他们，直到他们把家具备齐。毫无疑问，还存在着类似的事情。不过，大家都清楚，这只是例外。显然，除非对新搬来的人稍稍感到好奇外，人们更多的则是表示彻头彻尾的冷漠，只想看看初来乍到的客人什么样子。或者怀有贪婪和阴郁的敌意之心，盘算着把对方当成肥鹅，最终被拔光羽毛。在那些遭遇到天灾人祸的外国人中间，还没听说过外国人遇到天灾人祸，中国人自愿帮忙的先例。尽管这样的事情不会完全没有。我们只听说过这样的例子，曾有一些海员尝试从天津到烟台或从广州到汕头作陆上旅游。在整个旅途中，没有人给过他们一碗饭，或留住一宿的援助。

在中国，将那些客死他乡的人运送回家，很难在途中的旅店落脚。这简直是一件不可能办成的事情。我们曾听过这样的事情，一位死者的兄弟，因店主不让住店，不得不在街头站着守了整整一夜。如果要带着尸体过河，就要面对摆渡人的百般刁难，也会被狠狠地敲一笔。我们听说过好几个事例，有些人为避免引起怀疑和麻烦，就把尸体捆成一团，再用芦席把它包装起来，使它看起来像一包货物。另据一个报道说，前几年的一个寒冬，寒冷席卷整个胶东半岛，山东潍县县城的一家客栈的老板不让几个快要冻僵的旅客进门，怕他们冻死在店里，从而导致这几位旅客全都冻死在街头了。

在中国，一个人作恶犯罪，通常不会被告发到公堂之上，部分原因是因为给人定罪要花钱，另一部分的案子因为面子问题，羞于公之于众。许多的通奸案一般都选择私下里了结。那个"第三者"会遭到一大帮人的毒打，所依照的就是中国人坚信的"人多势众"的原则。有时，这个人的腿会被打折，有时是两个胳膊被打断，最常见的情况是被用生石灰弄瞎双眼。笔者知道几个这方面的例子，这类事情一点儿也不罕见。有一位对西方人的思维方式并不陌生的聪明的中国人，当他听到外国人责备这种做法极为残酷时，毫不掩饰他的惊讶。他说，对待罪犯的这种处理方法，在中国已是"非常宽容"的了，仅仅残废而已，他应该被杀头的。

正施以杖刑的人

"你为什么老赖在我家吃饭？"一个做嫂子的会对小叔子这样说。她丈夫的这个兄弟已离家多年，在外头干了见不得人的事，两只眼睛被人用生石灰弄瞎了，"我们这儿没有你住的地方。你要是想硬的，这里有刀；你要是要软的，这里有绳。你只配要这些，自己选一条路吧！"这段话，是那位无法医治的盲人偶然告诉我的，如果有希望，他还想获得一点点的光明。若是实在无法重见光明，他暗示说，无论"硬的"，还是"软的"，都可以帮助他解除痛苦。即使这些暴行的受害者有机会向官府申冤，我们还很少听说过他们能够成功过。关于他们的不利的证据已经压倒了一切，而且官员中十之八九认为这些人罪有应得，甚至还应该加重惩罚。即便这个人勉强打赢了官司，他的现实处境也不会有所改善，只会变得更糟。他的邻居会更加愤怒，那时，他性命也很难保了。

在中国,一边号称人命关天,但生活的另一面,很少重视人的价值、人的尊严,人命一文不值。在中国,最让人们感到愤怒的罪行之一就是偷盗。因为人口众多,而且经常濒临无法生存的境地,所以偷盗就被视为对社会的严重威胁,其危害仅次于谋杀。在一次赈济饥荒的过程中,一位赈济的官员发现一位妇女像疯狗一样被锁在石磨上。她是个盗窃狂,早已精神错乱。如果一个人被发现是小偷,或是其他某种原因而被公众厌恶。那么,他就有可能在简单讯问后被公众处死,这和加利福尼亚州早些年治安维持会的做法如出一辙。

至于处死人的办法,有时用刀子刺死,更多是活埋。有人形象地称某人为"吞金自尽",其实,这不过是个借口,而非常残酷的事实,即此人其实是被活埋掉了。笔者认识的四个人,曾差点就被这样处死。有两例是已被捆上,有一例甚至是掩埋的坑已挖好,后来由于族人中一些长者出面干预,留他们一条活路,才没有被活埋。另有一例,发生在笔者相当熟悉的一个小村子里。村子里有一个年轻人爱偷东西,已经不可救药,但人人也都知道他神经不正常。一群村民,以及他亲戚,和他母亲"商量"了一下,寻求一个解决办法。商议结果是,人们就在村口的小河上砸了个冰窟窿,把这个半疯半傻的青年捆紧了,扔了进去。

在太平天国起义席卷中国广大地区的那段日子,全国各地都很紧张。那时候,一个陌生人,只要让人感到嫌疑,就会被抓起来,遭到严厉的盘查。如果他的辩白无法交代清楚,使抓他的人满意,马上就会遭殃。二十年前,在距笔者写这本书的地方之外两百码的地方,就发生过两件这样的惨事。当时,官吏们发现,他们自己几乎无力去执法,就发布了一个半官方性质的告示,让百姓捉拿所有一切可疑人等。有一次,村民们发现,有一个人骑着马向村子里走来,看样子像是外省客。盘问中,那人怎么也说不清自己的来历,接着又发现他的包裹中有很多金银珠宝,这显然是从什么地方抢来的。于是,村民们就把他捆起来,挖坑活埋了。就在这时,又看见一个人惊恐地从田野中跑过,有人猜测这个人有可能是一个同谋。于是,这第二个牺牲品便遭遇了与前一个人一样的命运。

有的时候，陌生人还被迫自己挖坑，用以活埋自己。在中国的各个省份，在那个无法无天的时代，所有的人都会变得胆大妄为。一个上了年岁的老人回忆说，那时候，像这类事数不胜数，多得让人记不过来。1877年，爆发了一场神秘的剪辫运动，当时，一种极度的恐慌笼罩着这个帝国的大部分地区。毫无疑问，许多有嫌疑的发起人都这么不明不白地被活埋了。当然，特殊的历史条件下，任何一个民族都会产生这样的恐怖时期，我们也并不能认定只有中国会出现这种状况。

在中国人缺乏同情心的众多表现之中，最令人惊骇的表现是他们的残酷无情。任何一个了解中国人的人，肯定都认为，他们对别人的痛苦表现出相当冷漠的态度。以孩子为例来说，在家里他们都是无拘无束的，然而只要从开始接受教育的那一刻开始，那种充满温情的天国就消失了。

在帝国最常用的启蒙教材《三字经》里，有句话，叫作"教不严，师之惰"。尽管将这一格言付诸实施会有很大的差异，因为这也要取决于老师的教学方法与学生的天资。不过一般来说，中国教师的教学方法都非常严厉。我们曾见过一个刚被老师惩罚过的学生，老师千方百计想让他掌握写应试八股文的秘诀，他没做到。于是这个学生出门时头破血流，那情形就像是遭遇了一场街头群殴。学生们经常挨气急败坏的老师的骂，那是寻常之事。另外，不幸受了老师惩罚的孩子，会令母亲感到极其丢脸。回家后，他还会遭到母亲的痛打。不难想象，这些稍微为自己孩子一点小问题就大打出手的母亲们，在遇到特别强烈的刺激后，一定也会更残酷毫不留情地对待自己的孩子。

中国人的缺乏同情心的一个重要例证，就是他们的刑法制度。根据帝国的法典的查验，很难确定哪些刑罚合法，哪些刑罚不合法，因为很多有悖于法令条文的做法，会得到社会风俗的认可与支持。最能说明这一点的是，实行杖刑的数目问题，常常施刑者会以高出法规定数的十倍用刑，有时甚至多达百倍。这里，限于篇幅问题，我们没机会——

列举中国人对囚犯惨无人道的严刑拷打。这些刑罚都是借用公正的名义进行的。在像《中国总论》或者《库伯查游记》这类有关于中国的优秀著作中,这样的事例不胜枚举。《库伯查游记》的作者提到过,他曾亲眼看见一批囚犯的双手都被钉在囚车上,押往衙门,因为解差忘了带脚镣。只因为囚犯没有钱来打通关节,所以平时就会受到衙役蓄意的残酷折磨和例行公事般的虐待。几年前,上海的报纸报道了一个案子。这个地方的官员对两名老囚犯追加处罚,因为他们向一个新囚犯索取"孝敬费"。结果地方官员判他们重打两三千大板,又用铁锤敲碎他们的脚踝骨。难怪中国有谚语云:死不进地狱,活不进衙门。

以上的段落写好后,其中的一些论述又得到了一些出其不意的例证,而这个证据的来源非常可靠。下面我们将引用1888年2月7日北京《邸报》译文中的一段:

　　据云贵总督报告,该省的一些农村,流行一种可怕的陋习:一旦抓到偷粮食或者果实的人,就要活活烧死。与此同时,他们还强迫此人的家眷立下字据,表示同意这种做法,并逼迫其亲人们亲自点火,以免日后他们告官。有时,之所以采取这种可怕的刑罚,只不过因为对方折断了庄稼的一个枝茎。甚至有人仅仅因为怨恨,仅凭莫须有的罪名,陷别人于死地。这种残酷的做法,听起来实在令人难以置信。但自云南的叛乱之后,一直屡禁不止,延续至今。当地政府一直努力铲除这一陋习,然而到目前为止仍未根除此种现象。

本地的中文报纸,几年前曾做过一个详细的报道,说福州附近的某一个地区,还有强迫寡妇自杀殉夫的恶习。人们强迫寡妇自缢,然后将其尸体焚烧,并为她立起一个贞节牌坊加以表彰!当地政府官员不断努力,企图阻止这一残酷的做法,除了个别地方一时能起效之外,大部分地区基本上无法完全制止。

中国需要的东西很多，国家的政治领导者认为需要海军、陆军和兵工厂是当务之急，而对中国怀有良好愿望的外国人则认为，显然她最需要货币、铁路和现代科学教育。但是，若进一步分析这个帝国的境况，我们难道不能发现她最深切的需要是多

牌坊林立的乡村道路

一些人类的同情心吗？她需要对孩子同情，尽管人类从未意识到，可十八世纪以来，它已逐步成为人类最宝贵的财富。她需要感受到对妻子和母亲的同情，这种同情十八世纪以来已经得到长足发展，并且深入人心。她需要把人当作人来看的同情，她需要懂得仁慈之心是有如天国的甘霖般美好的品质，既祝福行善者，也降临于接受者——塞涅卡称这种神圣的情感为"心智的缺陷"。它是一种美德，一个经常体现这一美德的人最接近于上帝。

第二十二章 社会飓风

在像中国这样一个人口异常稠密的国家里,好几个大家庭拥挤地住在一个狭小的空间,每个家庭都有很多的人口,这难免会发生口角。你问问你的邻居:"你们家有多少人?"他会回答:"十来口人吧。"你继续问:"所有的东西都是公有吗?"最常见的回答是:"是的。"就这样,十五到二十口人的大家庭,大概有三四代必须同堂生活。大家全都依靠一个商号或一块土地生活,这唯一的收入必须养活一家人,所有家庭成员所有的各种消费与需求也得由这份公共财产来满足。每个兄弟都得为大家庭奋力劳作,而作为家庭重要构成因素的妯娌们,却很难和谐生活。她们当中,年长的媳妇欺压年幼的,年幼的媳妇则憎恨年长的。她们每一个人都竭力想让自己的丈夫觉得,他在这个财产共同体里是最为吃亏的。

小脚女子

年轻一代人是导致家庭不睦的重要原因。有哪种社会能承受在这种生活条件下必然出现的压力呢?即使是在西方那些秩序良好的家庭里,重重的矛盾也并不罕见,在中国家庭这种嘈杂拥挤的环境中,还能有怎样的例外呢？造成不和的根本原因是人与人之间存在着大量的分歧。人们的动机与兴趣各不一样，金钱、食物、衣服、孩子，以及他们往日的口角，一只鸡，一条狗，每一件事都可能导致纠缠不清线团的第一个死结。

汉语中有个最难以理解的词，通常表示发火的意思，英语中委婉地译为"愤怒的物质"（wrath matter），这个词就是"气"。在中国的哲学与现实生活中，气是最重要的一个概念。一个人开始愤怒的时候，"气"就在他体内产生了。中国人相信，在这时所爆发出来的"愤怒的物质"和人体系统之间有着十分紧密的联系。因此，强烈的愤怒会导致各种疾病与不适，如失明、心脏功能衰退等等。

中国大夫问病人的第一个问题通常是："什么事又惹你生气了？"在中国，即使见多识广的西方医生也乐于相信中国人的"气"的确会导致中国人所说的那些疾病。下面是一个突出的例证：一位生活在山东中部山区里的男人结婚娶妻，生下了几个孩子，其中两个孩子还非常年幼。1889年10月，他的妻子不幸去世了。这让丈夫感到非常地愤怒。别人问他为什么会这样，他自己解释说，这并非因为他特别依赖老婆，而是因为实在不知道该如何照管孩子。愤怒之下，他抓起一把中国的剃头刀，在自己的肚子上狠狠地戳出了三个大口子。他的几个朋友赶忙用棉线把伤口缝了起来。六天之后，这个人的"气"又再次发作起来，又把他的伤口给撕开了。每一次发作，他都无法记清楚自己究竟干了什么。不过，他挺过了那些对自己的戕害，并且那些可怕的伤口居然愈合了。六个月之后，他已能够步行几百英里，到一家外国人开办的医院去接受治疗。而他腹部的伤口大部分已经长好，只剩下一个很小的瘘管。但是，他的肠道的功能已经紊乱。前文我们论及中国人富有生命力的话题，这似乎也是一个典型的例证。

中国人喜欢大声喊叫地发布命令或者发表评论，他们的这一习惯已经根深蒂固，而且似乎难以改变。对一个中国人来说，用正常的语调规劝别人停顿下来，听一听对方的回答，这几乎是一个在心理上不可能接受的方式。他非得喊叫,非得武断地打断别人的话,毫不客气。

中国人已经把辱骂别人的艺术发展到东方世界里登峰造极的境界。争吵一开始,一个由污言秽语所组成的洪流便喷涌而出。在这方面,英语没有这么多词汇能与之相提并论,其刻毒与持久,令伦敦比林斯门大街的卖鱼妇都望尘莫及。哪怕最简单的接触,也时常会引来滔滔不绝的辱骂,就像偶尔的一碰马上就会产生剧烈火花。无论何时何地,无论男人女人,无论哪一社会阶层的人士,似乎骂人是一种谁都可以信手拈来的行为。

常常听到人们这样的抱怨,说女人骂人的话比男人更恶毒,持续得也更久,就像一句俗话所说的:"女人裹小脚,舌长利如刀。"孩子们常常还在牙牙学语阶段,就从父母那里学会用土话骂人,那骂人的话,反过来被孩子骂在他们自己身上,却被当成一种莫大的乐趣。对这种语言的使用,已成为中国人的第二天性,广泛地流传于社会各阶层中。文人学士、各个级别的政府官员,甚至身居高位的内阁大员一旦被激怒时,都会像他们自己手下的苦力一样随意地骂人。普通民众在街上相遇时,甚至把骂人的话当作一种寒暄,这可以表明他们之间关系的亲密。

西方人的咒骂,往往声音不是很高,但却包含着非常深刻的意思。中国人的咒骂除了声音高亢之外就没有别的意义了。英语中的诅咒是一颗长有翅膀的子弹,而中国人的诅咒则是一团肮脏的圆球。他们骂人的话,许多被视为一种诅咒。一个男人发现自家田里的谷穗被人掐了,就会在村子里高声喊骂那未知的贼(尽管经常有怀疑对象)。人们认为这一行为有两种作用:第一,可以向众人宣布他丢了东西,他因此十分恼怒,骂人能让他发泄一下心头之恨。其次,这还可以作为一种预防措施,防止再次被偷。偷东西的人就在暗处(理论上),他正怀着一颗忐忑不安的心来关注着这些辱骂。虽然,偷窃者的罪行一般不会被发觉,可他不能就断定那个被偷的人不清楚是谁干的。或许,被偷者更乐意在大庭广众之中谩骂,以作为对偷东西人的正式警告:他已被发觉或被怀疑,以后最好不要再做。如果被偷的人实在被惹火了,这也是在声明:他会采取真正的报复行为的。这就是中国的骂街理论。不过,他们坦率承认,这么做无力防盗,也无力防止再次被盗。因为,在为数庞大的人口基数上,一个小偷或者其他的同谋并不一定知道自己被骂了。

女人比男人更喜欢这种"骂街",她们经常爬到房子的平顶之上,扯着嗓子声嘶力竭地骂,甚至一连几个小时,有时直到嗓子完全哑了。一个有社会地位的家庭倘能制止,是不会出现这种行为的。但是在中国,与世界的其他地方一样,一旦一个妇女被激怒,是很难被约束的。总的看来,在一般情况下,这样的骂街行为很少有人注意,或者根本就没人理睬。有时我们会不经意在街口遇见一个男人,或发现屋顶上有一个女人,他(或者她)已骂得面红耳赤,周围却一个人影也没有。如果天气较热,他(她)拼命叫骂到底,然后挥着扇子休息一下,提了提神,再继续愤怒地叫骂下去。

中国人吵架如果吵得足够激烈,最终就难免导致不同程度的人格侮辱。在欧洲南部旅行的英国人发现,拉丁民族非常惊讶不列颠居民们打架时将拳头从肩膀处平着击出的习惯[①]。中国人也跟意大利人一样,从未受过拳击训练,即便学过,也是不伦不类。他们怒不可遏时,首先是抓住对手的辫子,尽最大的力气去扯他的头发。这也是他们最主要的手段。倘或只是双方参加,双方又都没有其他武器的情况下,这样的"战斗"十之八九纯粹变成了一场扯辫子比赛而已。

中国人的争斗,说到底也不过是对骂比赛。粗俗的语言和高亢的词句形成鲜明的衬托,但是,在骂战中,只有很少的人能够真的失去别人的尊重,除了嗓子喊破之外,对自己也没什么严重伤害。但如果说在中国,有人对交战双方火上浇油,教唆他们动手打架,这倒令我们感到很惊奇。我们所常看到的,在双方"战斗"发生时,很快就会有人挺身而出,充当和事佬——这也是我们一直期望的,他们通常能有两三个人。

[①] 译者注:这里所说的,就是英式的拳击。

每位和事佬，都会抓住一个叫骂不止的人，将他拉开，对他好言相劝。但交战中的一个人，一旦发现自己处在和事佬的安全保护之下，就会骂得更凶。他会故意让自己失去控制一般，直到真的有人强力控制住他，他便借机把心头之恨全部发泄出来。但与此同时，他的心里却很谨慎，对方有人准备偃旗息鼓时，他也明智地逐渐收敛。一味纠缠下去，这无疑对双方都没有好处。

即使在最愤怒时，中国人仍然非常"理智"的，不管在理论上，还是在实践中，他们都会很看重理智。打架者冲向敌人时就会被和事佬抱住，有谁见过吵架的人转而扭住劝架的人，责怪他多管闲事呢？这就是一场争执中至关紧要的一节。中国人在最愤怒时，仍意识到和平的可能性——一种抽象意义上的可能，他只不过认为在自己具体的这件事情上，和平比较难实现罢了。和事佬对他们的评判不一，但他们几乎都能准确地拉走那好斗的一方。而那位叫骂者则边撤边骂，一边还要回身向他的对手表示恶毒的挑衅。

中国人普遍使用的骂人方法有一个奇怪特征，令人难以理解。他们并不热衷于攻击对手实际的过错，而更愿意去污辱他的祖先，追溯那个人最卑贱的出身。采用这样的办法对付别人，被骂的人肯定就认为这是对自己尊严的严重伤害。不过，其原因不在于对方当着别人的面使用这样的语言，甚至也不在于自己被骂，而在于骂他的那些话，令他太丢"面子"了。即使骂人者感到自己做得过分了，也不会认为自己的行为很不对，并非有失身份，只是认为自己不该在那个时候、用那种话说对方。

让大家感到庆幸的是，中国人没有随身携带武器的习惯，假如他们随身带着一把左轮手枪，或像是日本史上的武士阶层那样佩着刀，那么真不知他们每次释放情绪，会酿成多少惨剧。

中国人一旦觉得自己受到了深深的委屈，那么，地球上将无人有力阻止他们"气"的爆发。他们将突然释放出无量之"气"，无可遏制。我们听说过这样的一件事，一个男人请求一位年长的、有经验的传教士为他施洗，结果遭到了委婉的拒绝。于是，他就拔出一把刀子来，逼迫老传教士为他进行洗礼，试图用这场残酷的搏斗来证明自己的虔诚。

幸运的是，这种凭借暴力进入天国的方式并不为大多数信徒所接受。但是，这种行为却是中国普遍的社会生活法则中最基本的一条。一位乞求经济援助的老太婆如果遭到了断然的拒绝，她就会躺倒在你的马车前。要是被你的车压着了，这对她来说是件天大的乐事，因为现在她有理由要你永远赡养她，为她养老送终。笔者所居住的那个村子里就有这么一个老泼妇，经常以自杀威胁别人。邻居们乐于伸出援助之手帮助她，可她总不满足于他们所给予的。有一次，她跳进了村口一个池塘里，打算把自己淹死，可她却恼怒地发现水只能没到她的脖子。她不会随机应变，不知道可以把头浸在水里，结果恼羞成怒，声嘶力竭地对着全村人破口大骂。不过，她第二次跳的时候，村民们答应给她更大的帮助。

如果有什么事情出现错误导致冤情，中国人也不选择走法律途径解决问题。比如，嫁出门的女儿受到婆婆的虐待超出了习俗容忍的程度，法律上管不着，受到伤害的儿媳妇的娘家人就会去讨公道。这时，如果遭到抗拒，两家人肯定会发生一场战斗。如果没有遭遇抵抗，但施虐者逃走了，进攻的娘家人就会把这户人家屋子里一切能打碎的东西全部打碎，像瓷器、镜子、水罐之类的，以此来平息"气"。等出完"气"之后，他们就扬长而去。假如娘家人来闹事先走漏了风声，婆家人就会先把家里的坛坛罐罐搬到邻居家里避难。

一份中国的报纸报道了北京曾发生过这么一件事情：一个男人准备迎娶一个据说很漂亮的姑娘，结婚时，却看到娶来的是个又秃顶又丑陋、且年纪也老大不小的姑娘。失望的新郎勃然大怒，狠狠地殴打了媒人一顿，大骂那些送亲的是骗子，还砸毁了新娘的所有嫁妆。任何一个中国人在这种情况下，如果他所处的环境允许的话，都会这样做[1]。"怒

---

[1] 原注：据来自北京的报告，当今的皇帝就很不喜欢慈禧太后为他选择的妻子。他的意见总是与太后相悖的。太后作出的选择永远都不会合他的意，这令他很不满意。据人们私下里说，宫廷中的婚礼情况与他的那个臣民在婚礼方面的反应是相似的，就是"上行下效"。

气"爆发出来之后,总有机会平息下来,这项工作正是由"和事佬"们来完成。他们的角色在中国社会生活中有着不可或缺的重要作用。有时候,这些极为重要的人物会给人们留下一种非常热衷于和平的印象,他们心甘情愿为双方斡旋,即使事不关己,也会主动出面,一会给这方说好,一会给另一方劝和,促使双方互相谦让,协调双方的利益达成一致。

租界里新式的法庭庭审现场

然而,当这种社会飓风无法用通常的方式解决时,或者说,当事人大量的"气"太盛,不借助爆炸就无法消散的时候,这就需要打官司了。在中国,诉讼可是一件意义重大的事情。在争吵中极度的愤怒会使人失去控制,会使得他在争执不休的情况下最终决定将冒犯者告官,为的是"让他官司缠身"。

在中国有一句俗话,"宁死脱层皮,不入衙门打官司。"我们笑话过一位中国移民的愤怒,他的狗被别人用枪打死了,这是小事一桩。这位中国移民却声明要告到法院。他的朋友问他:"一条狗能值多少钱?"这位中国移民却操着生硬的英语说:"这条狗是不值什么钱,可那家伙太狠了,他既然下手杀了它,就要给我足够的赔偿。"在一个西方国家的法庭,这桩官司会被认定为无意义的,通常以拒绝受理告终。可在中国,这种事情则会导致两败俱伤，并结下世代仇怨。但大体而言，中国人的每一件纠纷通常都会找到一些调解人。这种人无处不在，价值也无可估量。他们为双方服务，他们的参与使得成千上万即将要打的官司在接近审判前就了结了。我听说，有一个小村子，住着上千户家庭，整整一代人已经几十年没打过一场官司了，究其原因，原来是当地衙门中一位担任要职的人物一直在发挥着威慑性的影响。

一台复杂如中国这样的社会机器，一定会经常嘎嘎作响。很多东西有时会在巨大的压力下扭曲变形。可是，这些压力并没有使中国社会破产、毁灭。正如我们所看到的，中国的政治机体也像人的身体一样，存在着大量的充满润滑液的小囊，在最需要的时候、最需要的地方，它往往会及时分泌出一滴来，加以润滑。中国人爱好和平的品质，使得他们能够建立一个有价值的社会体系。中国人热爱秩序，尊重法律，甚至在法律不值得遵守时仍坚守不改。所有亚洲各民族中，或许中国人是最容易统治的，只要统治方式不有悖于他们的传统习惯。其他一些文明形态，可能在很多方面或大多数方面优于中国。但是，很少有一种文明形态能像中国社会这样承受许多个世纪的巨大压力。这中间有和事佬的功劳，最好把所有的祝福都献给那些和事佬们。

第二十三章　负责与遵法

中国人有个典型的特性,可以用"负责"一词来加以概括。这个词语内涵之丰富,地位之重要,是西方国家的公民很少能够理解的。在西方国家里,我们知道,个体是社会的基本单位,而国家是许多个体的巨大集合体。而在中国,社会生活的单位却是由一个家庭,一个村落或一个宗族等构成,这些概念通常又是可以互换的。中国有成千上万个村子,大部分村子的居民都拥有共同的姓氏,源于同一个祖宗。他们一直居住在同一个地方,世代相传,而之所以在现在居住的地方,不曾中断的族谱或许可以追溯到几百年前的一次政治大动荡,比如明朝灭亡,或者是明朝建立。在这样的村子里,堂、表兄弟几乎是最远的关系了,长辈比自己高的男性,不是父亲就是叔伯,或者"爷爷"辈的什么人。有的时候,一个小小的村子,竟会住着十一代的人。他们也并不像人们所想象的,寿数越高,辈分越高。

中国人普遍早婚,有的人以后又多次娶妾,甚至到晚年还纳妾,一辈子不断地生孩子,其结果,就造成了错综复杂的亲戚关系。如果不特别询问,或仔细注意人名字中那个特别表明辈分的字(同一辈分的人所有人名字中都带着同一个字),实在难以分辨出谁是晚辈,谁是长辈。一个年近七旬的老翁,或许要称一个三十岁的男人为"爷爷"。同一辈分之间所有堂兄弟,都可以互称"兄弟",假如一个外国人对此感到困惑不解,坚持要问清楚他们到底是不是"亲兄弟",他们通常会回答得很有意味:他们是"亲叔伯兄弟"。笔者也曾经这样问过问题,我问到的那人,几乎毫不犹豫地说:"嗯,当然,你也可以叫他们为自家兄弟。"

这些都是中国人在社会中团结一致的表现。这种团结一致,塑造了中国人的责任感赖以存在的基础。父亲要对儿子负责,这种负责要贯穿终身,不是单将儿子"拉扯成人"就完事的,而且要永远负责。儿子也永远对父亲负责,他有责任偿还父亲的债务。兄长对弟弟也负有明确的责任,而"家长"——通常是长辈中年龄最大的男人——要对整个家庭或家族负责。不过,至于要承担怎样一种责任,会随具体情况的变化而变化。

风俗习惯相差甚远,"个人差别"也是一个重要定因。不过,这一点,理论上一直没有受到重视。因此,在一个颇为显赫的大家庭里,尽管有很多知书达理的人,也有一些是当地的头面人物,或者是出身科班,但"族长"却可能是一个头脑糊涂的老人,既不能读也不能写,甚至一辈子连离家十里远的地方都没去过。

家庭中兄长对弟弟,或者一家之中任何一个年长者对一个年幼者的影响,是最为直接,也最为绝对。这与我们所提倡的个性独立自由完全不相容。弟弟在家中就像奴仆,整天盼望提升自己的地位,而哥哥偏不许他这样。弟弟想买件棉衣,哥哥认为太贵,便不让他花这笔钱。笔者正在写这本书时,刚好听到了这样的一个报告:一个中国人,手头上有些珍贵的古币,有一个外国人很想把这些古币买下来。在中国,一个人手里有另一个人想要的东西,常常压在手里不出卖,情况常常如此。因此,打探到消息的中间人担心古币的主人不卖,就建议外国人送些西洋糖果和小玩意儿给钱主的叔叔,通过这种间接的关系给钱主施加压力,最后迫使钱主把古币卖掉。

有这样一个滑稽的笑话,说的是一位从西方某国家来的旅行者,在路上遇到一个长着长长白胡子的、很老的老人,在伤心地哭泣。这个情景太令旅行者感到意外了,就不由得停下来问老人为什么哭泣。老人告诉他,自己刚被父亲用鞭子抽了一顿。"你的父亲在哪儿?"旅行者问他,"就在那儿。"老人指着前面。旅行者便骑马,顺着老人指的方向往前走,果然又遇到了一个胡子更长更白的老人,"那个人是你的儿子吗?"旅行者问道。"是的。""你用鞭子抽打他了?""没错,我打了他。""你为什么要打他呢?""因为他胆敢顶撞爷爷,如果他再这样,我还会再用鞭子抽他。"假如将这个故事的背景换成中国人的生活环境汇总,那可就不是一个滑稽的笑话了。

家庭成员应该彼此负责,仅次于这种责任的,便是邻里之间的关系。不管这些邻居之间是否有亲属关系,他们都要相互承担责任。他们之所以有责任,就是因为住处相邻。这种理论的根据在于,中国人认为善良与邪恶会传染的。近朱者赤,近墨者黑。孟子的母亲三次搬迁,就是为了给孩子找一个理想的邻居。对于一个刚刚接受了支配盎格鲁-撒克逊民族的共和思想熏陶的西方人,对于与什么样的人做邻居是毫不在乎的,或者说认为完全没有意义。如果他在城里,在某个房子里住了一年,他甚至还不知道隔壁邻居的名字。但是在中国,情形就完全不同了。倘若有人犯了罪,他的邻居也逃不脱干系,犯了类似英国法律说的"包庇罪"。这是推定他们知道罪犯的企图却不向政府报告,说"我不知道",丝毫不起作用。既然你是他的"邻居",就应该知道。

对弑父弑母这类案子的处理,则是中国人负责态度的一个典型例子。在"孝道为先"一章里,我们讨论中国人的孝道时已经提过,通常情况下,这类的罪犯一般被认为是疯子。他们也的确是疯子,如果不自杀,就等于自己心甘情愿地去接受极端痛苦的凌迟之刑。几年前,北京的《邸报》上的一份奏折中,中部某省的巡抚报告,他在处理一件杀死父母案时,命人将凶手左邻右舍的房子推倒。因为这些邻居没有尽到责任,没有能用美德去感化罪犯,以令其改邪归正。在一般的中国人看来,这种处理方式是合情合理的。传说中,在某些情况下,如果某些地方有人犯了这样的罪,除了对凶手本人进行惩罚之外,还要再推倒一段城墙,或者重修一下城墙的样式,比如,将圆角拐角改成方形,或者把城门换个地方,甚至干脆封死。听说如果某一个地方接二连三发生这样的犯罪,这个城市就要被夷为平地,在别的地方另建新城。不过,这类事,我们还从未遇到过。

除了邻居之外,保甲长也承担着责任。在村子里,他们地位比普通老百姓略高,有时管着一个村子或好几个村子,职责也十分繁杂。无论管的是大还是小,总的来说,他们充当着沟通地方政府与百姓的媒介的角色。保甲经常会陷入到各式各样的问题中,任何一种纠葛都会给他带来麻烦。假如遇到一个吹毛求疵的地方官,有时甚至会因为没有及时汇报而被打得血肉模糊,而有些事情,他不可能知道。

职务上比保甲再高的是县官。就与民众的关系而言,他们是中国最重要的官吏。面对他们脚下的民众,他们就是老虎;面对他们的上级,他们又是老鼠。一个地方县令要做的事情,在西方至少要六个人来对付。一个人管辖着一个区域广大、人口众多的地方,在这里,他同时担任民事、刑事司法官,又是行政官员、保安官员、验尸官、财政长官和税务长官。如果一个人要同时处理这么多事务,他当然不能细致入微、明察秋毫。无论从体力上还是心理上说,这些都是要超负荷运转的。即使全力以赴,事情也都不能处理得妥当。况且,许多的县令对自己所从事的公务一点兴趣都没有,只一门心思想着自己如何从中捞取油水。他们的职责非常繁琐,量也很大,衙役们又不能协调工作,因此,他们主要依靠师爷或其他的下属来帮助处理日常事务。即使县令,自身也难免犯下无数的错误,然而,一些事情的处理失当,他总是难逃其咎。

与所有中国的官员一样,县令总被想象为对辖区内的一切都了如指掌,并且神通广大,也能随时防患于未然。为了方便县令和保长掌握情况,每个城市或乡村都划分出一定的组合单元。每个单元由十户人家组成,被划为一甲。每户人家的门前都挂有一个小牌子,上面注明户主姓名和该户人口数目。这种户籍制度,与古时候的撒克逊人十户区或百户区制度很相像。它使得地方上有效地设立出责任区,某个保甲区内,一旦出现可疑的陌生人物,无论谁第一个发现,就必须迅速报告甲长。甲长立刻报告保长,保长再行禀告县令。县令则果断采取措施,

"严密侦缉，严厉惩处"，借用这种简易的保安措施，当地所有的犯罪，很多还未露头就已被发觉了。如此一来，这一套制度还使得良好的民风代代相传。

显然，这一系列的措施，只有在人们习惯于定居的社会体制中才能奏效。同样显而易见的，即使在中国这样几乎没有什么人口迁徙的国家里，保甲制度在很大程度上也只是个法律意义上的假定。有的时候，在一个城市里，人们压根就没有见过什么门牌。可是，突然之间，以前从未见过门前挂牌子，现在每家每户的门上都挂上了。这只能说明此地来了一位新的县令，他新官上任三把火，想加强这方面的管理。在有些地方，只有冬天才挂上门牌。因为在冬季坏人最多，也最危险。不过，据我们的实际观察得知，保甲制度如今只是一种没落的体制，即使它还在发挥作用，也只是徒具形式而已。实际上，门牌并不常见，至少在不少省份，几乎已经完全消失了。如果一个人在这些省内连续旅行几个月，走上几千里路，在他所经过的城市和村庄里，沿途挂门牌的房屋，尚不足百分之一。

可以顺便就此说一下，中国的保甲制度和所谓的人口普查紧密地联系在一起。如果每家每户的门牌一直都准确地标明该户的人口数目，并且能随时更正这个数字；如果每个保甲长都有一份其辖区内人口的清单；如果每一个县令都准确地将这些清单上的数字汇总，那么，这整个帝国人口的统计，就会非常容易，也非常精准，只要将这一连串的数字加起来就行了。可惜，这些都是"假如"。事实上，上述三个条件中几乎没有一个可以实现。门牌其实是根本不存在的，如果某个地方官偶尔被人问及他的辖区内的人口总数，无论是他自己，还是他完全依赖的人数众多的保甲长，都没有太多的热情保证提供一个准确的数字，因为这项工作不但很困难，而且从事人口调查也没有任何"油水"可捞。因此，仅凭这一点就可以断定，对中国人口进行准确统计，这种事只能发生在想象之中。即使在文明程度较高的西方国家，人们也会把人口普查与人头税联系起来看，在中国，它更是令人产生十分强烈的疑心。

如果各地没有将保甲制度深入地执行,就绝对不可能获得精确的人口统计数字。

对于一个行为不太廉洁的地方小官来说,他也许会平安无事,也许可能会遇到大麻烦。如果真有麻烦缠身,他只要找一些有势力的朋友说情,或者明智点,花些银子,也就风平浪静了。不过,他也会因为他的辖区内所发生的那些他无法控制的事而丢官。在中国,这种现象屡见不鲜。

整个官僚阶层是如何实行责任制度的,没有必要在此详细分析。在翻译过来的北京《邸报》的报道中,这样的例子每期都层出不穷。几年前就曾发生过这样一件事:一个值班的士兵偷了自己看守的大约三十箱子弹,卖给了一个做罐筒盒的工匠。而这位工匠则认为那些子弹是部队用不着的、多余的物资。案发后,那个士兵被打了一百大板,流放边疆服苦役。而负责仓库的小官虽然允许交钱赎罪,减轻处罚,仍被打了八十大板,革去官职。买主被认为是出于不知情而免责,免于处罚,不过按惯例,还是挨了四十小板。带兵的哨长也被撤职了,以"纵容"下属偷窃的罪名,听候审判。但这家伙很聪明,悄悄地溜走了。接到奏折的刑部,还核准了对该部队最高指挥官——威武将军的处罚,他对此案也负有责任。这么一来,每个人都是这条锁链上的一个环节,一环套着一环,从上而下,谁都不能以对犯罪行为不知情或难以防范为借口,逃避责任。

北京《邸报》中,每年都有上报某些河流决堤泛滥的奏折,都是可以说明中国人互相负责的品德的好例子。1888年夏,直隶省附近的永定河泛滥,河水从山上冲下来,就像推动水磨的湍流一样奔涌不息。官员们迅速赶到了现场,冒着生命危险与洪水搏斗,奋力抢救。可惜,这是一项人所不能胜任的工作。他们不过像大夏天暴风雨中的蚂蚁一样,束手无策,但这一切都不能阻止李鸿章惩罚他们,他坚决请求皇帝立即摘去那些官员的顶戴花翎,或者保留官职,官降一品(这是朝廷不满时最喜欢用的一种手段)。而直隶总督在禀报灾情的奏折最后,也照例一再请求将自己交付刑部,依罪处罚,因为他觉得自己也有责任。后来,同样的河水泛滥还发生过几次,每次都有同样的表章,皇帝也经常命令有司记录"备案","以候处置"。几年前,河南省修复河堤以使黄河回归故道的工程失败了,自巡抚以下的大批官员遭到罢黜和流放。

有关中国人的责任伦理会一直延伸至天子本人那里。皇帝经常会发布"罪己诏",向上天坦承自己犯下的错误,把暴发洪水、流行饥荒以及农民造反等等灾祸的责任全部归咎于己,并乞求上天宽恕。他要对上天负责,正如他的臣子要对他负责一样。如果皇帝失去了皇位,这是因为他已经失去了"天意",是"天命"要将皇位交付另外一个能够治理帝国、应该登基的人。

有关中国人责任的观念中,与西方思维观念最相抵触的是一人犯法、诛灭九族、满门抄斩这样的东方做法。与太平天国起义有关的报道中,有许多这方面的事例。然而,这种做法并不仅限于镇压公然的叛乱。1873 年,"一个中国人被指控掘开皇陵,盗取了棺椁外陪葬的金银珠宝。结果,罪犯的全家四代,上至年近九旬的老人,下至几个月大的女婴,全部被处死。在这个案子中,十一个人因为一个人犯罪而失去了生命,而且除罪犯一人外,没有任何证据能够证明其余十一人参与了或知晓罪犯的行为。"

中国人的责任观,常被视为中国各项制度永恒不变的原因之一。它给每一个中国人都戴上沉重的脚镣和手铐。各级官员和平民也因为他们从未参与或根本不晓得的事情受到处罚,就像我们在前文提及的例子一样。这种做法,导致各种公正原则被破坏殆尽。它还能直接导致从高级到初级所有的官吏都掌握了一套弄虚作假的手段。如果一个官员必须对一些自己无法负得了责的犯罪负责,或者,他一直没有对这些情况给予足够重视,那么,他如实汇报情况的话,还是要受到严厉、不公的惩处。这就完全颠倒了公正原则,违背了人性。因此在这种情况下,官员们即使本该负责,他也要千方百计掩盖真相,以逃避责任,过分要求人们彼此负责,这一原则被滥用,足以说明中国为什么会出现弊政和缺乏公正。对此,我们一直都保持着关注。

每个著书介绍中国、致力于研究中国问题的人都会发现,中国官僚体制中还存在着另一个弊病,那就是官吏的俸禄不能满足其基本的生活需求。他们的津贴是如此微不足道,即使如此也很少能全领。最后,连衙门中日常的开支都不足以维持。与此同时,他们还要因各种小错,缴纳各种罚款。因此,那些当官的不得不压榨百姓,因为他们没有其他门路可走,只好贪污受贿,以摆脱困境,否则他们就没法活下去。

中国人的责任理论显然公然违背了公正原则,这点已经是不可逆转的事实,也令我们时刻难忘。可是,我们并不能因此对这一理论的优点忽略不计。

在西方国家里,一个人,除非他能被证明有罪,否则他就是清白无辜的。你也很难将责任追究强加到某人头上。一座桥梁,被一列满载旅客的沉重火车压垮,压死了很多的人,调查结果却显示没有人在其中有过。一座高楼倒塌了,也死了很多的人,尽管建筑师会受到指责,可他还能表示自己当时已做出最大努力,也没听说过他将因此受到处罚。如果一艘铁船翻倒,或者一场战役因为准备不充分或者时间选择错误而遭到挫败,人们也只是滔滔不绝地指责整个体制,从不针对某个人做出处罚。中国人在社会公正的理念方面远远落后于我们,可是,难道我们就不应该明智地学习他们古老的经验吗?他们的这一经验就是,为了维护国家体制的安全,每个人都要为自己的行为负全责。

中国人的责任理论,对居住在那儿的外国人也十分重要。家里的"童仆"掌管物品,他能随时取出任一把勺子、叉子,任一件古玩;而负责家务的管家,除自己可以欺骗你之外,不允许任何人欺骗你;那些买办掌握着大权,但又对每一分钱和劳工中的每一个人负责——我们身边就生活着这样的一些人,只要我们和中国人打交道,就永远会与这类人相处。中国客店的老板,很少能从他们身上看出直接的美德的,尤其是他们打外国旅客主意的时候。可是,我们听说,有一个老板,为了把一个空沙丁鱼罐筒盒还给一个外国旅客,竟跟在他后面追了半英里。他以为那是那个外国旅客的什么重要东西。他知道自己应该那样去做,可不像美国的旅店老板,总是冷冰冰地提醒他的客人们:"本旅馆对丢在大厅里等人来擦的脏靴子概不负责。"

要是自己推荐了某个人,就要对这个人的品质、行为和欠债负责,这是中国人普遍承认的一种社会义务。这一点,应该得到那些想与中国人打交道的外国人的重视。一个中国工头,无论他处在哪一位置,都会对每一次录用或解雇下属的每一次疏忽或者失误负责。这种情况会对事情的各个链条中的每一个环节都产生特殊的影响。在与中国人相互交往的历史中,外国人已经本能地感觉到了这一点。有这样的一则传闻,说从前有一个银行里的买办前几天被经理叫去训了一顿,因为他所推荐的"男童"让蚊子钻进了经理的蚊帐。如果中国人看到外国人对下属从不负责,或者不重视"应尽的责任",肯定认为不适宜由他来负这个责任,那么,他发现这一点后,用不了多久,就会为所欲为起来。

中国人有着许多令人赞叹的品质,其中有一种就是他们天生遵纪守法。我们不知道,是他们社会制度造就了这一品质,还是这种品质造就了他们的社会制度。但是我们却知道,中国人无论从先天的本性,还是从后天接受的教育上说,都是一个尊重法律的民族。在讨论这一民族的"忍耐"的美德那一章时,这一点已有所提及。但是我们还是要特别注意到,这一素质与中国人责任感之间的联系。在中国,每个男人、女人和孩子都被告知,要对他人负责,任何人应该能够目睹这一重要事实。虽然一个人可以"远走高飞",可他逃脱不了自己的责任。即使他逃脱了,他的家庭仍不能逃脱,这是铁的原则,这点他也很清楚。这样一个确凿无疑的事实,虽不能保证使一个人改邪归正,却常常可以使他不至于变得穷凶极恶。

还有一个例子能够说明中国人守法的相关事实。这就是中国人很怕进官府、打官司。尤其是那些读书人，他们一被召到官府，见到官员时往往就吓得胆战心惊，噤若寒蝉，大气也不敢喘一口，除非迫不得已，不会开口说话。即使事情跟他们一点关系都没有，也会如此。我们就知道一个读书人，听说自己要被请去出庭作证，吓得像患了癫痫病一样，浑身抖个不停，最后竟昏倒在地，抬回家不久，就一命呜呼了。

审问犯人的官吏

与中国人固有的对法律的尊重形成鲜明对比的，就是共和政体所表现出的那种精神。应该说，这种精神，是我们祖先引导我们接受共和、追求共和政体过程中创造的，学院法规、市政法令、国家和各州的法律。如今，这些全都遭到默默地抵制，仿佛追求个人自由不是当代最大的危险，反而是最大的需要。人们已经完全正确地意识到，个人或社会应该把揭露并阻止虚伪和欺骗当成自己应尽的职责，并将这一点视为对中国人处理各种社会事务之方式的一条不成文的规矩。可是，在那些基督教国家里，无论那些受过良好教育、举止文雅的文明人，还是粗野无礼的平民，大家都达成了一种共识，可以有意无意地轻视法律，似乎不需要用法律维护公众的利益。大家都坚信，违抗法律要比遵守法律更能体现法律的尊严，这难道很值得炫耀吗？我们法典中为数众多的条目，既没有被取消，也没有被很严格地实施。法律这种既存在又不存在的反常状态，已使所有的法律都遭到了公众的蔑视，我们对此又该如何解释或者辩白呢？

还有，在过去三十年，西方国家的犯罪率发生了惊人的迅猛增长。我们对此又能作何解释？人本来生而神圣，这是很多西方国家普遍的信条。可在很多地方,人类生活的神圣感已经被公然漠视,我们对此又作何解释?某些事情,其实连统计学都无能为力,要对其做出武断的评价,更是徒劳无益。

我们必须得承认,人们在中国的城市生活要比在美国的城市生活更安全——在北京就比在纽约更安全。我们也相信,一个外国人在中国内地旅游,比在美国内地旅游更安全。我们更应该记住,就整体而言,中国人和美国移民一样无知,并且心怀偏见。正如我们一向所知的,他们很容易聚众滋事。可是,令人奇怪的是,这种暴乱并不经常发生,也很少危及外国人的生命安全。

中国人坚信这一点,上天会受到人类的思想和行为的影响。我们在谈论中国人的孝道那一章里,所提及的为了给父母治病而割下自己身上肉的做法,就体现了这一观念。我们当然不准备认同这种观念,但值得我们注意的是,某一些支持这一理论的事实很有趣。中国十八个行省的面积与地理环境,和美国落基山以东的地区很相似。美国气候反复无常,就像小玛乔里·弗莱明对乘法口诀表所说的那样:"超出了人类天性能忍受的极限。"而霍桑①评价新英格兰时,也说那儿"没有气候,只有各种天气的模型"。将波士顿、纽约、芝加哥的气候与中国同一纬度地区的气候相比,就可以看出,如同一些地理书对美国气候的判断一样,中国也是一个"严寒与酷暑肆虐之地"。因为,在北京所处的纬度上,年温差上下可以达到100华氏度,这是一个为生物提供多样性的必然气候温度。

可是在中国,冷热的交替变化,并没有导致像伟大的共和国——美国那样的生活,总是变化无常、难以预测,而是宁静、平稳、循序渐进的,与她那古老、稳定的宗法社会体制十分匹配。钦定的帝国历书——皇历,就是对存在于中国的那种天、地、人三者和谐理论的良好阐释。我

---

① 译者注:霍桑(1804—1864),美国著名小说家,代表作《红字》,深刻地描写了殖民地新英格兰的风貌。

们不清楚,这本皇历是否在帝国辽阔疆域内适用于所有地区,是否各地百姓都同样信服它。

不过,在我们所熟悉的地区,这种皇历的确能给我们提供正确的气候信号服务。在被标注为"立春"的那天,春天会翩然而至。在不同的几年中,我们都发现,"立秋"一过,皮肤会明显感觉到气候的变化,多了许多的凉爽,再也没有了夏天的燥热。一年中十二个月,不期而至的霜降会给人们带来破坏性的袭击,而在西方民主国家里这是常见现象,并且听之任之。然而,为避免这一点,中国历书将二十四个"节气"之一定为"霜降"。某一年,霜降的日期为公历的 10 月 23 日。在这一天之前,哪怕最为零星的霜花都看不见,而在这一天的早晨,地上就会蒙上一层薄薄的白霜,以后的每天早晨也都会有霜。这一现象,我们观察有好几年了,很少看到有提前或推迟三天的。

在中国,不仅无生命的东西遵循着因果与自然的法则,就连有生命的生物出没也是如此。有好几年,我们都注意到,在早春的某一天,窗棂上会点缀着几只苍蝇,在此之前,已经有好几个月没在那儿看到苍蝇了。每逢这时,只要打开帝国的历书,就一定会发现这一天果然就是"惊蛰"。

有人说过,讲英语的民族,人们的血管中流淌的是某种不守法则的血液。这种血液使我们蔑视法律,一遇到约束就躁动不安。布莱克斯顿说:"我们英国人强健的祖先认为,只在一个给定的精准的时间里做规定好的事情,这个不符合我们自由民众的身份。"不过,也正因为我们勇敢的祖先这一特点,个人自由观念和天赋人权的学说没有经历了很长时间等待就得到确立了。

但是,既然现在这些权利已经很好地确立了,我们为什么就不能清醒一点,多多少少强调个人意志服从公众利益的重要性以及努力维护法律的尊严呢?在这方面,难道我们不应该有很多东西要向中国人学习吗?

第二十四章 猜忌成风

没有一定程度上的互相信赖，人类就不能共存于有组织的社会生活中，这是个毋容置疑的事实。尤其是像中国这样一个高度组织化、结构高度严密、复杂的社会，更是如此。在人们都必须承认这一点的前提下，我们也仍需要对一些现象予以更多地注意。无论这些现象与我们的观念多不相容，可它们对于了解中国的人来说，却是千真万确的事实。我们在下文中将要讨论的主题，是中国人的相互猜忌的性格，并不限于这个民族仅有。这一性格特征其实并无特别之处，更像所有的东方民族都具备的特性。当然，这一特征在中国体制中表现，无疑经由中国的精英们大大的改变。这里整个话题与前面所讨论过的关于"负责"紧密联系在一起，一个人可能知道一些与己无关、但可能引起严重后果的事，就会十分危险。因为这些事情，会引起人们对他的极大猜疑。中国人如此，其他民族也不例外。

在中国存在着一股经久不衰的互相猜忌之风。最引人注意的，是帝国各地无处不在的环城而建的高墙。在汉语中，"城"这个词本身就包含着被墙所围的意思，就像拉丁语中的"军队"一词也具有训练、锻炼的意思一样。帝国的律法规定，每个城市的四周都必须建起特定高度的围墙。不过，与许多其他法令相同，这一条文并没有得到坚决的落实，因为有很多城市的城墙都因年久失修，没有得到任何的保护。我们听说，在太平天国起义中，有一个县城曾被起义者包围，并最终占据了好几个月。尽管这个县城的城墙并没有被全部摧毁，可从那以后，十几年都没重建起来。还有许多城市的城墙只不过是薄薄的一层泥墙，连狗都挡不住，它们都可以任意在城墙头上爬进爬出。但是，在所有的这些例子中的所有这些颓败的现象，只反映了帝国的贫困。无论何时，一旦有危险的警报出现，他们第一件事情就是要修复城墙。这一工程又提供了一种便利的途径，让负责修城的官吏或暴发户有一次掠夺财富的好机会。

在中国，之所以这么多的城市有那么多城墙，其实质是因为政府对民众不信任。尽管从理论上说，皇帝号称是子民们的父亲，他的臣下也被民众称为"父母官"。但上上下下各方面、各阶层所有的人都心知肚明，那只不过是一种统治术语而已，就像说"加法"或"减法"一样。民众与统治者之间真正的关系，倒是孩子与继父之间的关系。整个中国的历史进程充满各种各样的起义、暴动和叛乱，如果中央政府及时采取适当行动，大多数这些事态是可以避免的。可是，政府并不想及时采取行动，也可能是它不想这样做，或者有某些力所不能及的原因使它不能这样做。有时候，民众正在悄悄地准备着反抗，正如政府早早就预料到的那样，可官员们只是立刻躲进现成的防御城堡中，像乌龟一样地把头缩进壳里，或者像刺猬一样团成球，把一场动乱留给军队慢慢去解决。

在中国的城镇中，就像东方其他的城镇一样，所有中国居民房子的周围也建有高墙，这是他们相互猜疑的另一个证据。如果说，外国人向一个中国人谈起伦敦、纽约这类城市，若故意想说这些城市是"有围墙的城市"，会感到十分为难。那么，同样困难的就是，该如何向对西方感兴趣的中国人说明，西方人的住处周围没有任何防护设施。中国人马上就会得出这样的结论，即那些国家没有多少坏人，尽管他的想象其实没有什么根据。

在中国农村，人们一般拥挤地聚居在村庄里，村庄就变成了一个微型的城镇，这也可以说明中国人之间相互猜疑。这些村庄所提防的不是外来敌人，而是村里的人。就我们所熟悉的中国人群居方式而言，只有一些山区例外。那里的地区土地贫瘠，养不了几户人家。他们又实在太贫穷,根本不用怕小偷来偷袭。在四川省,贝德禄先生描绘了如下的情况:"地主和佃户可以说没有多大差别地各自住在自己的田舍里,他们宁愿分开住,而不愿将住处挤在一起。"如果说,这个例外仅仅是因为在四川这个偏远的省份,正如巴伦·冯·里希特霍芬男爵所指出的那样,人们比其他地区更期望和平,那么,它也就恰恰证实了贝德禄先生的观点,即"这种期望已经历了太多痛苦的失望"。特别是太平天国时期那段动乱的日子,简直不堪回首,尽管在此之前省内曾有过很长一段和平时期。

新派的女子

在社会生活中,我们可以发现中国人,包括其他东方人,在理论上和实践中对待妇女的态度,也是他们相互猜疑的最为显著的例证。这样的观念已经人人尽知。即使用一整章的篇幅,也讨论不清其中的一个分支。女孩子一进入青春期,即变成像"私盐"一样的危险品。一旦她们被订了婚之后,就要过上更为小心封闭的生活。一件极细小、微不足道的事,都会招来恶毒的流言蜚语。"寡妇门前是非多",这也是一条公认的社会真理。尽管中国妇女比起她们的印度、土耳其的姐妹来,或许享有更大的自由[1]。

但是,中国人对于中国妇女的尊重程度仍不能获得较高的评价。妇女普遍缺乏知识和地位,遭到歧视,处于从属地位。一夫多妻制和纳妾现象也一直存在。这些林林总总的状况,都表现出对妇女的不尊重。可是在西方,尊重妇女乃是西方文明最显著的特征之一。在此,我们可

---

[1] 原注:但是,判断这种自由不能以表面现象来决定。一位在印度德里居住了若干年的妇女,来到中国山西省首府太原定居,她评判说,通常中国街道上的妇女人数要少于印度。不过,事实与正文所陈述的现象并不矛盾。

以枚举一些中国的日常用语，来总结他们对妇女的看法。这些话信手拈来，随处都可以听到。女人被说成是天生低人一等，目光短浅、不可信赖的人。女人还被当成嫉妒的化身。人们常说："女人好妒。"这里的"妒"容易让人产生的联想，是和它读音相同的一个字："毒。"这一种理念，很好地体现在中国人的一首古诗中：

> 青竹蛇儿口，
> 黄蜂尾上针。
> 两般皆是可，
> 最毒妇人心。

另外，歧视妇女的观念还渗透在中国语言文字的每一种结构中。这些观点常常毫不掩饰地赤裸裸表现出来，将那种潜意识展露无遗。为了回答笔者关于这方面的询问，一位杰出的中国学者仔细研究了一百三十五个以"女"字为偏旁的常用字。结果发现，其中仅有十四个是褒义词，如"好""娴""妙"等；其余三十五个为贬义，八十六个为中性。那些贬义词囊括了汉语中最恶毒无耻的意义，如虚伪、欺诈、堕落、不忠、自私之类。三个"女"字组成的"姦"字，表达了"与未婚者私通、通奸、诱奸"等等意思。

据说，人们之所以不信任别人，有两个原因：一是因为他们彼此不了解；二是因为彼此了解。中国人认为，这两种不信任人的理由，他们都有。中国人天生具有联合的本领，这种本领容易令人联想起化学原子的化合。然而，只要在适当的时候小心试探，就会很容易发现，他们彼此不信任是以含蓄的方式表达的。同一个家庭中的不同成员，也时常陷入到互相猜忌中。这种猜忌多是由嫁入家庭中的媳妇们煽起的。妯娌们勾心斗角，为了瓜分家庭共同的劳动成果，她们总是使出浑身解数，在各自丈夫与大家庭之间煽动矛盾。

本文并不打算在此详细讨论中国人的家庭生活，它可以写上整整一章的篇幅。现在让我们跳过这个问题,来看看另一种普遍的情况,没有复杂家庭的人的情况。如果家里的仆人们,假如不是由某位富有责任心的人介绍来的,那么,他们只要相处起来,就一定是类似于那种保持武装中立的状态。如果假如他们当中有一位做了什么不光彩的事情来,他想到的第一件事,不是问自己:"主人是怎么发现的?"而是问:"谁把我的事情告诉他的?"即使这个仆人明知道自己有错,有很多证据可以证明是他干的,他的第一个念头仍是别的仆人在报复他。我们听说,一位中国妇女,只要她听到院子里有人高声谈话,脸色就马上变了,怒气冲冲地从屋子里奔出去。因为她认为,既然有人在争吵,人们就是在议论她。可事实上,外面只是在谈论一桩买卖,有人想买一堆稻草当柴火烧,嫌卖主要价太高了而已。

如果某一个仆人出乎意料地被辞退,他肯定会猜忌别人,继而满腔仇恨。他会怀疑除他自己之外的每一个人,断定有人说了他坏话。即使他知道,主人能列举十条理由,其中的任何一条都足以使他被辞退。但他仍会坚持说,有人说了他的坏话,这样被辞退,是毫无道理的。他必须保住自己的"面子",而把责任推到别人身上。他猜疑的天性必须满足。这种事情会发生在中国人的家庭里,也会发生在雇佣中国仆人的外国家庭里。但是程度会不同,因为中国仆人知道如何欺骗善良的外国人。但在中国主人那里,他想都不敢这样想。这就是为什么如此之多的外国人还一直雇用着那么多早该辞退的仆人。是主人们不敢那样做,他们也知道,单单提出辞退就等于捅了马蜂窝。这件事的中心,就是那些受过指责、"毫无颜面"的仆人们,身为外国人的雇主没有勇气将他们赶走,以免不能赶走他们,留下来继续工作后,把情况弄得更糟。

有这样一个故事,中世纪的奥地利,有一座城市遭到了奥斯曼土耳其人的围攻。眼看城池就要被攻破了,在这千钧一发的时刻,一位奥地利姑娘突然想起了自己的很多箱蜜蜂,就把它们搬到城墙上。这时土耳其军人们已经快爬到城墙垛子上了。奥地利人把群蜂倾倒了出去,顿时群蜂飞舞,敌人便潮水般的退却了,那座城市也就被挽救了。中国人常常采用的策略，和这个奥地利姑娘计谋一样。中国人的成功对于他们仅是一种信号，使得他们更加确信自己的猜忌。一位拉丁教授在谈论人们面对风暴的态度时说过，人们宁愿"面对风暴的警报"，也不"面对风暴自身"。中国人对待猜忌所产生的纷乱，也如同对待风暴一样，宁可信其有，不愿信其无。虽然中国人常爱说："用人不疑，疑人不用。"在这种情况下，中国人的办法经常是睁一只眼，闭一只眼，假装没看见。而对于外国人来说，这可没那么简单，那么容易处理。

当我们的孩子长大到了足够独立闯荡世界的年龄，我们发现，很有必要教育他们：最好不要过分相信陌生人。中国的孩子，在很年幼的时候，就已经不需要如此告诫，他们早已从母奶里汲取了这一经验。有句俗话说：一人不进庙，两人不窥井。我们为此感到非常迷惑，为什么一个人就不能进庙呢？原来是告诫大家，庙里的和尚可能会乘机谋财害命。两人不窥井，是因为，假如一个人欠了另一个人的债，或一个人身上有另一个人渴望得到的东西，那么，另一个人也许会趁机把这个同伴推到井里去。

另外一些相互猜疑的例子则发生于人们每天的日常生活中。在西方国家，有自由无拘束，而在中国情形却恰恰相反，明显缺乏自由。对我们来说，处理一件事情的时候，理所当然应该采用最简便的方法。可在中国完全不同，需要考虑到各种完全不同的因素。无论遇到什么事，构成中国人思考的无非两种事物——金钱和粮食。它们是大部分中国人生活的两个核心。如果一笔钱交到另外一个人手里再分配给他们，中国人很难相信，此人能够按照既定的方案进行分配。因为他们没有体验过那种合理、公平分配的经验，依照他们的经验，只是坚定地认为，钱到了另外一个人手里，他就会千方百计地从中克扣。

出于同样的道理，去安排一个中国人为他人分配粮食也很困难。表面上，怎么也看不出接受食物者会怀疑分配者从中克扣。但如果真的去仔细询问那些受分配的人，我们就会发现，他们不会公开表示自己对分粮食的人的猜忌，不满的情绪可能被压抑了。但我们不能据此就认为，他们心中的猜疑是不存在的。事实上，只有外国人才把它当成一个问题来正儿八经地询问，中国人则对这种情况习以为常，只要机器中存在摩擦，人与人之间就存在猜疑，雁过拔毛，人心隔肚皮。

中国旅馆里的侍者有一个习惯，在旅客即将离开旅店之时，他们会大声报出清单上的每一款项。这可不像一些旅客所认为的，是在故意夸耀客人的阔气。它有一个更实际的作用，就是为了使其他侍者知道，报单的人并没有私吞小费，或者用中国人的说法是"茶酒钱"。尽管，实际上他们内心个个盼望能够得到这些钱。

如果有什么事情需要协商和调整，在任何一个西方国家里，只要往有关人士家中去一封信，这样问题就能迎刃而解。可这要是在中国，绝对行不通。在中国，当事人必须亲自去拜访对方。如果对方恰好不在，得一趟一趟地拜访，直到见到要见到的人为止。因为他们不信任中间者，向中间人交办事宜一定会被扭曲。

人们经常提及中国人的社会团结。在某些情况下，整个家庭或整个家族似乎全部会干预属于家庭成员个人的事。但是，一个明智的异姓人这时会格外小心，最好连一根手指都不要伸入这些事情中去，以免惹火烧身。有句很妙的格言说的就是外姓人的忠言难以被接受："姓不同，不相谋。""我们家的事情，要这家伙掺和干什么？他一定别有用心！"对相处了一辈子的老朋友和老邻居都如此，那么，更何况那些外来户和没有特殊关系的人。

"外"这个词在中国具有特殊含义，含有远近之分的意味。外国人之所以受到排斥，只是因为他们来自"外"国；外乡人办事不顺利，因为他来自"外"乡。如果一个外来者，没有人知道他从哪里而来，他又不想让别人知道，情况一定会更糟糕。谨慎的中国人免不了会想："谁知道这家伙葫芦里装的是什么药？"对于那些初来乍到的外人，猜忌心重的中国人很自然会有这样的疑惑。

如果一个旅行者碰巧迷了路，在天黑之后来到了一个村庄。尤其是在时辰很晚时，他就会经常发现，没有一个人肯走出房子来给他指路。笔者有一次就在这样的情况下来来回回转了几个小时，想花钱雇一个向导，求了很多中国人，却没有一个愿意，他们甚至都不肯说上一句指路的话。

中国私塾里所有的学生上课时，一律被要求扯着嗓子念，既损害他们的发声器官，也令外国人心烦意乱。这是一种"老传统"，但如果有人想刨根究底，问为什么会产生这样的传统，人们就会告诉你，听不到这种读书声，老师就会怀疑学生是否在专心学习。学生背诵时，要背对老师，老师以这种奇怪的做法来确保学生不偷看书本。

并不是所有的文明形态都强调要热情款待陌生人。在与东方人有了实际的接触之后，所罗门①的那些要求人们对陌生人要谨慎的箴言，具有了很多崭新的含义。但是，中国人的谨慎小心，已到了高不可攀的地步。一位受雇于外国人的中国教师，收集童谣。一次，他听到一个小男孩正在哼一支他从来没有听过的歌谣，就让他再唱一遍。可是，那个孩子吓得慌忙逃走了，再也不敢露面。这个小男孩的行为，就是中国这种环境中典型的产物。一个人精神失常，离家出走，他的朋友四下里打听，希望能得到一点儿有关他的消息。其实，他们很清楚，这样做，希望是非常渺茫的。假如有人说曾见他来过，后来又走了，寻找的人会很自然地问："你们把他怎么了？"这样，麻烦就来了，非得一块安全地把走失的人找到才成。所以，如果询问者是个陌生人，人们最为安全的回答是：不知道！

根据我们的经验，在中国，当一个陌生人试图去寻找当地一位有名的人物，也会出现同样的情况。发生过这样一件事，一个看似来自邻省的人向人问路，去某个村子，寻找一位在当地颇有名望的人。最后他却失望地发现，全村人众口一词，都断然否定村里有这么一个人。而且，他们还都信誓旦旦地表示，甚至连他的名字，听说都没听说过。然而，

---

① 译者注：所罗门，古代以色列国王，大卫王之子。出生于公元前1000年，于公元前930年去世。

他们的这些谎言并不是事先串通好，一致编造出来的。因为，村民们既没有串通的时间，也没这个机会。他们不约而同地采取这种对策，是出于一种本能，就像北美大草原上的一种犬鼠，一见到陌生的东西，就一头扎进洞里。

在所有的这类事情中，一个人只要随便打一声招呼，他口音中的细微差别就会把他来自哪儿暴露无遗。一个乡下人遇到另外一个乡下人，经常会遇到盘问，他家住在哪儿，距离另外一些地有多远等等。他们似乎要凭此来做判断，确保他不是在骗人。同样如此，学生们并不满足一个自称有秀才头衔的人是如何"入闱"时，还可能要盘问他入闱当年的考题，以及是如何完成的。采用这种方法，欺骗就很容易被识破，事实上也的确经常被揭破。所以一个人千万不要指望冒充某一个地方的人，因为你的口音很快会露出马脚。

一个陌生人不仅会发现自己很难获得某人的线索，而且他这样打听的行为还会引起普遍的猜疑。这就像前面说的那个例子，他会受整个村子的猜疑。笔者有次派出几个中国人，让他们去寻找曾长期在一家外国医院接受治疗的几个中国人。结果，他们能找到的人非常少。又有一次，终于有一个人鼓起勇气和陌生人交谈，也至多只说出自己的姓，而坚决拒绝说出自己的名字或者是"号"。他的姓还是一个大姓，同姓的人很多。另外一次，送信者苦苦寻找一个村民，这个人按说非常容易找到，却莫名其妙地不管怎么样也找不到，像鬼火一样在他们眼前后退，甚至连最后的一点线索也消失了。就在前文刚刚说过的那个例子中，其实那个陌生人要找的那个知名人士，就生活在方圆一两里之内——事实上，知名人士的住处实际上距他立足的地方仅仅只有几十米远。

笔者认识一位上了年纪的人，他有一个十分富有的邻居。他们两人从前都曾参加过某一个遍及中国全境的秘密的教派。可当人们向老人询问起他富有邻居的情况时，结果却发现，这两个老人从小一起长大，相邻而居六十余年，他却从未接触过。"怎么会这样呢？""因为他年纪很大了，也不怎么出门。""那么，你为什么不常去看望他，谈谈过去的时光呢？是不是你们的关系很不好呢？"老人不自然地微微一笑，摇摇头，然后说道："不，我们关系很好。但是，他很富有，而我很贫穷，如果我要是去他那里，就会惹人们说闲话：他到这个有钱人家想去干什么？"

中国人本能地存在相互猜疑，有一个明显的例子，就是：他们从内心里不愿被单独留在房间里。如果出现这种情况，客人一定会觉得十分地不自在，最终一定会溜出房间，或许赶紧溜到走廊里去。这个举动似乎在表明这样的意思："不要怀疑我，你也可以看到，我没拿你的任何东西，我不在屋子里。"若一个非常自重的中国人去拜访外国人时，有时也会看到与之类似的情形。

没有什么能比一个人的非正常性死亡更易引起中国人最强烈的猜疑的。在这方面最为典型的例子就是出了阁的女儿的死亡。尽管如前所述，女儿活着的时候，父母无力保护她。可是她死后，只要她死得有一点可疑之处，她的父母在一定程度上就取得了主动权。女儿的自杀是一种机会，使得父母不再像过去那样人所共知地忍气吞声，相反，他们可以盛气凌人地提出一些苛刻的条件。在这种情况下，拒绝和这个女子的娘家达成一致，就会引起一场持久、恼人的官司。娘家的目的首先是为了报复，不过，最终目的只是为了保住这个女孩娘家人的"面子"。

中国有一句古话："瓜田不纳履，李下不正冠。"这句充满智慧的箴言警句，表达了一个具有普遍意义的真理。在中国的社会生活中，走路都要小心翼翼。这就是中国人生性沉默的原因，我们对此有时十分难以忍受。他们都知道，一言不慎，就可能酿成大祸，而我们对此一点也不懂。

中国人的商业活动也从很多方面证明了他们的猜忌。买方、卖方彼此都不信任，因此，双方都认为，只有把交易交给严格保持中立的第三方，才能促使买卖成交。他们只有通过讨价还价才能获利。而且只有拿到了现金，交易才算完全做成。如果这件事的情况更为复杂时，有些东西就必须记录下来,因为"空口无凭",必须"立字为据"。

中国的白银市场极为混乱,一部分的原因就在于钱庄根本不信任他们的顾客,而顾客也不信任钱庄,双方都有充分的理由表明自己不应该相信对方。南方的每一块被切去一角的银元,中国各地每一个地方被切去一角的银元,都是这个伟大的商业民族生性好猜忌的明证。他们在决心做成一桩交易时,是非常精明的;而他们不愿做生意时,则表现得更为精明。每一个顾客,无论是中国人还是外国人,总希望天黑以后再把银子花出去。这一点中外皆然,本身就十分可疑。难怪城里的每一个商店都建议大家等到第二天天亮了再花银子。这是明智之举,也不足为奇。

中国的银行系统看上去十分复杂。我们从马可·波罗的游记中可以知道,中国很早就使用钱庄的汇票了。但是,这些汇票使用得并不普遍,其流动性好像被严格地限制在一定的领域。两个相距仅十英里的城市,各自的钱庄都有充足的理由拒收对方的票据。

中国金融的利率很高,从百分之二十四到百分之三十六,甚至更高。这也是中国人彼此不信任的表现。这种暴利大部分不是资金成本本身的利润,而是借贷人冒了巨大风险的保险费。我们所熟悉的西方的各种投资方式,中国人几乎没有,这不是因为帝国的各种资源没有得到有效开发,而是因为这个国家的人们普遍彼此不信任。"民无信不立。"正是由于这一点,在将来的很长一段时间内,中国许多事情会长期不可"立"。中国人仍将表现出猜疑的特点,这必定会极大地损害这个民族巨大的利益。

几年前,一份报纸对纽约华人社区的情况作过一段详细的报道,提供了一个荒谬的例子,可以说明中国商业场中的猜疑。这个中国人的组织,大概和在其他城市建立的机构也是大同小异。在纽约,他们有自己的自治组织,有十二个头面人物担任其领导者。这些人把钱和市政府的文件锁在一个很大的铁质的保险柜中。为确保绝对安全,他们没有采用美国银行通用的那种复杂、外观漂亮的号码锁,而是使用了十二把铜挂锁（中国式的）。这十二位华侨组织的人物，每人只掌管一把钥匙。如果要想打开保险柜，必须十二人全部到齐，每人开一把锁。不幸的是，这些杰出的管理者们其中的一位突然因病去世了，整个华侨组织的事务立刻陷入了极度混乱中。因为那位先生的钥匙找不到了。即使找到，也没人敢冒险去代他开锁。因为他们有这样的一种迷信担心，害怕死者会嫉妒他的继承人，让他也患上自己的那种病。这一迷信的观念太令他们恐惧了。直到经过特殊的选举补了空缺之后，这个华侨组织才取出钱，支付他的丧葬费。这件小事，的确是一扇窗口，愿意透过它一看的人们，可以从中清楚地发现中国人的一些主要特征——富有组织才能、商业才能，互相猜忌，无限度的轻信，以及对西方制度和文明不言而喻的蔑视。

中国的政府机构中，也不乏相互猜忌的例子。宦官其实是亚洲特有的一个典型现象。据说，中国从很早的时候就开始有宦官了。但在目前的这个王朝，满族人一直采用一种卓有成效的办法对付这个危险的阶层，剥夺了使这批人物像过去那样来危害民众的权力。

当诸如征服者和被征服者这两种不和谐的人，必然要在高层进行合作时，就可能导致互相猜忌。满人和汉人在政府管理方面的奇异结合就是一个很好的例子。满人在中国是征服者，汉人是被征服者，双方在政府中难免相互猜疑，产生冲突。比如"六部"中某一部担任正职的汉人，可能在另一部担任副职，而这些职务由哪族人来担任必须妥善安排，这样才能维持国家机器的平衡。机构庞大、地位重要的都察院的设置，在很大程度上也是这种深深猜忌的明证。

那些熟悉中国政府内部运行情况的人，能够提出很充分的看法，使我们不能不承认；中国人的普通社会生活中充满猜疑，官场也不例外。情况绝不可能是另外一种样子，实际上乃是中国人的本性使然：上级官员时时刻刻都提防着比他们职位低的人，他们害怕下级与他们竞争，替换掉自己的位子；下级官僚对他们的上级官员也充满了戒备之心，因为他们随时随地会被上级免职。但无论上级官员、还是下级官僚，又对强大的文人阶层抱有猜忌，他们还普遍对普通民众存有戒备之意。中国有许多的宗教团体是半政治性的，这就是后一种情况的显著表现，已使整个帝国变得像一团马蜂窝。一个县官会通过地方政府禁止节欲者团体集会，比如有名的在理教会。可这个教会只不过想禁止享用鸦片、烟草和酒。县官们会把民众当作一种盛宴，给衙门里贪婪的"虎狼"去吃，由此导致了民众的反抗。所有的这些教众并不企图谋反，可官府一直这么猜忌他们，假定他们一定会那样做。官逼民反，他们也就只能如此。所有的秘密宗教都企图谋反，这样的猜疑会使事情变得容易处理。无论什么时候，无论发生了什么样的事端，政府都可以立即采取行动，把他们的首领抓住，或流放，或直接除掉他们。这样一来，官府的恐慌就可缓解一阵子了。

显而易见，我们此处所谈论的中国人的这个性格，即这种相互的猜忌习性如此强大，使中国人正如我们前文所论述的那样，变得十分保守，任何新鲜事物都无法得到接受。他们不了解人口调查的意义，政府偶尔需要，也会因民众对于增加税收的猜疑而不能实行。他们甚至连名号都不愿搞清楚，人们总是立刻怀疑调查是别有用心。笔者邻村发生的一件事，可以证明这种猜疑到了何种程度。有兄弟两人，听说政府要进行新的人口调查，便断定这就意味着要强制移民。按常规，迁民时，兄弟二人会留一人在家看守祖坟。弟弟料想自己很可能被征走，他采取自杀的方式逃避了长途跋涉的折磨，也以此挫败了政府的计划。

猜忌与保守的混合，使那些在美国接受过新式教育的中国青年从美国留学归来后，一直步履维艰，困难重重。同样是这种致命的组合，阻碍了中国对铁路的引进。对政府的种种猜忌，也长期阻碍着中国所需要的改革的进行。三十多年前，有人向北京城里一位位高权重的政治家提出建议，强调铸造小银币之重要性。他听后，非常坦率地说：最好永远不要改革这个帝国的货币，如果试图那样去做，百姓立即会认为政府想从中渔利，这是行不通的。事实上，也的确如此。

矿产的开发也同样不可避免地遇到了巨大的阻力。如果中国大地下所蕴藏的矿产可以得到成功开采的话,它会使中国变成一个十分富庶的国家。"龙脉"的概念,地上的猜忌和侵吞公款的行为层出不穷,使得整个重要领域中任何第一步都难以迈出。无论新事物会带来多大的好处,那些好处有多明显,当人人都对此引发猜疑的时候,就别想引进。已故的倪伟思博士在中国烟台培育高级外国水果,为了将外国优良品种的水果引进中国,做了大量的工作。这些水果明显会给中国果农带来巨大的收益。但是他每前进一步,都不得不同猜忌作斗争。若是换成一个缺乏善心或稍不耐烦的人,早就可能取消这项计划了。不过,一旦他开始取得明显的效益,所有的这些猜忌就会自然地渐渐消失了。

但是,当中国海关对养蚕和种茶这类产业进行调查时,这种猜忌却是十分明显的。他们坦言,这次调查的目的不是为了征税,而是为了掌握生产状况,从而促进这项劳动的收益。可是,对此感兴趣的人们又怎么能违背过去的经验,认为这些调查不是为了征税呢?有谁听说过这种事情?有谁即使听说这些事情之后,又会表示相信呢?中国人对这些新兴的政府作为的心态,可以用一句古老的荷兰谚语来表达:"狐狸跳进鹅圈去,却彬彬有礼地说:'你们各位早晨好。'"

与美国人交流

下面我们将继续谈一谈这个问题,与外国人之间的特殊关系。中国人之所以强烈地不信任外国人,还因为他们经常伴随着一种根深蒂固的观念:外国人能够轻而易举地完成他们看来最为难办的事。假如一个外国人去了某个中国人从前很少去地方散步,人们就会认为他在考察这个地方的"风水"。如果他凝视一条河,那么,大家就断定,他一定是在测定其中是否有贵重金属。大家普遍认为外国人有特异功能，能够看穿地表，发现地底下有无值得掠走的东西。如果他参与了赈济灾荒，人们不用多想，就会断定他最终是想掠走大批当地人，到外国去做苦力。正是由于这些"风水"上的考虑，外国人攀登中国城墙的行为经常被禁止，外国人在中国所建筑房子的高度也受到严格控制，这就像某个帝国的边界线一样明确。

中国人缺乏哲学中的理性思辨能力。贝德禄先生曾提起四川某山区的一句谚语，"山外长罂粟，山内藏着煤。"就是说能种植罂粟的地方，地表下必然有煤炭。这并不仅仅是无知者的观念，因为彭北莱①教授曾说，北京的一位高级官员也告诉过他同样的话，并且在不知开采实情的情况下，把这句话当作反对过快开采煤矿的根据。而据说，已故的政治家文祥，曾读过丁韪良博士的《天道溯源》一书，有人问起他的看法，他回答说，他准备部分接受该书中的科学陈述，但关于地球绕着太阳旋转的断言属于宗教部分，则会令他难以置信！

外国人进入中国这样的一个实情，完全超出了他们当前社会发展阶段的承受能力。冯·里希特霍芬男爵骑着马在乡间游历。当地的四川人看到他悠然自得、毫无目的地游走观察，因此把他想象成一个从某场战斗中逃逸的士兵。尽管很多中国人后来逐渐发现野蛮的外国人其实也挺不错，但他们第一次碰到外国人，特别是高大威猛的外国人，都会很快产生一种神秘的恐惧感。许多中国妇女受到告诫，她们一旦进入外国人的住所，外国人就会催动致命的咒语，使她们中邪。即使经不住盛情邀请，她们最终被引诱进去，也不会踩门槛，把镜子给她们照也会遭到拒绝。因为在她们看来，这样一来，她们就会很不安全。

几年以前，一个从内地某省来的一位年轻的中国学者——该省对外国人其实一无所知——经过笔者的努力，费了很大的周折来到了笔者的居所，答应帮一位新来中国的外国人学汉语。他在那人家里待了

---

① 译者注：彭北莱(1837—1923)，美国地质学家，1865年来华考察各地的煤矿储藏。

几星期后，突然想起他的母亲需要他回去照顾尽孝，就回家去了。临行前，他答应笔者，某一日赶回来。可是，直到现在，他也没回来。在他住在我那位外国人朋友家的整个时间里，这个聪明的儒家弟子从未喝过仆人按时给他送去的茶，也没有当面吃过一样东西，唯恐被人下了迷魂药。有一次，他写好了一信给他的母亲，告诉她，自己一切都很好。另一个老师就好心送给他一个涂上明胶的外国信封，并且还告诉他，只要用舌头舔湿封口就可以封口。他一时显得六神无主，随后却急中生智，客气地邀请那位老师帮他封口，因为他对此不在行。

这种巨大猜忌的心理定势也导致了中国人拒绝接受外国人印刷的汉语书。人们普遍相信，这些书是有毒的，书中被外国人放了如同他们的小说里提及的那种"迷魂药"，油墨味就是它发出来的。这些药是在排版印刷时就掺进去了。有人时常听说这样的话，就是读了外国人的书，就会成为外国人的奴隶。我们听说有个小伙子对此不太相信，他在稍稍读了一本小册子的开头，马上就恐惧地把书扔掉了，立刻跑回家告诉他的朋友，假如谁读了那个书后却谎称不曾读，他将来就会下地狱！有时候，负责分发这些宣传小册子的小贩子也经常发现，这些书送都送不出去，这并不是因为书中不为人知的内容受到敌视，书中内容没有任何值得顾虑的东西。真正的原因在于，人们担心这份免费的礼物会成为陷阱，送书者会以此进行敲诈勒索——这种方式在中国相当普遍，中国人再熟悉不过。

如果外国人不慎重地，仅仅是试图记下一些孩子的名字，也会引起一片恐慌，而且这种漫无边际的猜忌，足以导致一所正在兴办的学校解散。用罗马字母拼写中国汉字的方法一开始引入，在其最初阶段就遭到了普遍的怀疑与排斥。一个外国人为什么希望教学生写一些他们的朋友读不懂的文字？世界上任何的解释都不能消除满腹疑惑的中国老一辈人。他们认为，汉字一代一代相传下来，从古老的年代开始一直很完美，对下一代来说足够好了。在他们看来，一个外国人甚至连自己的祖先都不知道是谁，和他们的那些小发明相比，中国人的汉字不知要好多少倍。几乎可以说,外国人所提出的一切建议,都会遭受到普遍的排斥。其原因很明显,就是因为这个建议是外国人所提出的。这种"灵活的顽固"的性格,会使你的中国朋友,最擅长以温和而又明确无误的方式让你确信,你的建议非常令人赞赏,但也是非常荒谬的。

讽刺是西方人手中的一种便利的武器,可它完全不适合中国人的口味。外国人对待中国人,决不能根据自己的愿望或需要。有一个外国人对中国人的了解并没有他自己希望的那么多,于是,他对仆人的失职和过错就深恶痛绝,就用英语骂这个仆人是"骗子"。这个仆人经常被这么说,就迫不及待找到一位汉语很好的外国女士请教,想知道主人为何总这样说他。当他得知这个用来说他的词的意思时,说他"如同一枚飞镖刺入身体一般受到了严重的伤害"。那些查禁罗伯聃[①]先生所翻译的《伊索寓言》的清朝高级官员,他们的思维模式和这个仆人一模一样。他们无法理解其中会说话的鹅、老虎、狐狸和狮子,背后令他们联想翩翩的隐晦的含义。为防患于未然,斩草除根,他们便查禁了所有的版本。

关于中国人对外国人最顽固的不信任的例子,可以与如今遍布中国大部分地区的外国人的医院和诊所联系在一起。在人数众多的患者中,有不少人对外国医生的善良和医术表现出毫无保留的信赖和令人感动的信任。但另外也还有不少人,仍在相信最为荒谬的谎言,比如说外国人挖出人的眼睛和心脏做药,哪位外科医生有把他的病人切成碎肉的嗜好,据说外国人还将中国儿童藏在地窖中,进行可怕的处理,等等。除非能够小心探问这些人对此的真实想法,我们一般了解得很少。不过,一二年之后,这些医疗机构治病救人的广泛成功,可以像大风吹散尘土一样,驱散所有的这些荒诞谬论。不过,尽管有数万成功的例子,这些谣言还是一有机会就会疯狂地蔓延,像温暖潮湿八月中的霉菌

---

① 译者注:罗伯聃(1807—1846),英国外交官,曾任英国驻宁波首任领事,曾把《伊索寓言》翻译成中文。

在土地上滋生一样。

在中外关系史上，外国确实存在着许多的严重失误，但中国那些所谓的外交家的怀疑与推诿想起来就会心生厌倦。那些肩负着沟通责任去进行无谓谈判的人，却无法在其中获得深刻的教训。在中国，很多并无资质的个人常常被迫去充当外交家，他们都很清楚应该怎样做，却故意耍人。

我们可以举一个极好的例子来说明：一个外国人提出要在中国内地某城市租赁一处住所，当地官员则提出种种理由加以拒绝。在一次事先安排好的会见中，这个外国人身着中国服装，还带着各种纸和书写用具。到了见面地点，寒暄了几句之后，这个外国人慢慢地取出文具，摆好纸张，拧开钢笔，检查一下钢笔筒里有没有墨水，一副全神贯注的严肃神情。中国官员怀着强烈的兴趣，仔仔细细地看他完成了这一套的表演，好奇地问："你在做什么？"外国人解释道，他只是准备好文具，为的是——"整理整理，仅此而已，没有什么。""文具？准备文具干什么？""把你所说的答复记下来。"这位官员急忙向外国客人保证，他的住所问题一定会得到解决，这样做完全没有必要！可这个官员怎么能断定，下次他再在什么地方听到这个他不知道内容的神秘记录时，怎么能保证承认，其中的内容都是他说的？

中国是一个谣言泛滥的国家，它们经常使人心中充满恐惧。过去的几年间，在新加坡的中国人就有这样的一种传闻，使得苦力们坚决拒绝天黑以后走某一条街道。因为，他们说那个地方很危险，在那里会突然神秘地被人砍掉脑袋。这个帝国可能永远也不能从这样一些传言的恐惧中解脱出来了，对于那些与之有关的人来说，这些恐惧就像1789年法国大革命中的巴黎人感到的一样真切。

无限度的轻信和相互猜疑是恐怖的谣言滋生和生长的土壤。当这些谣言涉及到外国人时，长期而痛苦的经验表明，绝不可掉以轻心，而要在它们刚刚产生时就应该加以澄清。只要当地的那些官员真心地去认真查处，就不会导致严重的后果。如果不进行制止，任其蔓延，就会产生像天津教案那样的事件。整个中国的每一个地方都适宜于谣言的迅速传播,几乎没有一个省没有产生过谣言。为了彻底制止这些谣言,抓紧时间非常必要,就应像确定地质的时代一样,被视为至关重要的因素。避免谣言的产生,最好的办法,是以无可挑剔的直观教学的实例,让中国人相信,有一些外国人是中国人的真诚祝愿者。一旦树立了这个单纯而坚定的信念,"四海之内皆兄弟"的理想将会在人类史上第一次成为现实。

第二十五章　诚信匮乏

"信",英语里一般译为"sincerity"。在汉语中,这个会意字是由"人"和"言"两部分组成,其意义也是这两部分字面所表达的。不过,在中国人值得称道的"五种品质"①中,它排在了最后。在许多了解中国的外国人看来,"诚信"这种品质,在这个天子的帝国每时每地,的确被当成最不重要的一种美德。他们也将会同意基德②教授的这一看法,他在谈论了中国人有关于"诚信"的观念之后,接着又说:"但是,如果在民族性格中确定一种美德,而不仅不在行动中加以实践,却处处蔑视这种原则,并且,也和现有的处世态度形成强烈对比,这一性格,非'诚信'莫属了。某些中国人在公开的和私下场合里的表现与真正的诚信背道而驰。"这一判断很大程度上符合事实,至于多大,我们最好在详细地考察了下面的事例后,可以探求出一个答案。

我们完全有理由认为,现代中国人和古代中国人没有多少差异。而且我们还相信,作出一定研究的权威学者也会支持这一观点。毫无疑问,在诚信的标准上,中国人与西方各民族之间的现有标准存在着很大的差异。一个思想敏锐的人,在细读中国的古代经典时,能在字里行间发现很多拐弯抹角、含糊其辞的地方。他还会发现,对西方人的直率,中国人却能压缩出这么一句意味深长的话:"直而无礼则绞。"在孔

---

① 译者注:这里指的是"仁、义、礼、智、信"。
② 译者注:基德教授(1799—1843),英国传教士。

子的《论语》中,可以读到这样一段孺悲与孔子有关的故事,这件事,对西方人来说意味深长,而儒生们却一点儿也不理解个中滋味。下面一段选自理雅各先生的译文:"孺悲想拜见孔子,孔子托辞有病,谢绝见他。但传话人一出房门,孔子便取下瑟,边弹边唱,故意让孺悲听见。"① 孔子的目的是避免一件麻烦事,他不想直接说出不想接见孺悲这样的人,因而,他便采用了中国的做法来解决。

孔子的这个做法,后来也为孟子所仿效。孟子曾在某诸侯国作为客人被邀请上朝,但孟子希望诸侯先来拜见他,因此一直托病不出。第二天,为了表明这只是个借口,他就在别处拜见了其他的客人。陪伴孟子过夜的官员,与孟子就孔圣人的上述行为进行了一次长谈,但他们的讨论只局限在礼节习惯方面,没有涉及到为方便而撒谎是否道德这样的问题,似乎也没有任何证据表明,与这件事相关的其他人思考过这一问题。而现代的儒家子弟在给学生解释这一段时,也没有超出上面的解释。

毫无疑问,在保存历史典籍的方面,古代中国人要远比其他许多国家的当代人更高超。他们的历史虽然冗长,但无疑却包罗万象。很多的西方学者似乎对中国的历史推崇有加,对书中种种记录也流露出过分的信任。维也纳大学教师基·辛格博士1888年7月在《中国评论》上发表了一篇论文,其译文中有这样一段:"科学考据很早就认识到,并且越来越证明了中国古典文献的历史真实性。"

新近一位对中国做出深入、广泛考察的学者——李希特霍芬在谈及中国民族性格中惊人的矛盾成分时,就对这种情况做出了对比,他发现,一方面他们在统计记录历史事件时具有忠实精神,以及他们面对什么细节都追求探索的严谨态度;另一方面,在中国,在他们日常生活中欺骗和作假无处不在,而在一般的外事交往、谈判中也可能存在谎言与

---

① 译者注:此处取自《论语》,原文是:"孺悲欲见孔子,孔子辞以疾。将命者出户,取瑟而歌,使之闻之。"

欺骗。此二者形成了鲜明的对比。显然我们必须牢记，精确地记录历史，有两种完全不同的体现方式：一、按特定的顺序和比例叙述事件；二、通过对性质和动机的分析来阐释事件。那些广泛地研读了中国史书的人们会说，就一般写法而言，这些历史著作的写作年代无疑是大大超越同时代世界记录；从另一种写法来看，它们却未必能体现出辛格博士所认为的谨严。

对不够充分了解的事物，我们不便发表意见，只是想让人们注意一个史无前例、十分独特的现象：一个民族上上下下都沉溺于谎言，与此同时，又能培养出一代又一代尊重真理的史官。历史学家的强烈的爱憎感情会扭曲历史，那些可以在其他国家扭曲历史的感情，在中国，难道它们就不起作用吗？难道，同样的因素，在世界其他地区发挥作用，在中国就会失效吗？

记住这一点同样很重要，即不仅儒家思想本身在尊重历史方面存在较大缺陷，而孔圣人先师本人的实际做法也不严格尊重史实。理雅各博士并不是只紧盯着圣人无瑕的品质不放，却着重研究孔子编纂《春秋》时处理历史材料的方式。这部史书记载了鲁国二百四十二年的历史，是孔子在逝世前两年编纂而成。下面一段引自理雅各博士有关儒教的演讲，收录在其多卷本《中国的宗教》一书中："孟子把《春秋》视为孔子最伟大的成就，说它的问世，'使乱臣贼子惧。'《春秋》的作者本人也说过相似的话，并说世人因此了解他，也因此怪罪他。"但是当孔子谈到世人因《春秋》而怪罪他时，不知他心中是否充满不安呢？

事实上，这部编年史书不仅极为简略，而且含糊其辞，容易使人误解。在《春秋》问世一个世纪之后，公羊便对之做出了校勘和增补，他曾说《春秋》是："为尊者讳，为长者讳，为贤者讳。"我在我那部《中国经典》第五卷中指出，"讳"包含了我们英语中三种含义——忽视、掩饰和篡改。对此，我们还有什么可以说的呢？……我常常想通过果断的否认来快刀斩乱麻，完全否认《春秋》的真诚性和真实性，以解决我面临的问题。但是，这一问题，把孔子的手、笔牢牢地拴在了他试图曲解他所生活年代的历史的证据上。如果一个外国学习者采用这种十分粗鄙的曲解的办法，使他能通过打量、深深了解这位大圣人不尊重史实的缺点，那么，中国的统治者和大多数学者都不会同情他，也不会理解他的苦恼。孔子及其弟子一直把"实事求是"作为他们的指导原则，但所谓《春秋》笔法却引导了他们的同胞怎样去隐匿真相。而那些真相，则有可能损及帝国或圣人名誉。

我们刚才已经看出，宣称中国历史是真实可信的人也承认，在中国，真实存在于历史的记述中。当然，我们不可能证明每一个中国人都撒谎。即使有这个可能，我们也不愿那样做。只要等到中国人的良知苏醒，注意力转移到审视自己的诚信问题时，他们自己也会提供最有力的证据。

贝德禄先生说："他们不说真话，同样也不相信真话。"一位学过英语的中国小伙子在拜访笔者的朋友时，为增加词汇量，希望学会说"你撒谎"的英语表达。我的朋友就告诉他，这句话最好别用来对外国人说，否则，肯定会挨揍。小伙子毫不掩饰地对此表示惊讶，因为他觉得这句话就像说"你忽悠我"一样，是不会伤害人的。库克先生1857年任伦敦《泰晤士报》驻中国记者，他在谈到西方人最讨厌被称为撒谎者这个问题时，说道："但是，如果你用同样的话说一个中国人，他一点儿也不会气恼，也不会感到受了侮辱。他不全力否认这个事实，只回答道：'我可不敢对阁下撒谎。'对一个中国人说'你这人撒谎成性，眼下就在胡扯'，就像对英国人说，'你这家伙就爱说俏皮话，我保证现在你脑袋里装满了好几句糟糕的俏皮话'一样。"

中国人的日常话语中诚信匮乏[①]，虽未达到句句成谎的程度，但他们所说的每一件事，几乎都无法呈现全部真相。在中国确实如此，真相是最难获得的。一个人永远无法断定自己可以获得某件事的全部真相。甚至当一个人寻求你的帮助，比如求你帮助他打官司。他希望把

---

① 译者注：这种认知是由于作者对中国的了解过于片面。

他的案子交给你全权代理，最有可能出现的情况是，你事后仍会发现，几件至关重要的事实他向你隐瞒了。他这样做，显然不是刻意为之，而是那种支吾搪塞的本能所致。尽管这样做，受害者只能是他本人。无论你从哪个角度着手处理，整个事情一直要到事后才会显露出来。一个较为了解中国的人士是不会因为听了一方的陈述，就觉得自己已经掌握了全部情况，而是把听到的内容和其他情况结合起来，最后找来几位他最信任的中国人，对这些所陈述的可疑事实再调查、推敲一番，以甄别这其中哪些东西可能是真的。

诚信的匮乏，再加上深深的猜忌，就足以解释这样一个事实，即为什么中国人经常会交谈了长时间，却没有谈出任何实质性的内容。外国人在中国人那边看出很多的不可理喻的事情，主要来自于他们的不诚实。我们无法弄清楚他们的真实目的是什么，可总觉得他们的一言一行的背后还隐藏着更多的东西。因此，当一个中国人走到你跟前，贴在耳边，神秘地告诉你一个你感兴趣的中国人的事情时，你不可能不心头一沉。你无法确认这位先生说的是事实，还是在把那人往陷阱里推。从来就不会有人担保，中国人所做的最后决断，就真的是最终的决定。这其实是一个非常好说清楚的问题，对于商人、旅行家、外交官来说，依旧搞得不清不白，就埋下了很多令人烦恼的因素。

任何一件事情的真正原因，几乎都很难预料。即便你能知晓一个中国人给出的原因，也不能确保那就是事实。如果你在旅途中被人拦截，他们请求捐款给一些穷人，以便他们去往一片新世界，你准备掏钱捐献，而你的仆人不会像你一样慷慨，而是带着一种"孩子般的微笑"提示你说："你花钱不关我的事，随你的便。"他还向你解释，你口袋里的钱只够你自己用的。这样，你向那些穷人捐款的乐趣被剥夺，而陷入对这是否为诈捐的怀疑当中。我们也很少发现一个中国的看门人会像外国人要求他的那样，明白地对一群中国人说："这儿你不能进。"他只是在一旁悄悄地看着，等他们一进去再跑出来。因为如果他们贸然进门，会遭遇门里面一条凶狠的大狗阻拦。

在遵约守时这一点上,中国具有高度自觉性的寥寥无几。这一性格,是与他们曲解的天赋,漠视时间的观念息息相关。不管其失约的真正原因是什么,人们将会很有趣地发现,他们会寻找各种各样的借口来搪塞。一般而言,中国人被指责没有守信的时候,他会答复说,这没有什么关系,下一次更为重要的约定,他一定会守约的。如果你谴责他的某一个过失,那么保证改正的话就会像汩汩清泉一样,从他嘴里喷泻而出。他对错误的认识将是很彻底的——实际上是太彻底了,你除了祈求他按自己所说的那样去做之外,你再没别的可期待了。

一位中国教师曾被人雇佣来抄写、注释一些中国的格言。他把一些古老的警句写下来之后,做出了这样的一条解释,即人们永远不能粗鲁地拒绝别人的请求,相反,即使实际上不想帮忙,也要表面上答应。"让他明天再来,接着,再一个明天。"他在注释中如是写道,"这样一来,请求者心里会得到安慰。"据我们所知,这是一个得到公认的原则,欠债的中国人一般也采用这种方法。没有人会指望一次就可以把债讨回,要债者也不会因此失望,欠债者会信誓旦旦地说,下一次还,然后再下一次,又是一个下一次。

中国人最缺乏诚实天性的一个表现,是他们对待孩子的态度。孩子们从小就被教导不可以诚实待人,尽管无论是教育者,还是孩子本人,竟都没有意识到这一点。孩子还在牙牙学语、懵懵懂懂能知晓大人话的时候,大人就告诉他,要是不听话,藏在大人袖子里的某个怪物就会出来咬他。外国人也常被比做未知的怪物,仅凭这个事实就能说明为什么中国孩子经常对我们说尽坏话了。这些孩子们很小受到恐吓,说外国人有多坏,使得他们保持着强烈的恐惧感。可等他们长大到一定年龄后,意识到我们并不是妖魔鬼怪,只是长得可笑而已,怎么会不在街上冲我们哄笑呢?

有一位车夫,拉着一个外国人在大街上走。他们后面跟着一群高声喊叫的顽童,在嘲笑外国人。他被激怒了,就冲着他们吼道,他要一定捉拿几个,然后绑在车后面拖死。遇到这种情况,车夫们也会吓唬道,用开水浇他们。那些有经验的孩子都知道,"我要揍死你""我砍死你"这类话,仅仅只是在警告他们"别那样做"的另一种说法。

对于一个"知书达理"的中国人来说,他必须掌握一大套词汇。这些话,只要表现出说话者的谦卑和听话者的高贵。"达理"的人在不得不提到自己的妻子时,常常称呼说是"贱内",或其他类似的文雅的谦称。农村人,虽然不会文雅的辞令,却也能抓住"礼"的本质,称和自己相濡以沫的伴侣为"臭婆娘"。

中国人自己有一个故事,可以恰当地说明他们注意礼节的特性。这个故事如下:一位拜访者身穿最好的礼服前来做客。他端坐在客厅里,等候主人的出现。一只老鼠正在梁上嬉戏,把鼻子伸进梁上的油罐中。为了安全起见,油罐被主人放到了房梁上。客人的突然到来,吓了老鼠一跳。它转身就逃,结果碰翻了油罐,油罐正好重重地砸在了客人的身上。他华丽的外衣立刻满是油污。可正当客人因为这场不幸而气得脸色发青时,正好主人进来了。在非常得体的一阵相互寒暄之后,客人慢条斯理地如是解释了他的处境:"鄙人幸得入贵舍,坐于贵梁之下,不慎惊动贵鼠。贵鼠窜,翻落贵油罐。贵油罐落于鄙人寒衣之上,恰逢贵主人入贵堂,在下狼狈之像实令足下见笑。"

不用说,很少有几个外国人能以中国人的方式招待中国人。这需要长期的适应,主人走向宴席时,对一群中国客人热情地鞠躬,温和地向他们打招呼:"诸位请入席,请用餐。"或者,把一个茶杯举到唇边,用杯盖转个半圆,郑重地对客人说:"诸位请用茶。"在心理上更令人难以接受的是在不同场合大声说"叩首""叩首",来表示"我能、我会、我可以、我必须、我应该"(视情况而定)"向您拜安"。偶尔还会插入这样的话:"我该打,我该死。"意思是我在某方面的礼数还不周,忽略了小细节。或者,有人骑着马,中途遇到一个熟人,就停下来,对他说:"我下来,您来骑吧。"也不用考虑你往哪儿走,或他的做法是否符合情理。而且,就连最无知、最没有教养的中国人,也会经常发出这样的邀请,迫使像我们所提及的那样,连最冷漠的西方人无意识中也对此赞叹不已,使他们不由自主地对这样热情待人的人表示敬佩。我们在各种场合不断看到的小小的礼仪，是个人对整个社会的奉献，它使得社会摩擦减少了。如果拒绝作出这种奉献，就会遭到惩罚，因为他走上了歧途。如果一个车夫停下来问路，忘了把盘在头上的辫子解下来，别人很可能就会故意指错路，另外，还可能会在背后骂他。

给东方人送什么礼物，这也是一门学问。在中国如此，在其他国家可能也如此。对于收礼物的人，有些东西是绝对不能接受，而另外一些东西则不能全部接受。而假如一个外国人在这方面自以为是，自作决断，就一定会做错事。一般情况下，对别人送来的礼物，要谨慎审视一番，尤其是在出乎意料的情况下。生儿子这样的喜事中收到的礼物，就属于这些特别要小心的，"我害怕希腊人，即使他带着礼物。"这句格言在世界各地都具有永久的生命力，在中国也一样。送礼背后总有文章，正如中国的一句朴实的谚语所述说的"老鼠拉木锨——大头在后面"，或者，换句话说（实质上），要求的回报远远超出他的付出。

许多居住在中国的外国人，都曾经亲身体验这种馈赠的虚伪性。我们曾有机会熟悉了送礼的全部细节。一个小村庄里的中国人，为了对几个外国人表示尊敬，特意为他们搭台唱戏。当然，谁都明白，这种邀请还有另外一个要求，外国人必须用几桌像样的宴席来表示答谢。可是，他们的宴请全部被村民们拒绝了，但他们却请求外国人能捐一笔款，哪怕是一点点也行，可以用于村庄的公共设施的建设。他们就如是做了。此后不久，又有十一个村子连续来邀请，说是被这些外国人救济灾荒和捐赠医疗救助的精神深深地感动，也派出代表正式地请他们去看戏。这些村子的人都清楚，这些邀请肯定会被拒绝。每个村庄的代表在听到他们的好意被拒绝的消息时，脸上都露出同样悲哀伤心的神情。他们当中的每一个人，然后又全部自然而然转向请求捐款问题，仍然是公共建筑。他们每个人都是点到为止，却没有一个人愿意做出进一步的说明。

遭受困扰的不单单是外国人，富有的中国人如果不幸要操办喜事时,邻居就会前来拜访,他们拿着一点儿不值得一提的礼物前来祝贺,比如为新生婴儿买的不值钱的玩具,但是主人必须设宴答谢——在中国,设宴是一种永远不会落伍的方式。在这样的一种场合下,哪怕是一个最不了解中国人的人,也会赞叹这么一句中国格言的准确:"吃自己的,吃出泪水;吃别人的,吃出汗水。"在这样的情况下,主人还要被迫装出一副真诚欢迎的样子。尽管心中非常不痛快,为了不丢"面子",却不能表露出来,满腔怒火全都压抑在肚子里。而"面子",可比被人吃掉食物更贵重。

  这就向人们表明,中国人有许多表达方式都是为了"讲面子"有意做出来的。受雇于外国人的中国人,对待外国人的大部分礼节,只是一种虚伪的客套,尤其是在大城市中,只要将一个人在公共场合和私下里的行为比较一下,很容易发现这一点来。据说,一位中国教师在雇佣他的外国主人的家里,向来被奉为彬彬有礼的典型。可假如他在北京街头遇到了主人,就会怒目而视,好像"不共戴天"一般。因为倘若和主人打招呼,就会让别人看出这位饱读诗书的先生在某种程度上要依靠外国来的野人混碗饭吃——尽管这情形已是人人皆知,但至少在表面上,尤其在公共场合,是不能承认的。这样的情况极为常见,如果屋子里有一个外国人在,几个中国人进屋时,只会逐一给屋子里的中国人行礼,却完全无视那一个外国人的存在。一个中国老师会称赞他的外国学生听力敏锐,发音完美,说这个学生在接受语言方面会很快超过其他同学。可同时,这位学生的一些奇怪的发音错误,却会成为这位老师与他同事取笑的对象。在一般情况下,人们会理所当然地认为,雇来教汉语的老师,被视为最需要对学生的口语水平负责的人。

  中国人表面客套、虚伪礼节的重要表现,可以用另一个事实来证明,那就是口头上应承,自告奋勇去做一件值得一做的事情,而实际上不做。假如一个中国人满口答应你做什么,却最终没有下文,我们不应感到失望。因为,你必须早就知道事情可能办不成。但是,满口答应你的那位先生,却为他自己和你都保住了"面子"。与之相似的情形是,假如在一个旅馆里，你和老板在付款上发生了争执，你的车夫可能会站出来调停，决定差额的部分由他来垫付，但他却将自己的手伸进你的钱袋。或者，就算是他掏自己的钱，但回头他还是会拿着账单找你付账。你倘若提醒，是他自己要付的，他会回答说："你能指望参加葬礼的人一同被装进棺材，埋到墓地里去吗？"

虽然在中国仍有许多人是真正谦逊的，但也存在着大量与之相反的情况。但毋庸置疑，无论男女，肯定也有不少人的谦逊是假的。经常听到人们这样谈论一些不愉快的事情，说这完全是不应说出口的。人们清醒地意识到，某些观念难以直接表达时，最好就别执意说下去。但却有很多自视甚高的人非要去争执，固执己见。可这些谈吐优雅的人，一旦被激怒，就连最难听的话都骂得出。

可以与虚假的谦逊相提并论的是虚伪的同情。它们都是由空话组成。但是，中国人不应因此受到谴责，因为他们没有足够的物质条件去长期维持对如此众多人的同情。最令人恶心的倒不是空洞的同情，而是那种兴高采烈中对死者假装的幸灾乐祸的同情。贝德禄先生提到他所遇到的一个四川苦力，在拉纤的路上，看到两条野狗在纤道上吞吃死尸，竟止不住哈哈大笑。密迪乐先生告诉我们，他的中文教师在听到一个自己的最要好的朋友死得很有趣后，竟也捧腹大笑起来。一些父母，因最疼爱的孩子夭折，长时间的悲痛会使自己变得表情麻木。这与上面的情形不同，因为沉默中悲伤是人的自然情感，而对这一自然情感的粗鄙嘲笑显得与人类的本性如此格格不入。

如前所述，西方人和中国人实行贸易往来已有数百年的历史了，在此过程中，在这些交往中，中国人的商业信誉也得到了无数次的验证。为了不使结论显得太过于泛泛而谈，可靠地说，我们还应该举些例证作基础。我们可以应用香港和上海的汇丰银行经理嘉默伦爵士一段话作为例证，这是他告别上海时所说的："我已谈了西方商团的高标准的贸易原则，在这方面，中国人一点也不比我们落后。实际上，在这个世界上，没有谁能像中国商人和银行家那样，很快赢得我们的信任。当然，任何事情都有例外。但我有足够的理由得出这一分量非常重的结论，我可以告诉诸位，过去二十五年里，我们的银行在上海与中国人做了很大一笔生意，总额达数亿两白银，迄今为止，我们还未遇到过一个违背信用的中国人。"对这段发言最好的评价，或许就是三年后发生的另一件事：这家银行在香港的一位买办使银行蒙受巨大损失，银行的利润每年至少损失一百万元。

中国商业活动中的批发与零售是否有本质区别，我们无从得知。但为了使我们的思考显得更全面，确实应该考虑一下，上面提到的大部分的结果，是否完全归功于我们所讨论过的中国人的责任感在起作用——那种值得西方人好好效仿的东方式的责任体系①。中国人在与西方人做生意时，讲信用可以使他们获得最大限度的利润。所以，我们获得中国人毫无疑问的最大限度的信任，本来就是自然而然的事。尽管如此，通过一大批的证人长期广泛的观察仍能证明：中国人的商业活动是这个民族缺乏信用的最大例证。

一位略知道内情的人写过一篇很有趣的论文，认为两个中国人做一桩普通生意，其过程只是一方成功欺骗另一方的活动。这两个人之间的关系，一般来说，就是雅格和拉班之间的关系②，或者就如同一句中国的俗话所说的那样，是铁刷遇铜盆。在中国，有这样一句老话，人所共知："送一个孩子去做生意，其实，就等于毁了他。"假秤、假尺、假钱和假货——所有的这些现象在中国都很难杜绝。甚至一些很大的商号，都会挂着醒目的招牌告诉顾客，本店"货真价实"、"绝无二价"。可是，实际上，这些号称绝非名副其实。

我们无意于论证中国人不诚实这一命题。而只是想说明，根据我们的观察和经验而言，在某些地方很难确保找到真诚。一个衣冠楚楚

---

① 译者注：此处是指"负责与遵法"一章中，作者论及的中国人承担责任的诸种问题。
② 译者注：雅格和拉班都是《圣经》中人物，雅格是拉班的外甥，为了娶拉班的女儿拉结为妻，雅格为拉班牧羊。拉班百般刁难雅格。最终，雅格还是带走了妻子和羊群，成为了以色列民族的祖先。

的学者,碰到一个外国人,可以大言不惭地宣称,他不识字。可如果递给他一本小书让他看一下时,他会毫不迟疑地拿着书悄悄地从人群中溜走。仅仅是为了不用付钱,虽然那本小书至多只值三个铜板。对此,他一点儿也不觉得这是一种羞耻,反倒沾沾自喜,觉得自己成功地把那愚蠢的外国人骗了。那个外国人太不精明了,竟然相信一个完全陌生的人。

中国人向外国人买东西,常常到最后少付一个铜钱。他总是宣称,不好意思,身上没钱了。当你向他指出,他的耳朵上正夹着一枚铜钱呢。他会极不情愿地拿下来交给你,那情形就跟受了欺骗似的。同样,一个人会泡了"老半天",想免费从你那儿得到点东西,理由是他一个钱也没有。可是到了最后,他却会取出一千文的一大串铜钱,满脸不高兴地递给你,不情愿地给你他应付的钱。但是,假如你相信了他,让他不付钱就把东西拿走,他会心花怒放,就像刚刚斩杀了一条大毒蛇一样。

中国社会之团结的表现形式之一,就是中国人一向有向亲戚"借东西"的习惯,有时会说一声,有时却有意无意地不打招呼。许多这样"借"来的东西,大部分被立即送进了当铺。如果主人想要回来时,必须自己拿钱去赎。有一个中国男孩子进入教会学校就读,在偷一个管学生宿舍的单身女子的钱时,被发现了。面对着不容置辩的证据,他一边哭泣一边解释道,他在家的时候就一直习惯于偷妈妈的钱,而这位外国老师太像他的妈妈了。于是,在诱惑之下,他不由得想偷一偷老师的钱了。

毫无疑问,中国的社会中存在着这些非常明显的问题,而西方无疑也存在。但最为重要的是,我们要清醒地意识到两者之间的本质区别。其中有一个区别,我们在前面已经说过,一些中国人缺乏信义,这一点虽不能随时就可以碰到,但还是随地就能找到。在我们讨论其他论题时,其中的不少例子我们已经做出列举了。若想做一些详细的论述,再多的篇幅都不够用。

第二十六章　宗教信仰

儒学，作为一种思想体系，是中国人最伟大的智慧成就之一，而儒家经典对于一位西方的读者来说，难免会感到十分枯燥而空洞。然而，我们若想要了解这些经典之所以成为经典的意义，还要考虑到它们在历史中发挥的那些影响。中国人是地球上人口最多的一个民族，"其有记载的历史比世界上任何一个民族都要悠久，一直可以追溯到传说中的远古，她是世界上唯一没有异化或崩溃的古老民族，也从未被任何民族，从她自古生存的那片土地上赶走过。"它如今现存的一切，都像远古的时代那样古老。对于这一绝无仅有的事实，我们该如何来理解呢？中国人口之众多，在世界上无与伦比，他们自从历史的黎明以来，就一直居住在中华大地上，直到今天。到底是一种什么样的神秘力量在支撑着这个古老的民族？所有的民族都必然走向衰落、消亡，这是一个普遍的命运，而这个民族为什么成了一个例外，一直保持着如此顽强的生命力？

所有对此作过最透彻地考察的学者一致认为，导致这样一个结果的事实是，其他民族依靠物质力量生存，而中国人依靠的是精神力量。任何一位学习历史的人，任何一个善于观察的旅行家，只要他们了解人的本性，无不对中国人奇迹般的从古至今的道德约束力肃然起敬，这种约束力发挥着巨大的作用。卫三畏博士说："孔子作为一个理想高尚的学者，对中国人在追求理想人格，善良人性方面的影响，无论作何评价，都不过分。他所描绘的极高的道德标准对后世产生了不可估量的影响,以至于整个民族都要接受这一标准的评判。"理雅各博士说:"儒学关于人的责任方面的精彩教诲,实在令人赞叹。的确,它并不是完美无缺的。但它所推崇的四个方面的教诲——文质彬彬、谨守道德律令、关注精神、诚实①,其中后三个方面是和摩西律法及福音书教诲是一致的,以此为标准建立的世界,必将是一个美好的世界。"

中国经典中完全没有使人堕落的描写,这一重要特点经常为人指出,它是中国经典最伟大的特点,也是中国古典经籍与印度、希腊、罗马经典最主要的区别之一。密迪乐先生说:"无论是古代的,还是现代的,没有任何一个民族能像中国人这样,拥有如此圣洁的文献,其中完全没有放荡的描写,没有一句粗俗的话。四书五经的每本书,每一句话,或者每一个批注,都可以在英国任何一个家庭中大声朗诵。需要重申一点,在其他所有非基督教国家,偶像崇拜都是与活人的献祭和罪恶的化身联系在一起,并伴随着狂欢放荡的仪式。可在中国,所有的这一切,都找不到半点踪影。"

皇帝就自己的统治好坏,直接向上天负责;而民心的向背,要比统治者的精神更为重要;统治者应该德才兼备,他的施政行为也应该以德治为基础;人与人之间有着五种关系复杂的理论:己所不欲,勿施于人——所有的这些观念,就像是山峰一样,高耸在中国人思想的一般水平之上,也吸引了所有观察家的注意。我们着重强调一下儒家思想体系的优点,因为只有真正理解了这些优点,我们才能真正地理解中国人。在我们即将结束关于中国人的讨论时,我们要谈谈中国人所具备的一种服从道德的卓绝能力。在延续多年的科举考试中,所有考生都要根据这些道德经典作文,因此,这种做法使得中国人的思想统一,也达到了不可思议的地步,每一个考生都把政府的稳定当成自己个人成功的重要前提,毫无疑问,这就是中国这个古老民族延续至今的一个重要因素。

中国人是否知道一个确切的上帝存在,这的确是一个相当令人值

---

① 译者注:见《论语·述而》,子以四教:文、行、忠、信。

得思考的问题。那些带着最为苛刻的眼光，考察过中国典籍的人向我们保证，学者们的天平倾向于肯定的回答。而另一些自称具有独立判断能力的人则持否定态度。即使中国人的确曾认识到存在着一个真正的上帝，那到如今他们的这些观念也完全被遗忘了。就像是一枚古币上的铭文，上面的文字如今已被积存千年的斑斑锈迹遮盖了。这个问题对于我们这样的提问者，可能非常重要，但针对我们目前的研究来说，完全可以不考虑。我们目前所关注的既不是历史问题，也不是理论问题，而是现实问题，那就是：中国人和他们的神灵之间到底存在着一种什么样的关系？

通过某些事例，我们不难追溯那些古代的英雄豪杰，从被人尊敬到被纪念、再到被崇拜的发展历程。在中国，所有的神灵几乎都是死去的人，根据祖先崇拜的习俗还可以说，在某种意义上，可以证明所有的死人都是神灵。一座座生祠，甚至可以在皇帝的恩准下，不断为生前就非常杰出的人物而建。随着光阴的流逝，说不定其中就会有谁会成为整个民族的神。不管怎样，作为一个民族的中国人，是典型的多神论者。

众所周知，人们都有崇拜自然的倾向。人们对那些不可抗拒的力量有一种神秘的畏惧感，因而便把它们拟人化，并加以崇拜。这些举动的心理基础是，人们认为自然是有感觉的。正因为如此，到处建立着风神庙、雷神庙等等。北极星也一直是人们长期崇拜的一个对象。在北京还建设有日月坛，这与皇权崇拜有关。有些地方，对太阳崇拜的仪式，也成了广大民众一种定期的民俗活动。这个活动在二月的某一天进行，这一天被定为太阳的"生日"。这天一大早，村民们就起身东行，去迎接太阳；傍晚时分，再转身向西，护送太阳踏上归程。一年里对太阳的膜拜这时就算结束了。

这种自然崇拜中最平常的就是崇拜大树。在某些省份（例如河南的西北部），经常可以见到大小几百棵树，都挂着小旗子，标明此树为某个神灵的居所。有时即使没有这种外在的标志，人们对之同样坚信不移。如果在一间破旧不堪的草屋前长着一棵枝繁叶茂的老树，简直可以肯定,树的主人一定不敢砍伐,因为中间住着神灵。

皇帝经常被认为是这个帝国中唯一有权祭天的人。祭祀大典非常独特、非常有趣,由皇帝一人亲自主持,并独自在大坛上举行,独一无二。但对于全体中国民众来说,他们自己若无法祭祀一下天地神灵,这也将是一个新闻。每家每户朝南的正墙上都设有一个小小的神龛,在某些地方把这种神龛称为天地牌位。大多数的中国人可以证实,他们唯一举行的祭拜活动(祖先崇拜除外),就是向天地祭拜上供。这一活动只在初一或十五举行,有时是在每一个农历新年的伊始。祭祀时,不需要祷告,甚至只过须臾,所有的供品就被撤下,像其他祭祀一样,被人们全部吃掉。

在这样一个仪式中,人们祭祀的又是什么呢?有的时候,他们断定自己的祭祀对象是"乾坤"。有的时候,他们又说是"天",或称他们所说的"老天爷"。后一种称呼经常使人们留下一个印象,中国人确实感觉到一个人格化了的神的存在。可是当你明白,这个假想中的"人物",经常与另一个被称为"土地婆"的神灵相提并论时,这一推论就有可能变成一个很值得探讨的问题。有些地方,是在农历的六月十九这一天祭祀"老天爷",有这样的风俗,是因为这一天是他的生日。但是向那些为老天指定生日的人追问,提出诸如"老天爷"的父亲是谁,他的生辰八字是多少等等。这些问题则完全是多余的,因为他们对此也一无所知。

很难让一个普通的中国人确信,知道这些问题的实际意义。他们只是接受传统,就算是做梦也不想提这样或者那样混乱的问题。我们很少遇到一个中国人能够知道"老天爷"有什么经历或者品性,哪怕最粗浅的说法,都不会有。他们除了知道"老天爷"掌管着气候、能决定收成的好坏之外,一无所知。"老天爷"这个词在中国广泛流传,似乎暗示着真有这么一个主宰存在,但是,就我们所知,人们既没有为他建庙,也没有为他竖立雕像,更没有一种有别祭祀"乾坤"的祭祀方式,这些问题似乎依然没有得到良好的解释。

中国典籍中经常用"天"这个字,用来寄托人的观念和意志。天是一种愿望所系,但并没有人格化。当我们读到"天即道"这样的注解时,便感到其意义已含糊到了极点。这个字在古典作品中词义是模糊不清的,在日常生活中也一直非常含混。若是询问一个向天祭祀的人,强烈地要求他回答"天"是何意时,他经常的回答就是头上"那蓝蓝的天空"。这表明,他的崇拜是与崇拜自然力量相一致的,无论他崇拜的是独个抽象化的自然力还是崇拜具体的自然力表现。他们所信仰的,用爱默生的话说,即"他与摇曳的苜蓿与淅淅沥沥的雨水同在"。换一个角度来说,他们都是泛神论者。这种缺乏明确含义的人格化的客体,正是中国"天"崇拜中的一个致命的缺陷。

中国上层社会流行的,似乎是纯粹的无神论,这与下层百姓的多神论、泛神论,形成了鲜明的对比。通过那些对此问题颇有研究的人提供的证据中,通过无数现象和对各种可能性的推敲,我们不能不得出如下的总结来:世界上没有任何一个有教养的、文明人的团体,像儒家弟子那样,"是彻底的不可知论者和无神论者。"[①]"前定可能性",指的是宋代唯物主义注释家对中国知识界人尽皆知的最大影响。一位中国经典的权威注释家、大学问家朱熹,他的威望如此之高,以至于任何对他的观念的怀疑都被视为异端邪说。他的注释不仅是唯物主义的,而且就我们理解,也是彻头彻尾的无神论,这一影响甚至超出了经典原著的影响力。

黄河从陕西和山西的崇山峻岭中流出后,继续向东奔流几百英里,注入了大海。多少年来,它数次改道,跨越了六至七个纬度,从扬子江口一直流至渤海。但无论它流经哪里,哪里就一片萧瑟,只留下一片不毛的沙丘。宋代的理学家们所带来的唯物主义洪流冲击着中国思想的大河,情形与黄河别无二致。它泛滥了达七百年之久,留下的只是一片无神论的荒漠,根本再也无力支撑这个民族的精神世界了。道教已经

---

① 原注:密迪乐先生指出,任何一位思想前后一贯的儒家学者,都是一个彻底的无神论者,但是人类的本性很少有绝对的,不少儒家弟子认为自己不信神,但也并不认为自己就是无神论者。

蜕化成一种降妖捉怪的法术。道教曾经从佛教中汲取大量的营养，以弥补自己的先天不足。而佛教的引入，是用以弥补儒教的先天不足。儒家无法满足人的本质需求，即对神的渴望。它们的传教方式彼此影响，因为这些影响而改变很大。

　　对于那种愿意行小善而积德的人，任何一个提供行善途径的机构都会得到他们的赞助，假如他手头上碰巧有点积蓄。对于他们而言，这条路比任何的路都要好。任何一个神灵，只要他似乎对人有利，都会受到中国人的垂青。就像一个偶尔需要伞的人，会走进任何一个碰巧在出售雨伞的商店那样。中国人对自己所崇拜的神灵是不问其来源，这就如一个英国人使用雨伞之时，是绝不会去问伞是何时发明，何时开始普遍应用的一样。

晚清道观里的道士

　　时常能听到一些很有学术价值的演讲，探讨中国有多少佛教徒和道教徒的问题。我们认为，这个问题就像探讨在联合王国有多少人抽十便士一包的香烟，又有多少人吃菜豆一样。谁想抽十便士一包的香烟，又能及时搞到，他们就回去抽；谁想吃菜豆，又能买得起，他们就直接去吃好了。中国的两种最有名的"教义"与这个情形是相似的。任何一个中国人，若他想请和尚做法事，又能付得起钱，他就会去请和尚，他也因此就成了"佛教徒"；如果他想请道士，他也同样可以去请，这也会使他成为"道教徒"。如果他既请了和尚，又请了道士，那也无关紧要，人们可以说他既是"佛教徒"，又是"道教徒"。因此，一个人可以同时是儒教徒、佛教徒和道教徒，这并没有什么太过于冲突的感觉。佛教融合了道教，道教融合了儒教，最后儒教又融合了佛教与道教，因此，结果导致了"三教合一"。

中国人同他们的"三教"之间的实际关系，可以用盎格鲁-撒克逊人同他们的语言之间的关系来说明。他在描述自己的语言构成时会说："撒克逊语、诺曼底语和丹麦语就是我们的语言。"但是，即使可以确定我们的祖先是谁，我们对词语的选择，丝毫不会因为我们血管中流动的撒克逊人和丹麦人的血液的比例而改变。它只受思维习惯和我们所期望的用途的影响。学者会使用大量的拉丁词语，混杂着很多诺曼底语，而农民则主要使用最为朴素的撒克逊语。但二者都是以撒克逊语为基础，其他语言只是补充。

在中国，儒教是基础，几乎所有的中国人都是儒家信徒，正如所有的英国人都是撒克逊人。在这个基础上，佛教和道教的观念、用语和教规对人们产生的影响，是随环境的变化而变化。但是对于中国人来说，在同一个仪式中把"三教"融合在一起，并没有什么不和谐或矛盾的地方，比我们在同一个句子中使用了来源于不同民族的词汇的情况还要多。

想让中国人理解两种不同形式的信仰常常是互相排斥的，并不容易。他们不懂什么是逻辑上的相互矛盾，也很少关心这一点。他们本能地学会了把两种不同命题调和在一起的技能，强行认同两者中的每一方，而对于两个本质不相容的命题之间的关系，他们可以根本置之不理，强行把它们扯到一起。他们所接受的思维训练，也为融合不同形式的信仰作了充分的准备，就像液体可以通过内渗和外渗来进行融合一样。他们已把这种"理性的融合力"推到了逻辑上断绝的境地。即使告诉他们这一点，他们也不会明白，而且也无人可以使他们理解。

两种不同信仰的机械融合会产生两个非常显著的后果：第一个结果就是，违背了中国人天生的喜欢秩序的本能。中国人喜欢秩序，这一点他们非常出众。从他们官僚阶层的官阶的精心划分就可以鲜明地看出来。帝国的所有官员，分为九品，每品都各有各的严格身份标志，各有各的特殊权限。肯定有人想在中国的神灵世界找到这等级森严的秩序，但一无所有。若问一个中国人，"玉皇大帝"和"如来佛祖"谁权力大，那简直就是枉费心机。即使是在"万神殿"中，诸神排列的秩序也是偶然的，暂时的，经常变换。

中国人的神灵世界里，诸神的权威地位也不固定，这是一种十足的混乱状态，如果这一状况出现在人世间，那一定是长期处于无政府主义的状态。这样的场景，在供奉孔子、老子和佛祖的"三教堂"里表现得非常明显，排列秩序问题仍很突出。最受尊崇的人应该位于中间，我们认为，这个位置应归属于孔子，或者，如果不是他——既然他不信神——那就应该是老子。有充分的理由相信，这个问题在过去曾一直令人们争论不休，但是我们现在听到的所有的争论的例子中总是推崇佛祖，尽管他是一个外国人！

中国所有的信仰结合起来，带来一个严重的后果就是，把人的道德本质贬到了最低的层次。有一条社会定律与之相呼应，就是劣币驱逐良币定律。儒学所推崇的那些高尚的道德箴言，一点也不能使儒家子弟消除对于那些道教经常提到的妖魔鬼怪的恐惧。常有人这样说，当今世界的文明民族中，没有任何一个民族比中国人更迷信、更轻信的了。这个看法是一点不错的。富有的商人和知识渊博的学者，竟然都不羞于每个月都要花两天时间祭拜狐狸、黄鼠狼、刺猬、蛇和老鼠，它们被标在一张纸上供在牌位上，被人称为"大仙"，据说它们可以对一个人的命运产生巨大的影响。

就在数年前，中国一位著名的高官还曾跪在一条被当成洪水之神的大蛇面前。他们都认为这条水蛇是前朝的一位著名的官员，他曾奇迹般地制服过泛滥的黄河。在中国，只要洪水泛滥时，将蛇当成神加以崇拜的现象十分普遍，这也成为了一种惯例。在离河流较远的地方，人们会把一条生活在旱地的普通的蛇当作神，并对它的灵验确信无疑。如果洪水退去，人们会做出一些非常富有戏剧性的行为来，以此来感谢这位神灵的恩赐，也就是那条蛇。他们把蛇放在盘子上，抬进庙宇里或其他的公共场所供人膜拜。县官和其他官吏每天都到庙里对这个神灵烧香、磕头。

在离河道近的地方，河神一般认为就是雨神，但在稍远的内地，战神关羽则更多地被当成雨神祭拜。有的时候，无论河道远近，这二者会被大慈大悲的观世音菩萨代替。对于一个中国人来说，这看起来并不是那么不符合理性的，因为他的头脑中从不考虑自然统一性的逻辑，即使荒谬就在眼前，并向他们指出其中的荒谬，他们也不能理解。

有关于求雨，还有另一个古怪而又极有意味的事实，能引起我们的注意。在中国古典文学名著小说《西游记》中有一个主要人物，是一只最初从石头里诞生的猴子孙悟空，他后来渐渐演化成了一个人。在有些地方，人们将这个想象之物当成雨神来崇拜，而既没有把他当成河神，也没有当成战神。中国人从来就分不清真实与虚构，还有什么能比这个例子更具说服力？对于一个西方人而言，原因与结果是相互关联的。而一个中国人既然能向一只并不存在的猴子求雨，他们的头脑中又存在一种什么样的因果观念呢？我们就不得而知了。

既然中国人的神灵有如此之多，去弄清他们是如何对待这些神非常有必要。对于这一个问题，有两种答案：一个是他们崇拜这些神灵，二是他们忽视这些神灵。经常可以看到，有人要去估算中国人每年在香烛、纸钱上要花多少钱。这样的估算，当然是先把某个地区当成一个样本，计算出确切的数字，再以此为基础乘以人口比例，从而推算在帝国的其他地区的数字。然而，没有什么比这种所谓的"统计"更靠不住的了，就好像有人要去统计一大片蚊子，"他数累了，接着就开始估计。"

把中华帝国当成一个整体做判断时，是非常容易犯错误的。中国人到寺庙里去拜神，就是个突出的例子。一位从广州登陆的旅行者，看到那里的庙中香客如云，烟雾缭绕，就有可能得出这样的一个结论，中国人是世界上最盲目崇拜的民族之一。但是，让他先别急着下结论，等他游览了帝国的另一端再说。他就会发现，在那里，许多的庙宇早已无人问津了，大部分时间，除了初一、十五，根本没人去进香。甚至在许多地方，连初一、十五都没人去，即使是在上香最盛行的时间——春节，而新年是中国人崇拜本能最为强烈的时刻。于是，那位旅行者会发现成千上万座不知是哪朝哪代修筑起来的古庙，尽管它们偶尔也会被人做些修复，但已无人关心它们修于何时，为何而修了。他会发现，有人口居住的方圆几百英里的地方，甚至找不到一个出家人，无论是道士，还是和尚。在这些地方，在那些庙里，他一般看不到妇女。孩子们也是放任自流，从小到大，没有人教导他们敬畏神灵的必要性。而在帝国的另外一些地方，情况则截然相反，那些具体的偶像崇拜仪式已经渗透到人们日常生活的每一个细节当中。

  中国社会的宗教势力可以和造成夏威夷群岛的火山相比。在夏威夷群岛最北部和最西部的大多数岛屿上，很久以前，火山就死亡了。只有通过茂密的植被下面坑坑洼洼的火山坑，才能判断过火山曾经爆发过的痕迹。但在东南部的岛屿上，火山依然很活跃，大火仍然在熊熊燃烧，不时爆发，强烈的地震波从岛中心传播出来。在中国某些最为古老的地区，对寺庙的崇拜极为冷淡，而在中国文明最辉煌时仍处于夷蛮之地的省份，偶像崇拜却极为盛行。不过，人们很容易被这些表面现象而误导，人们容易高估它们，在没有进一步充分调查之前，是无法得出有根有据的结论出来的。

  孔子曾说："敬鬼神而远之。"这是他的重要建议。于是，毫不奇怪，他的现代弟子们也因此认为，对中国万神之殿上的众多互不相干的神，敬而远之是最明智的。与蒙古人或者日本人相比，中国人相对没有宗教偏见。我们经常可以在一些庙宇的门楣上看到那句古老的格言："敬神如神在。"中国人以一种普遍的本能捕捉到了"如"这个字来传达模棱两可的含义。而下面这一流行的说法，则表现得更具体：

   敬神如神来，
   若不敬，可不来。
   敬神如神在，
   若不敬，神不怪。

比对敬神而远之更进一步的是仪式崇拜。按照一定的程式和方法去做,搞出特定的仪式,而这样做的目的,仅仅是想获得利益。

对于一个中国人来说,似乎神圣感只是外国人的事情,与己毫不相干。然而,不得不谈论一下敬畏与崇拜,我们已经认识到,中国人对所有中国神的信仰,要么是常规的仪式,要么就干脆是交易——能供给神多少,就必须得到神的多少恩赐。当"老天爷"被设想成一个人的时候,这种千篇一律的崇拜最能表现这一本质。问一个中国人,为什么要定期祭拜并给"老天爷"烧香祭拜,他会告诉你:"因为老天爷恩赐了我们吃的和穿的。"即使中国人对"老天爷"是否真的存在茫然无知,也不会妨碍他们仍会按仪式照行不误。祖先们这样,他也会像祖先那样去做,至于到底有什么作用,"谁知道呢?"

中国人这种只习惯于从形式上对待宗教仪式的态度是浅薄的。在一些被人遗忘的庙宇的门柱上,我们经常可以看到一副具有讽刺意味的对联,较能说明这一点:

古庙无僧风扫地
寺中少灯月照明

中国人崇拜神,就仿佛是西方国家所采用的保险机制,因为这是一种最妥当的态度。一般人常说:"宁可信其有,不可信其无。"这就是说,它们不存在,相信了也没害处。假如确实存在,却又被人忽略了,那么它们一定会发怒,并施以神力进行报复。人们认为,那些驱动人的动机,也同样支配着神灵。有句俗语说,奉上羊头(献给神庙作供品),百事不愁。人们还说,像"三皇"那样,没有特殊恩泽可以赐给人的神灵总是很贫穷,而观世音菩萨和战神关羽则既尊贵又富有。

中国人不仅仅是把对神的崇拜建立在纯粹假设的基础上,即这么做"没有什么害处,却有可能有某些好处",而且,他们更上一层楼,走到了令我们难以理解的地步。他们经常说:"信则灵,不信则不灵。"也似乎认为理所当然应该如此。这种表述方式(很难称之为思维方式)就如同一个中国人说:"相信皇帝存在,就存在;不相信,就不存在。"如果做这样的类比,中国人也完全乐于接受,但他们无法以任何合乎逻辑的推论让自己认识到问题所在。

中国人与其他国家的非基督教徒一样,把自己的神想象成他们自己的模样。这也不无道理,因为有不少神灵就是他们的同胞。笔者曾经看到过一张以菩萨名义向世人发布的晓谕,说有人将人类逐渐变得邪恶的消息上报天庭,作为众神首领的"玉皇大帝"获悉后,大为震怒,高声怒斥了他手下的神臣,因为他们没有成功引领人们从善。中国人认为,人类其实为周围的一群神灵精怪所包围,但一样可以贿赂、奉承,且容易欺骗。

中国人在做买卖时拼命喜欢讨价还价,很想占对方的便宜,如果他能讨得便宜的话,是一分都不会让的。他们面对神灵也视为一场买卖,即使向神灵祈祷,如果可能,他同样想占便宜。他或许可以通过捐钱修庙换取好运,但他可能只捐上二百五十个铜钱,却可能在功德簿上记一千个!簿子上记下多少,神灵可能就认为他捐了多少。在维修寺庙时,每位神灵的眼睛都会用红纸遮住。这样,神灵就不能看到周围混乱的场面,他也不会认为是对自己不敬了。如果一座庙位于村外,又常常容易成为盗贼分赃的窝点,因此,人们就会把庙门用砖头给封死。于是,就让神灵独自待在里面。

年根岁底,每家每户的灶王爷要回到天上,汇报他所在家庭的一年的行为,但他的嘴唇会被抹上黏糖,这样一来,他就不能去汇报这家人的劣迹了。这个风俗,人们都很熟悉,它是中国人智胜天界神仙的一个典型例子。同样,有时候,中国人会给一个男孩子取上女孩的名字,好让那些愚蠢的妖怪认为他真是女孩,从而使得他之后能活在平安之中。

贝德禄先生谈到过,在四川,人们杀死了女婴之后,总是大烧纸钱,供她的鬼魂使用,并通过这么做来贿赂、安抚她们。送子观音的庙和其他多数的庙非常不同,经常去那里朝拜的一般都是妇女。很多的送子观音庙会为她们提供泥做的小男孩，他们有时由观音娘娘抱着，有时像货物一样摆在架子上。妇女烧香拜佛时，会把标志泥人性别的那些小器官掰下来，吃下去，以确保自己生一个男孩，这已经成为一种习惯做法。庙里一般有大量这样的小泥人，都是特地为去庙里进香的妇女准备的。不过，她们只能悄悄地偷走，不能公开带走。假如真如愿以偿地生了一个小男孩，这位妇女就到庙里还愿，要在上次偷走泥人的地方再放上两个，以示感谢。中国的水手们认为，中国某些海域里可怕的风暴是恶毒的妖怪所制造的。恶魔们躺在水底，静静地等待，一旦有船只经过就俘获他们。在风暴猛烈到极致的时候，据说水手会做一个和他们船一模一样的纸船。等到最危急的关头，放入海里以欺骗狂怒的水怪们，让他们以为这就是他们想要的那艘船，这样一来，真船便有机会脱身了。

在中国很多地方，每当霍乱之类致命的瘟疫发生并迅速蔓延时，人们常在六、七月份庆祝新年。这样做的目的就是想欺骗瘟神，让他惊讶地发现，原来自己算错了这一年的时间，于是就离去了。这做法也可以使人们很容易理解，为什么"秋二月"实际是"永远不"的另一种说法。还有一种欺骗神灵的做法，就是让一个人爬到供桌底下，将头从一个专门挖出来的圆孔中伸出来。神灵会以为真有一颗人头献给了自己，于是便恩赐以相应的好运。可献祭结束，那人会将头缩回去，然后就回家享受他应得到的好运去了。

我们偶然得知了这样的一件事情：有一个村庄想把一座庙里的神像挪走，将它改建成学校。那些村民们满怀期望，想从佛像的肚子里掏出些"银子"来，以弥补改建的开支。但是，这些头脑简单的乡下人根本不了解中国神灵的待遇，也不了解塑像者对待中国神灵的态度。结果，他们搜寻神像那最宝贵的心脏，最终发现那里只是一团锡块[①]。毫无疑

[①] 译者注：古代通行惯例，在神像的心脏位置放置一块诸如金银之类的贵金属，以让该神有灵。

问，确有些僧人曾把财宝藏在他们的佛像当中，也因为此，很多庙宇遭受了抢劫之后，那些佛像要么被搬走，要么被当场打碎以便搜寻财宝。那些这么做的人，很多都是号称崇拜神灵的人，但他们对待神灵采取这么粗暴的方式，实在令人难以想象。我们还曾听说过这样的一件事，有个县官在审理一桩与僧人有关的案子时，甚至还牵涉到了庙里的佛祖。于是，这位县官便将神像传唤到了公堂之上，责令其跪下，可他似乎并不能做到这一点。于是，愤怒的县官便命令衙役重打神像五百大板，结果把他从神灵打成了一堆渣土，于是以缺席判，责其败诉。

每一年，每逢大旱降临之时，人们便向雨神求雨，希望他能大显神威，让这片干旱的土地得救。这片土地干涸已久，无法耕种了。在持续了很长的时间仍不见结果之后，村民通常会做一点点的调整，把雨神像从庙里抬出来，抬到最热的地方，让它亲自去了解一下天气的情况，是真实的第一手的信息，而不是只守在庙里道听途说。人们也经常不掩饰对神灵表示不满的习惯，在这样的一句流行的俗语中表现最为明显："三月四月不修屋，六月七月骂龙王。"

我们听说一个例子，中国一个大城市的居民，一直遭受到一种严重的传染病的侵袭。他们就断定，这是当地的一个神灵施法作祟。于是，他们便联合起来，把神灵当成一个现实的恶霸来对待，揪出神像，痛打一顿，最终把它打成了一堆碎土。我们没有证据保证这个故事的真实性，但这个故事流传开足够说明问题了，因为这整个的过程都很符合中国人关于神和神灵的观念。

我们提请读者关注这样的一个事实，可能很容易让一个不了解中国人性格的人自然而然得出这样的结论，中国人其实完全不可能有任何宗教。也的确有人这样直截了当地断言。密迪乐先生在他的《中国人及其信仰》一书中批判了古伯查先生某些过于笼统的概括，并加以指责，断言那是"对人类很大一部分人的高尚生活的毫无根据的诬蔑"。他一向坦然地承认，中国人既不关心持续了好几个世纪的纯粹的神学争论，也不关心把这些争论的结果当成其信念的民族的行为。但是，密迪乐先生断然否认这样的结论，即中国人"缺乏对不朽的渴望，缺乏对美好和伟大事物的无限崇敬，缺乏对伟大、善良的人物持久、毫不动摇的热爱，缺乏孜孜以求，向往神圣崇高事物的内心"。

另一方面，托马斯·威妥玛爵士曾对中国和中国人有过长期了解，被认为是对中国有无宗教这一问题做出最权威回答的唯一人选。最近，他发表了这样的观点："如果宗教是超越于道德之外的东西，那么，我拒绝承认中国人有宗教。他们确实有偶像崇拜，或更确切地说，是多种偶像混合的崇拜活动，但没有信仰。他们随时都可能嘲笑本民族那些形形色色的崇拜，但他们却不敢漠然置之。"

我们认为没有必要探讨这个非常有趣但很难回答的问题。要想对之展开一种详细的讨论并不困难，可是，我们并不能保证这么做能把事情弄得清楚。我们以为，现在有一种比抽象的争论不休，更有效的、更现实的途径来解决这个问题。道教和佛教已经对中国人产生了巨大的影响，然而中国人依然不是道士，也不是和尚。他们是孔夫子的信徒，无论给他们的信仰增加点什么，或减少点什么，他们仍不会改变。我们应该努力探寻儒教到底为什么不能成为中国人必需的宗教。

孔子像

为此，我们打算引用一个著名的中国问题专家的话，他的研究是不能忽略的。

恩斯特·费伯博士在他的《儒学类编》一书的最后专门指出了"儒教的不足与失误"。但于此还加以肯定，儒教中有关人与人之间关系的精彩论述，其中许多观点，几乎都能与基督教的《启示录》形成共鸣。

有关中国各种不同形式的信仰融合在一起，我们在前文已经做了论述。中国人自己也早已认识到，无论儒教还是其他宗教都不能"给人们以新生,努力追求一种更高尚更神圣的生活,做更高贵的事情"。有一篇中国寓言故事,就充分地表现了这一点,传说的作者不详。

这个故事是,据说有一天,孔子、老子、如来佛三位圣人在永恒的神仙之国相遇了。他们哀叹在这样的一个堕落的年头里,人心不古,他们的教义在天朝上邦无人听取。经过长时间的一致讨论,共同认为,他们的教义本身虽然精妙绝伦,令人赞叹,但没有一个永恒的楷模引导人性朝好的方向发展。于是,他们做出了这样的决定,下凡到人间,去物色一位合适担任此重任的人选。说完,这个计划就立即被付诸实施了,他们就分头到人间去了。在人间寻找了良久,孔子首先遇到了一位老人,老人一看上去就显得德高望重。见到孔大圣人走来了,老人却端坐不动,只是请孔子坐下,与他高谈阔论起古圣人的训诫和今天人们对它的忽视和不施行。

在交谈中,老人显示出了他对古代圣言的渊博与熟知,其渊博的学识,以及开阔、敏锐的判断力,令孔子大为惊叹。长谈过后,孔子就起身告辞,老人依然纹丝不动,并不起身相送。孔子遇到了终日搜寻却一无所获的老子和如来佛祖,向他们讲述了自己的奇遇,并建议他们也轮流去拜访那位端坐的老人,看他是否像熟悉孔子思想一样熟悉这两位先哲的思想。老子就先去了,他非常兴奋地看到,老人对道教教义非常熟悉,就仿佛他也是道教的创始人,其口才和热情也堪为模范。和孔子一样,老子也看到了这样的一个事实,尽管这个老人保持着一种谦虚的态度,但他也一如既往地没有起身送客。到了如来佛祖去拜访老人了,他也获得了惊奇而可喜的成功。但佛祖发现,虽然他表现出对佛家理论深刻的洞察,那位老人对他也非常尊敬,但也同样都没起身相送。

这三位宗教的创始人又相聚在一起了,他们一致地认为,这位举止罕见的、令人赞赏的老人,正是他们的理想中人,他不仅可以介绍"三教"的教义,而且还能论证"三教的确归一"。于是,他们三人结伴,一起又来到了老人的面前。他们向他解释了上一次拜访他的目的,他们说老人的智慧让他们心悦诚服,希望老人能出山,重振三教,最终将之付诸实践。

这位老人静静地坐在那里,恭敬而专注地听他们讲完,然后回答道:"尊敬的圣人们,你们的善行像天一样高、海一样深,如日月齐光。你们的计划充满智慧,重比泰山,令人赞叹地深邃。可不幸的是,你们选错了那个去为你们执行计划的代理人。诚然,我曾拜读过诸如《道德经》《论语》和佛经,对它们的崇高与一致性也略知一二,可是,你们或许并没注意到,我的腰部以上才是人体,腰部以下却都是石头。我擅长从不同的方面论述人类的责任,却由于我身体结构是如此严重的不幸,使我永远不能将它们任何一项付诸实践。"孔子、老子和佛祖三位圣人听了,长叹一声,就从人间消失了。从此以后,他们再也不企图努力寻找那个能在生活之中展示出三大宗教教义的凡人了。

第二十七章　中国的现实与未来

儒家经典就是驾驶这艘航船的航海图。它是人类绘制的最完美的一幅"航海图",或者如已故的卫三畏博士、理雅各博士及其他一些学者所说,这些说法并不过分,在某种意义上,这些经典的诞生出于神启。中国人在驾驶着自己的航船时,利用这份航海图创造了多少业绩,航行过哪些海域,他们此刻又正朝哪个方向前进——这些问题都是非常重要的,因为中国和西方许多国家的交往越来越密切,将来也似乎要对它们产生越来越大的影响。

据说,"一个社会的道德生活有六项指标,每一项都十分重要,它们共同构成检验社会性格的可靠证据。具体如下:一、工业发展水平;二、社会风俗习惯;三、妇女的地位和家庭的特征;四、政府的组织形式和统治者的品质;五、公共教育的状况;六、宗教信仰对现实生活的实际作用。"

我们讨论中国人的各种性格特征时,上述各项指标中每一项都附带作了说明。尽管还不够全面,也未曾充分考虑论述这些问题应该把握的比例。中国人的性格这个问题很大,涉及到很多的方面,有时许多话题不得不忍痛割爱,被迫略去不谈。我们能够挑选出的性格问题也仅仅是一点点,通过这些小点的联系,我们只能选择性地勾勒出中国人性格的大致框架。如果真要完全展现中国人的性格风貌,其实还应该有许多其他考虑在内的"特性"。

我们在举例子说明中国人的各种性格特征时,都具有说服力,因为经过慎重的选择，列举的这些性格似乎更为典型。它们就如同一副骨架上的骨头，每一块都应事先放在各自的位置，只有当骨头完全放好了，才能看清楚整体骨架的结构。每一块骨头都不能被忽视，除非有人提出反对，指出某些骨头放错了位置，并导致骨头整体结构形态也没形成恰当的样子。或者干脆，不是骨头，而只是石膏模型而已。这种批评极为公正。对此我们不仅承认，而且还要特别说明，在本书中选择的种种"性格"，并不可能使人全面认识中国人，就像描绘某人的眼睛、耳朵和下巴不可能让人形成对他的准确印象一样。但同时，我们必须提醒读者，那些判断并非匆忙断论的；实际上，它们是建立在大量的观察基础上，而我们观察的事实远远多于本书所提到的。

当然，即使如此，这些观点或许还有值得商榷的余地，但更多的却被事实证实了。这些事实如同以下的例子，一个人经历了中国北方起大风时的沙尘暴，沙土灌满了他的眼、耳、鼻、头发，衣服上也落满了灰尘。由于沙尘经常遮天蔽日，有时中午也需要点灯。针对这种现象，人们也许会搞错起因，但不管如何，对它的描述总是完全正确的。不过，观察自然现象与观察道德现象是有着重大的差异的：前者每一个人都可以观察到，而后者只有那些有良好机遇并且善于观察的人才能察觉到。

事实上，中国人的生活中充满了矛盾的现象。无论是谁，如果他只看到了事物的一面，忽视了另一面，就一定会作出一种错误的判断，而且还永远意识不到自己得出了一种错误的看法。将两个明显对立的观点融合在一起，这并不是一件容易的事情。但是，这常常又是一件必须完成的任务，世界上也没有任何地方能比在中国更需要这样做的了。在这里，完全了解事物的一个方面已是相当困难，更不用说同时要兼顾两个方面。

我们已经讨论过，儒学具有高尚的道德品性。我们乐于相信，它能够造就许多品德高尚的人。这也正是人们对这一个如此杰出的道德体系的厚望，愿见它的良好结果。但是，它如何能使一定数量的人的品德都变得高尚呢？并且让他们始终保持着良好的道德状态呢？任何一个人的真实性格都可以通过对待以下三个问题的回答而被揭示：他与自己的关系如何，他与别人的关系如何，他与自己的信仰关系如何？通过这三个互相联系的方面，其人的性格就能够获得一个全面的呈现。读过前面各章的读者已经知道了，我们用这些测试题来获知当下的中国人在这三个问题上的答案：他们对自己，他们对别人，都是非常缺乏诚信的；他们与别人的关系中，缺少利他主义；他们的信仰是多神论、泛神论和不可知论的。

　　中国人所缺乏的并不是智慧，也不缺乏耐心、实践能力和乐观的精神，他们在这些方面的品质都是很杰出的。他们中的一些人所缺乏的是人格和良心。许多中国官员经受不住贿赂的诱惑，就做了错事，还以为永远不会被发现，因为"天知，地知，你知，我知"。不过，有多少中国人能抵制得了压力，不推荐公认的不称职的亲戚去担任公职呢？请想象一下抵制掉这种压力在家族中带来的后果吧，中国人害怕面对这一后果，难道还有什么奇怪的吗？然而，对于把理论上的道德积极引入这样的领域的中国人，你又能作何感想呢？当你看到，在中国的官场、军队机构、商界充满了依附现象和裙带关系，难道还会对中国的门卫和差役的不忠于职守感到奇怪吗？

　　一个想要了解中国人真实道德情况的人，可以通过中国朋友的帮助去进行。尽管他们竭力掩盖自己及朋友的缺点，却经常对民族性格的弱点直言不讳。一个中国人对其他中国人的描述，时常让我们想起卡莱尔在《腓特烈大帝的一生》一书中明显以愉悦的笔调所描写的一段对话。这位君王手下有一位督学，他很喜欢这位学校的监督员，总爱跟他谈点什么。一天，君王问道："苏尔泽先生，你的那些学校近来怎样？我们的教育事业发展得如何？""当然不错啊，陛下，特别是最近几年，好多了。"苏尔泽先生答道。"为什么非要说最近几年？""是这样的，陛下，从前，人们相信人生来就是邪恶，因而学校实行严格的管理制度；可现在，我们意识到了人天生向善而不是恶的，校长采用了更为宽容的管理方法。""天生向善!"弗雷德里克摇了摇他那颗苍老的头颅,悲哀地笑了笑:"哎,亲爱的苏尔泽,我看你是一点儿也不了解这该死的人类。"

中国社会就像中国的许多风景名胜。稍稍离开一点距离去看它们,显得美丽迷人,极具诱人的魅力。可是,再近点,总会发现很多破烂不堪、令人讨厌的东西,空气中也弥漫着一股非常难闻的气味。没有一张照片能非常客观地反映中国的风景名胜,虽然摄影被人们描述成具有"无情的公正",但有关中国的照片却不是这样,肮脏和难闻的东西都被忽略了。

拥挤的江南市镇一角

世界上没有一个国家能像中国,有着如此之多象征幸福的表征。可是,经过一段并不太久的观察,我们就会发现,那些都名不副实。中国人的幸福的确全只是徒具其表。我们相信这个真实的评价大体而言是公正的。

在对中国的社会进行仔细的分析,并探讨如何使这种理论与现实相适应时,我们总是想起那些跨越在大路和河流的石碑。它们被竖立在那儿,用以"纪念"建造和维修桥梁的人们。有的时候,这块碑旁会有五六块同样的石碑,它们都已经有着不同程度破损。我们对这些逝去的光阴和过去王朝所留下的纪念物保持着浓厚兴趣,当我们问起这些石碑所对应的桥梁时,人们回答说:"啊,那个桥嘛,"我们被告知,"好几代以前就不存在了——谁知道是什么时候就没了的!"

几年前,笔者在大运河上旅行时,因为刮起了逆风,航船被迫停下。我们就到岸上漫步,看到农民们正在田野里耕作。那时正值五月份,乡间田野里的景色美极了,一片翠绿清明的景象。那时候,任何一个游客都会由衷地赞美,对不知疲倦、辛勤劳作的农民表示感叹,因为他们的勤劳，才能把这么大片田野变得像花园一样美丽。但是，和这些耕作的农民稍稍交谈，就能发现这样一个残酷的事实，他们刚刚熬过一个极为艰苦的冬季。上一年，洪水和干旱毁掉了庄稼，使他们颗粒未收，周围的村庄都有人饿死——也就是说，目前，他们正在忍饥挨饿当中。官家所下发的一点点救济只能是杯水车薪，零星的一点点，还成了无耻盘剥的对象。这些可怜的农民毫无办法，一点儿也不能保护自己，这种情况一如既往。可是从表面上，这一切完全看不出任何的痕迹。

耕作的农人

那一年，其他的地方都是丰年，粮食高产，人们安居乐业。北京的《邸报》和在中国出版的西方杂志都没有报道过任何有关消息。但是由于其他的情况而忽视这一现实，并不能改变那已发生的现实。无论其他人是否知道这件事，那个地方的老百姓仍在忍饥挨饿。即使断然否认这些事实，也不能证明采取了有效的救济措施。经验地认为中国人应该是个什么样子，这是一回事，而通过仔细观察，认定他们实际上是什么样子，则完全是另外一回事。

我们很清楚，我们所指出的中国社会所存在的许多弊病，在西方"徒有其名的基督教国家"里也同样存在着。或许读者们会感到深深的失望，因为我们没有对这一事实作出更明确的结论，也没有对之做出系统性的比较。我们确曾这样想过，但最后不得不放弃了。除了自己的祖国之外，笔者对其他任何一个西方国家的了解十分有限，难以完成这项任务。还有其他一些因素的干扰，也让我没法做好这项工作。在进行过这样的比较后，我们至少可以指望确定这样的一个事实，西方国家面对的是充满黎明曙光的未来,中国却时时处处要面对充满黑暗的漫漫过去。

有一本关于几年前去世的一位英国作家的传记,在结尾处,他的妻子写下这段文字,评述她故去的丈夫:"外界会称他为一名作家,一位牧师,一名社会成员;但是,只有那些每天和他亲密生活在一个家庭的人才能说出,他究竟是一个怎样的人,是怎样去生活的。在他人眼里,他那浪漫的一生,他那私人信件里温柔细腻、缠绵悱恻的段落,必定为一层面纱所笼罩。但是,即使不揭开这层薄薄的面纱,我也可以说,假如在人世间最高尚、最亲密的感情中,有一份永不褪色的爱情——一份持续了数十年,依然纯洁、热烈的感情,无论生病的时候,还是健康的时候,无论是阳光明媚的日子,还是凄风苦雨的日子,无论是白天,还是黑夜,这份爱情从未从一个纯洁的高度降低一点点,也从未出现过一个仓促草率的字眼,一个不耐烦的手势,或一个自私的举动。如果这份高尚的爱情可以证明那个骑士时代并没有永远地逝去的话,那么,查尔斯·金斯利就是一个完美的典范,对于一位今生和来世都有福永远享受这份爱情的女人来说,查尔斯·金斯利是一位真正完美的骑士。"[1]

这样的一种人生并不少见。当下这一代人中就有数百个记录,更有千千万万没有付诸公开的记录。每一位读者至少知道一个把全部生命献给他人的例子,有些读者可能有幸在自己的体验范围内还亲自遇到过更多这类例子。我们该如何解释这些人生呢?他们的动力来自何处?

没有一种人类的行为可以逃脱无情的规律,《圣经》上说道:"凭着他们的果子,便知道他们的样子。"儒学的力量有足够的时间获得其最终结果。它已经完成了人类的能力所能做的一切工作,而且超过了其他任何国家在其他条件下人类所能做的一切。一位态度最为友善的批

---

[1] 译者注:查尔斯·金斯利(1819—1875),英国小说家。著有小说作品《希帕提亚》《酵母》等。

评家在耐心地考察了中国的这些现象之后,也不得不悲哀地承认:"中国现状自身就是儒学所做的全部回答。"

在中国改革问题上,存在三种互相对立的态度:第一,它没必要改革。毫无疑问,虽然不是所有的中国人都这样想,但有不少中国人抱着这一态度。某些隔着一定距离看待中国的西方人,也这样认为的;第二,改革不可能成功的。真正的、长期的改革尚未开始,就必定会遇到巨大的障碍,许多有机会了解到这一点的人,都持有这种悲观的论调。他们认为,对庞大的中国进行彻底的改革,就像给埃及的木乃伊注入活力使其复活一样,毫无希望。不过,如果我们前面已经论述过的一切显然使得这一观点,看起来论据不足,也并没有更多的东西可以为之补救。还有第三种观点,就是有人认为,中国不仅需要改革,而且也可能成功。对于他们来说,问题的关键仅仅只在于以何种方式进行改革。对于这方面的问题,也有几种不协调的观点,这并不让人感到意外:首先,我们不得不面对的问题是,中国是否能够自我革新?那些认识到改革之路必须践行的中国政治家认为,中国能够实施这样内部发起的革新。北京《邸报》最近刊登的一份奏折中就是这样一个革新设想的例子。写奏折的官员抱怨内地某一个省的百姓不断地发生暴动,并说他已派出一批富有才干的人员奔赴该省的各地,向百姓宣讲康熙皇帝的《圣谕广训》。显然是希冀以这种行之有效的方式感化当地的百姓,移风易俗。尽管一无所获,但向民众宣讲道德箴言(这是对早期基督教传道的模仿),在改良当时人们的道德风尚方面仍不失为一种最有希望获得成功的方法。然而用这个办法教谕大众失败后,也就没有别的办法,只能像过去一样,再次进行同样的努力。长期的经验表明,这一做法必然失败,它只能使用一次,如果一再尝试,那么全部努力都会化为泡影。前文中那个能说会道却长着一双石腿的老人的寓言,已充分表明这一点。

既然如此的劝诫没有什么效果,人们就寄希望于楷模发挥榜样的作用。这一点,前面已作过讨论,我们在这里旧话重提,只是想指出为什么最好的榜样没有产生预期的结果。这是因为，在于他们无力使更多的人接受他们生命中最初的推动力。且以山西省前任巡抚张之洞为例，据报告说，他曾采取强有力的措施制止官吏吸食鸦片，禁止百姓种植鸦片。但他的下属中有多少人能够诚心实意地贯彻他的指示，与他通力配合呢？缺少这样的配合，又会造成怎样的结果呢？任何一个外国人，如果他所依赖的中国中间人是贫乏无力的，那么不得不说，他在中国问题上是绝对无能为力的。那么同理，对于一个中国人，无论他官居何等要职，难道不同样会感到束手无策？至多是这样的，这位清廉的官员，一旦确定了自己的目标之后，就会着手处理眼前的一切问题（只是表面上的），仿佛一只猫待在阁楼上，就要清除上面的老鼠。这位官员一旦调任，甚至几乎就在他开始走之前，老鼠们又已经跑回来干它们自己的活动了，一切又立刻恢复了原样。

在北京和天津之间的北运河上，有一个河湾，在那儿，旅行者会看到岸边有一个倾圮了一半的庙，另一半被大水冲走了。靠水的一边，下面有一道精心修筑的用来挡水的栅栏，由拴在桩上的一捆捆芦苇组成。神像们裸露在室外，任凭风吹日晒。河床中积满了淤泥，周围的田野没有任何阻拦洪水的堤坝。这是一幅象征这个国家现状的帝国残景。中国有这样一句经典格言："朽木不可雕也。"只有将朽木全部砍掉，老树的根上才能发新芽。

不久前，西方国家广泛地采取了一个观点，就是让中国通过加入"新型的国家联盟关系"而获得复兴。不过，中国加入这种"新型的国家联盟关系"过程正发生着，但促进它发生改变却并没有多少切实的根据。如今，西方世界的主要国家在北京派驻代表已有三十多年了，他们到底为苦难的中国带来了多少有益的影响？最令人悲哀的事实是，大国间的国家关系恰恰是各方面的利益均衡，谁都别想占上风，并不对中国格外有利。中国人是敏锐的观察家，他们在任何一个西方国家那边看到有什么证据可以使他们相信，那些国家发展自己国家的动机能比帮助中国人改革富强的动机更强烈？如今，既然中国自己都在被视为一个大国,她正忙得不可开交,试图利用其他国家之间的利益冲突从中取利,却没想到从那些"掠夺"她而不是对她进行道德教化的国家那里学来一点什么。因此,如果中国想要改革,也不能通过外交途径来进行。

也有一些人坚信,中国不仅需要加入国际大家庭,而且需要自由交流、自由贸易以及人们彼此情同手足般的友谊。只有商业主义的福音才是解决中国问题的灵丹妙药。她需要更多的进出口港,更低的关税,需要取消各种过境税。

商业的价值,作为一种文明的辅助之物,是无法估量的。但它本身却并不能作为改革的手段。现代经济学的伟大倡导者亚当·斯密把人类定义为"商业动物"。他说过,没有两条狗之间能够知道去交换骨头。即使假设狗们知道这样去做,而且在一个大城市里,群狗们建立了一个骨头交易市场,那么,这又会对狗的性格带来什么不可避免的影响呢?古代那些伟大的商业国家并不是最好的国家,而是最糟糕的国家。但它们的现代继承者,情形完全不同,这并不能归因于贸易,而完全是由其他一些完全不同的原因造成的。有句话说得好:商业如同基督教,其目标广大无边;但商业又像雨后的彩虹,总是在金色的那一边拐弯。

只要看一看非洲大陆,看看猖獗的朗姆酒走私和奴隶贸易就成了。这些交易,哪一种不是由基督教国家引入的?而两种都是无法形容的灾难,难道还不能说明商业并没有给非洲带来革新吗?

许多了解中国现状的朋友,为中国开的药方要比上面的复杂多了。他们认为,中国需要西方的文化,西方的科学以及密迪乐先生说的"物质文明"。而中国则是一个延续了数千年的民族,我们的祖先还在森林中寻找食物时,她已进入文明社会几个世纪了。只要是地球上能吃的东西,她都试着烹调过。这种文明的骨子里没有任何改革的欲望。它的文化是利己的,它总是有意无意地强调"我,而不是你"。正如我们在中国每一天都会看到的那样,我们所引以自豪的文明,却经常遭到嘲弄和非理性的讥笑。

中国人无疑最迫切需要的是科学。他们需要每一种现代科学，用以开发这个强大帝国中那些潜在的资源。他们也已经清楚地看到了这一点，不久的将来，将会看得更清楚。但是，对科学的了解就一定有利于施加对帝国有利的道德影响吗？这个过程该如何开展呢？就与现代社会密切联系的程度而言，没有任何一门学科能超过化学。难道化学知识在中国的广泛传播就是中国人获得复兴的道德手段吗？难道在生活的各个领域就不会传入新的、意想不到的欺诈与暴力行为吗？如果中国人的性格还是老样子，如果他们掌握了制造现代炸药的配方，而且对化学制品不加以限制，在这个国家到处散发各种炸药制品，难道人们还能过着安全的日子吗？

发展"物质文明"指的是将具备西方高度发展的物质成果，它包括以蒸汽机和电力所创造的各种奇迹。有人告诉我，这才是中国真正需要的，也是中国的全部需要的一切。将每一个城市连接起来的铁路、航行在内陆河上的汽船、完备的邮电系统、一家家国家银行、统一的货币，作为通信中枢的电话与电报——这些都是美好中国幸福新时代的明显标志。

这也许就是张之洞在其力主修筑铁路的奏折中提出的未成型的想法。他在那份奏折中断言铁路将会杜绝河运中很多可能的危险，"诸如水手之偷盗"等等。那么，物质文明的发展就一定能消除精神上的弊端吗？铁路能保证其雇员，甚至是其经理人的诚实吗？我们不是读过《伊利城之章》吗？该书写到，州与州之间的整段的铁路干道被盗走，股东们束手无策，而且"无人声称对此负责"。物质文明只是一个基础因素，是自发而起的，还是由一连串复杂的因素经过长期的综合作用共同造就的结果？把选举箱引进中国，就能使中国成为民主国家、建立共和制度吗？如果中国不探求造就西方物质基础的条件，中国也就不能发展更多的物质文明，实现在西方的那种结果。创造这些条件的要素，不是物质的，而是精神的。

上海外滩一景

目睹了帝国海关在近三分之一的世纪中卓有成效的管理，他们为什么不能把海关的经验引入到政府上上下下的管理中呢？因为在中国目前的情况下，中国人对中国人采用这种课税的方法，在道德上是行不通的。大不列颠公民的人格与良心经历了一千多年才发展到目前相当的水平，中国人不可能立即接受，并实行这一切，不可能像从埃森运来的克虏伯大炮一样，一架起来就可以随时开火发射。

在盎格鲁-撒克逊民族中培养人格和良心的动力，就像裘力斯·恺撒在不列颠登陆或征服者威廉入侵的历史一样确凿无疑。它诞生于基督教，又随着基督教的发展而发展。随着基督教在普通民众心中扎下根，它们也变得枝叶繁茂了。

让我们听一下伟大的文化倡导者马歇尔·阿诺德是如何说的吧："每一个受过良好教育的人都热爱希腊，感激希腊。希腊人是艺术与科学的旗手，就如同犹太人是正义的旗手一样。当今的世界，离不开艺术与科学。伟大的希腊人是那样热衷于艺术与科学，高举这两面大旗是他们的主要义务，品行反倒成了一件普通的家庭小事。辉煌的希腊因不注重品行而在地球上消失了，因为人类需要品行、沉静、人格的向往……不仅如此，在当今，即使是当今，它也成功地向世人昭示，即使在任何一门知识都受到高度尊重，且世界需要越来越多的美和知识的今天，支配世界的不是希腊，而是犹太，不是希腊人的艺术和科学的卓越地位，而是犹太人非凡正义的卓越地位。"

为了改革中国，就必须理清中国人的性格之本源，并努力使之净化。就必须在实际上推崇人的良心,而不能像一代又一代的日本天皇那样,整天把自己封闭在宫中。现代哲学的一位主要的代表说得好:"没有任何一种炼金术,能够让铅一样低劣的本能炼出黄金般高尚的品行。"中国需要的是正义,为了获得正义,中国人必须了解关于人的全新概念。

(全书完)

译后记

读完本书的读者，在掩卷之余，一定会比译者本人有更多的感触。

姑且不论我们怎么看待明恩溥先生眼中的中国与中国人如何，本书能够引起我们多大程度的共鸣，或者多大程度的不以为然。但我们能确定的是，他的很多话题一定会引起我们种种的联想、思索与辩驳。

是的，明恩溥先生所涉及的领域，正是我们最为熟知的中国"国民性"问题。有关中国的国民性问题，是近现代以来，特别是"五四"新文化运动以后，文化争论中最为热门的主题之一。因为这个主题，造就了"五四"前后许多位文化大师：鲁迅、胡适、林语堂、梁实秋……他们对国民性问题的思考，立场各异，角度不一，但多是贬多于褒。对所谓的"国民性"，或者说"传统的、陈腐的、保守的、没落的"国民性，基本上都持有否定的态度。

恰如明恩溥先生所论及的，中国人疏于逻辑，总容易把因果颠倒。这一点，许多文化大师们毫不例外地把中国的制度环境问题与环境造就的人性问题颠倒因果，没理由的完全认定后者——即把人性，以及围绕人性所衍生的社会文化，看成决定"制度"的完全条件。把旧中国的专制、落后，归因于中国人的奴性。所有立志改造中国和中国社会的文化大师，对中国人、中国人的传统和文化，都持有"有罪推定"的思维。认为中国的积贫积弱，一定是国民性的问题。

我认为，这是对国人最大的不公平。事实上，在我看来，这些观点绝对有苛责国人之嫌。国家制度与国民性格关系问题，我以为乃是前者决定着后者。道理很直观,国民性为水,国家制度为器。水随器而赋形,器能容水,水也能覆器。若器形太糟糕,把责任都推在水的身上,显然有失公允。梁启超先生曾撰文指出过,在多内乱之国,国民必定有种种劣性。无他,日子过得太艰苦,人性必多诈多恶,世界皆如此。

我曾一直强调一个理念,就是中国王朝时代都采用军政府统治形式。官有头有脸,有吏有兵,民则无权无利。官和民完全对立,官视民为畜类,民视官为仇寇,彼此间没有任何善意存在,顶多只有伪善。官方有所获,总是必须以民之有所失为前提。双方没有缓冲可言,任何的博弈,都只能以暴力为语言进行传达。

在这种设计得非常不聪明甚至算不上积极向善的制度环境中,永远上演着帝、官与民的三方角力。帝王依赖官僚享用民众,民众受官僚序列里最末、也是最集权的县官统治。国家制度永远在"君主政治"和"官主政治"之间滑动,不是君主独裁,就是官僚专制,总之,一直是少数人对多数人的统治。再不然,就是群雄逐鹿的混乱,是"宁为太平犬、不做乱世人"的喟叹。民众弱而无助,只有在被逼得求生不得求死不能(所谓"欲做奴隶而不得")的状况下,奋起反抗。

这种生存状态,在历朝历代的政治—权力—暴力高压下,进入了一个宿命轮回般的死循环。王朝时代的暗无天日与辉煌灿烂,中国人曾有的品性与精神风貌,都与之相关。

终身致力于"国民性"改造的鲁迅先生一辈子都很爱读《中国人的性格》一书。即使在临终前不久,他还说道:"看了这些,而自省,分析,明白那几点说的对,变革,挣扎,自做工夫,却不求别人的原谅和称赞,来证明究竟怎样的是中国人。"

与鲁迅这样凭借直观批判"国民劣根性"的中国大师们相比,作为基督教经院哲学所培养出的博士,明恩溥更严格遵守归纳法。从诸多直观的事例开始,与整体的理性判断结合,有章有法地来看待国人的种种状况。有很多人认为,他是带着"殖民者"的眼光来打量中国的人与事,并以"殖民理论"作为支撑,但仔细推敲,会发觉是有失偏颇的。

我之所见的明恩溥，似乎更像中国人的朋友。明恩溥先生是一个优秀的作家和学者，无论放置于西方还是东方，他都是一个非常博学、极富智慧的人，其学识水平，并不亚于我们中国现当代的若干文化大师。由于长年身居中国乡村，他与清朝治下的中国的普通民众结下了深厚的情谊，对他们的了解有如自己的老熟人。所以，他的行文没有救国心切的中国文化人那种夸张的批判、急切的呼喊、焦灼的忧思，没有为"搬一张桌子而要掀掉屋顶"的过激。

综合来看，明恩溥所写的有类于观察报告，客观性强；而相比之下，我国的大师们涉及国民性问题的作品则更多地像愿景书，或者发展规划，主观性强。读者横看成岭侧成峰，远近高低各不同，只因时代的境遇不同，观察的心态也不同，读者能从这本书中接受的信息观念也大不一样。

时移事易，沧海桑田，历史的车轮进入二十一世纪，中国的境遇与一百多年前已经不可同日而语。这一切都归功于明恩溥先生所归纳出来的中国人性格中的优点：勤劳、刻苦、坚忍不拔、持之以恒……它们使我们能踏上现代之路。而一个民族，连同它的文化与文明能够经历五千年仍得以延续，固有其内在原因。这点包括明恩溥在内的西方研究者感兴趣，我们至今也感兴趣。

需要提请读者注意的是，在《中国人的性格》中，明恩溥有三点是毫不掩饰的：身为外国人，他毫不掩饰对中国人"排外"的反感，希望中国能够更加开放；身为基督徒，他毫不掩饰想让基督教在中国发扬光大的野心；身为白人，他毫不掩饰地远虑到二十世纪，中国与西方、黄种人与白种人竞争的问题，不断强调西方国家要学习中国人的优点。这是由作者的身份和立场决定的。

由于我的英文能力所限，在本书的翻译过程中，我就不少问题请教过很多朋友，特别是得到韩利利女士的很多指导与协助，在此，谨表谢意。